高职高专系列教材

自动控制原理及其应用

（第三版）

主　编　温希东

副主编　王毅峰

西安电子科技大学出版社

内 容 简 介

本书介绍了经典控制理论的基本概念、基本理论、基本分析方法以及实际应用，主要内容包括自动控制系统概述，自动控制系统的数学模型，时域分析法，自动控制系统的各组成部分特性，计算机控制系统概述，PID控制器的数字化设计，自动控制系统的设计、分析与调试等。各章均配有内容提要、小结和大量习题。时域分析法配有 MATLAB 仿真分析。附录给出了五个典型的基本实验和自动控制技术常用术语中英文对照。

自动控制原理是一门理论性很强的课程。本书根据高职教育人才培养的特点——理论知识够用，强调实际应用，第 1 章就给出了应用实例，并针对实例中的问题由浅入深地给出了解决方法。全书力求突出物理概念、定性分析，回避烦琐的数学推导，叙述深入浅出，通俗易懂。

本书可供高职高专及成人高校中的电气技术、自动化技术、机电一体化以及应用电子技术等电类专业师生选用，也可供从事自动化工作的工程技术人员参考。

图书在版编目(CIP)数据

自动控制原理及其应用/温希东主编. —3 版.
—西安：西安电子科技大学出版社，2022.8
ISBN 978 - 7 - 5606 - 6626 - 6

Ⅰ. ①自…　Ⅱ. ①温…　Ⅲ. ①自动控制理论—高等职业教育—教材　Ⅳ. ①TP13

中国版本图书馆 CIP 数据核字(2022)第 147870 号

策　　划　马乐惠
责任编辑　马乐惠
出版发行　西安电子科技大学出版社(西安市太白南路 2 号)
电　　话　(029)88202421　88201467　　　邮　编　710071
网　　址　www. xduph. com　　　　电子邮箱　xdupfxb001@163.com
经　　销　新华书店
印刷单位　陕西天意印务有限责任公司
版　　次　2022 年 8 月第 3 版　2022 年 8 月第 1 次印刷
开　　本　787 毫米×1092 毫米　1/16　印张 12.5
字　　数　295 千字
印　　数　1～2000 册
定　　价　31.00 元
ISBN 978 - 7 - 5606 - 6626 - 6/TP
XDUP 6928003 - 1
＊＊＊如有印装问题可调换＊＊＊

前　言

随着科学技术的迅猛发展，自动控制技术的应用日益广泛。自动控制技术的广泛应用不但使生产设备和生产过程实现了自动化，大大提高了劳动生产率和产品质量，改善了劳动条件，而且在人类征服自然、改善居住条件、提高生活水平等方面也发挥了非常重要的作用。

由于自动控制原理是一门理论性很强的专业技术基础课程，比较抽象，学生不易接受（主要是不知用于何处和怎样具体应用），因此，本书在开始时以双闭环直流调速系统等实例引出问题，并结合具体问题由浅入深地引出课程内容，最后又以实例的题解收尾，前后呼应，使学生明确自动控制原理在具体工程中的应用。

本书以经典线性控制理论为主线，结合具体应用实例，着重叙述自动控制系统的工作原理、系统数学模型的建立、系统性能（稳定性、动态性能、稳态性能）的分析方法以及改善系统性能的途径。离散控制系统由于内容更加抽象，不易理解，因此没有编入此书，待学习计算机控制技术课程时，再从应用角度去讲授、学习。

高等职业技术教育培养的是生产一线的应用型人才，着重点是技术应用，不求理论的系统性和完整性，只求必需和够用。所以，在编写此书时，我们力求做到理论联系实际，注重方法论的叙述，强调"三基本"（基本概念、基本理论、基本分析方法），回避烦琐的数学推导，叙述深入浅出，方便自学，以期学生对自动控制原理的应用和对实际控制系统的分析、调试有一个完整的概念。

书中每章开始有内容提要，结尾有小结和大量习题。其中，小结概括了每章的基本内容与要求；经过精心挑选的习题便于学生巩固所学知识点并学会具体的实际应用。由于频域分析法中的频率特性曲线很难手工绘制，因此为了形象、直观，书中介绍了如何应用 MATLAB 软件分析自动控制系统的性能。为了便于师生进行实践教学，附录中给出了编者在教学实践中总结出的五个典型的基本实验项目。附录中还给出了自动控制技术常用术语中英文对照，以便于开展双语教学。

本课程内容涉及高等数学、电工基础等课程的基础知识，因此在学习时，要注意基础知识的复习和综合运用。本书建议讲授 60 学时，各校教师在教学时，可以根据具体情况对教材的内容进行适当取舍。

本书由深圳职业技术学院温希东教授主编。唐建东老师编写了 3.7 节和 4.5 节；王毅峰老师编写了第 2 章、3.1～3.3 节以及附录 1，并对全书的计算机文字处理和绘图做了大量的工作；其余部分由温希东编写。

在本书的编写过程中，编者学习并参考了兄弟院校的优秀教材。在此，向所有为本书的编写和出版给予帮助的同志致以衷心的感谢。

由于编者的水平有限，书中不妥之处在所难免，恳请广大读者和专家批评指正。

编　者
2022 年 5 月于深圳

目　　录

第 1 章 自动控制系统概述

【内 容 提 要】

本章概括地叙述了自动控制理论的发展及主要内容、开环控制和闭环控制的特点及应用，介绍了自动控制系统的基本组成、分类和性能指标，以及经典自动控制原理的研究方法。最后，通过几个实例，说明如何分析系统的组成并画出系统的原理方框图。

1.1 自动控制理论的发展及内容

工业、农业、交通运输和国防等各个方面都离不开自动控制。所谓自动控制，就是在没有人直接参与的情况下，利用控制装置对生产过程、工艺参数、目标要求等进行自动调节与控制，使之按照预定的方案达到要求的指标。自动控制系统性能的优劣，将直接影响产品的产量、质量、成本、劳动条件和预期目标的完成。近年来，自动控制在控制理论和技术应用方面获得了飞速发展，越来越受到人们的重视。

自动控制技术的应用可以追溯到 1788 年瓦特(Watt)利用小球离心调速器使蒸汽机转速保持恒定的开创性的突破，以及 1868 年麦克斯韦(Maxwell)对轮船摆动(稳定性)的研究。但在初期，自动控制技术的应用进展很缓慢，自动控制技术的真正发展是在 20 世纪，如 1920 年海维赛德(Heaviside)在无线电方面的研究(首先引入了拉普拉斯变换、傅里叶变换和表征声强比的单位分贝)和 1932 年奈奎斯特(Nyquist)对控制系统稳定性的研究(奈氏稳定判据)等。此后，在第二次世界大战中，出于对更快和更精确的武器系统的需要，借助数学方面的成果，自动控制理论获得了迅速的发展。1945 年，伯德(Bode)提出用图解法来分析和综合反馈控制系统的方法，形成控制理论的频域法；1948 年，维纳(Wiener)出版了划时代著作《控制论》，对控制理论作了系统的阐述；随后，伊文斯(Evans)在 1950 年创立了根轨迹法；1954 年钱学森创立了工程控制论；1962 年柴达(Zadeh)提出了状态变量法。20 世纪 60 年代以后，以现代控制理论为核心，对多输入多输出、变参量、非线性、高精度、高效能等控制系统的研究，在最优控制、最佳滤波、系统辨识、自适应控制等理论方面都获得了重大的发展，特别是近年来由于计算机技术和现代应用数学研究的迅速发展，在大系统理论和人工智能控制等方面都取得了很大的进展。

同样，在机电控制技术方面，早在 20 世纪 30 年代就出现了电子管调节器、模拟计算机和液压仿型机床；20 世纪 40 年代出现了电机放大机-发电机-电动机控制系统；20 世纪 50 年代出现了晶体管、集成电路、步进电动机和三维数控机床；20 世纪 60 年代出现了晶闸管、大规模集成电路、新型伺服电动机，电液伺服阀得到了普及，计算机技术也得到了发展；20 世纪 70 年代及以后，随着微电子技术和计算机技术的迅猛发展，相继出现了大型多功能数控机床、数控加工中心、机械手、机器人等机电一体化的高新设备，以及计算机辅助设计(CAD)和计算机辅助制造(CAM)等高新技术。随着时间的推移，未来将会出现更多高新产品和高新技术。

自动控制理论通常可分为经典控制理论、现代控制理论和智能控制理论。

1. 经典控制理论

经典控制理论产生并发展于 20 世纪 40—60 年代。1945 年，美国人伯德编写了《网络分析和反馈放大器设计》一书，奠定了经典控制理论的基础，在西方国家开始形成自动控制学科；1947 年，美国出版了第一本自动控制教材《伺服机件原理》；1948 年，美国麻省理工学院出版了另一本教材《伺服机件原理》，建立了现在广泛使用的频域法。20 世纪 50 年代是经典控制理论发展和成熟的时期，主要内容有频域法、根轨迹法、相平面法、描述函数法、稳定性的代数判据和几何判据、校正网络等，这些理论基本解决了单输入单输出自动控制系统的问题。此后，自动控制理论开始逐渐分化，由线性控制向非线性控制发展，由常系数控制向变系数控制发展，由连续控制向断续控制发展，由分散控制向集中控制发展，由反馈控制向前馈控制、最优控制、自适应控制发展。

在以经典控制理论为基础，以自动调节器为核心的自动调节系统阶段，其控制对象是单输入单输出线性系统，数学模型用传递函数表示，分析方法是频域法，研究的主要内容是稳定性问题，主要控制装置是自动调节器，技术工具有机械、气动、液体、电子等类型。自动调节系统主要用于实现局部自动化。

2. 现代控制理论

现代控制理论于 20 世纪 60 年代中期发展成熟。空间技术的需要和电子计算机的应用，推动了现代控制理论和技术的产生与发展。20 世纪 50 年代末 60 年代初，空间技术的发展迫切要求对多输入多输出、高精度参数时变系统进行分析与设计，这是经典控制理论无法有效解决的问题，于是出现了新的自动控制理论，称为"现代控制理论"。1960 年，卡尔曼发表了《控制系统的一般理论》一文，1961 年，他又与布西共同发表了《线性过滤和预测问题的新结果》一文。西方国家公认卡尔曼奠定了现代控制理论的基础，他的工作是控制论创始人维纳的工作的发展，主要引进了数学计算方法中的"校正"概念。

现代控制理论的主要内容包括状态空间法、系统辨识、最佳估计和最优控制。在以现代控制理论为基础、以控制计算机为核心的最优控制系统阶段，控制对象是多输入多输出的复杂系统，数学模型用状态方程表示，分析方法是时域法，主要内容是最优性问题，主要控制装置是电子计算机。最优控制系统主要用于实现企业管理和控制综合自动化。

3. 智能控制理论

智能控制理论是 20 世纪 70 年代后，控制理论向广度和深度发展的结果。智能控制系统是指具有某些仿人智能的工程控制与信息处理系统，其中最典型的就是智能机器人。

近十几年来，随着智能控制方法和技术的发展，智能控制迅速走向各种专业领域，应用于各类复杂控制对象的控制问题，如工业过程控制系统、机器人系统、现代生产制造系统、交通控制系统等。由于智能控制理论比较复杂，而本书只是自动控制理论的入门教材，因此在本书中对智能控制理论不作详细介绍。

对自动控制理论的具体描述可表示为图 1-1。

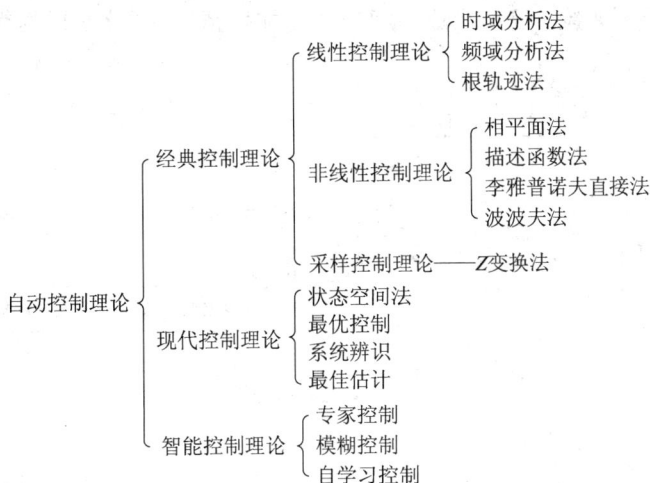

自动控制理论
- 经典控制理论
  - 线性控制理论
    - 时域分析法
    - 频域分析法
    - 根轨迹法
  - 非线性控制理论
    - 相平面法
    - 描述函数法
    - 李雅普诺夫直接法
    - 波波夫法
  - 采样控制理论——Z变换法
- 现代控制理论
  - 状态空间法
  - 最优控制
  - 系统辨识
  - 最佳估计
- 智能控制理论
  - 专家控制
  - 模糊控制
  - 自学习控制

图 1-1　对自动控制理论的具体描述

本书以经典线性控制理论中常用的时域分析法为主线，分析常见的自动控制系统的工作原理、自动调节过程，叙述系统数学模型的建立，分析系统的性能，探讨改善系统性能的途径，并介绍工程设计方法以及实例分析、计算和系统调试。编者期望通过上述内容的阐述，使读者对自动控制系统的工作原理、数学模型、性能分析、系统校正和系统调试等方面有一个相对完整的认识，为读者在自动控制技术方面打下初步但非常重要的基础。

1.2　开环控制系统和闭环控制系统

通过某种装置将能反映输出量的信号引回来以影响控制信号，这种作用称为反馈（Feedback）作用。我们通常按照控制系统是否设有反馈环节来对其进行分类：设有反馈环节的，称为闭环控制系统；不设反馈环节的，称为开环控制系统。这里所说的"环"，是指由反馈环节构成的回路。下面介绍这两种控制系统的控制特点。

1. 开环控制系统

若系统的输出量不被引回来对系统的控制部分产生影响，则这样的系统称为开环控制系统（Open-Loop Control System）。

例如，洗衣机的控制系统就是一个开环控制系统。其浸湿、洗涤、漂清和脱水过程都是根据设定的时间程序依次进行的，而无须对输出量（如衣服清洁程度、脱水程度等）进行测量。

普通机床的自动加工过程也是开环控制。它是根据预先设定的加工指令（切削深度、行程距离）进行加工的，而不去检测其实际加工的程度。

图 1-2 所示的由步进电动机驱动的数控加工机床的控制系统，也是一个没有反馈环节的开环控制系统。由图 1-2 可以看出，预先设定的加工程序指令通过运算控制器（可为微机或单片机）控制脉冲的产生和分配，发出相应的脉冲；再由这些脉冲（通常还要经过功率放大）驱动步进电动机，通过精密传动机构带动工作台（或刀具）进行加工。如果能保证

脉冲不丢失且能有效地抑制干扰的影响，再加上采用精密传动机构（如滚珠丝杆），则整个加工系统虽然为开环系统，但仍能达到相当高的加工精度（部分常用的简易数控机床采用这种控制方式）。

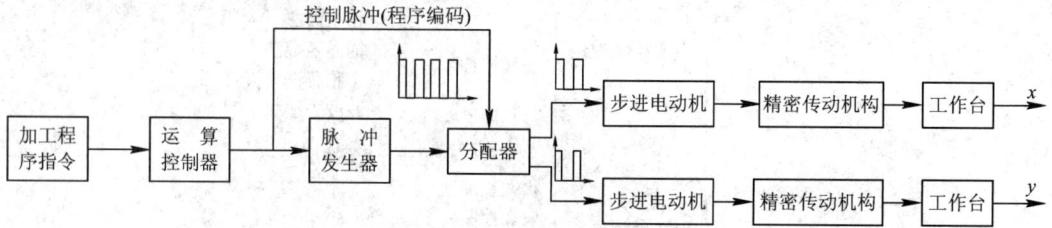

图 1-2　数控加工机床的控制系统示意图

图 1-3 为数控加工机床开环控制方框图。此系统的输入量为加工程序指令，输出量为机床工作台的位移，系统的被控对象为工作台，执行元件为步进电动机和传动机构。由图 1-3 可见，系统无反馈环节，输出量并不返回来影响控制部分，因此是开环控制。

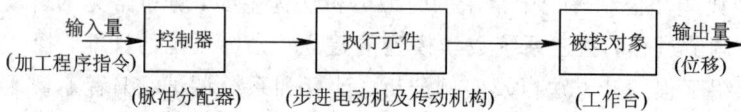

图 1-3　数控加工机床开环控制方框图

开环系统的优点是无反馈环节，一般结构简单，系统稳定性好，成本低。因此，在输出量和输入量之间的关系固定，且内部参数或外部负载等扰动因素的影响不大，或这些扰动因素产生的误差可以预先确定并能进行补偿的情况下，应尽量采用开环控制系统。

开环控制的缺点是当控制过程受到各种扰动因素影响时，将会直接影响输出量，而系统不能自动进行补偿，特别是当无法预计的扰动因素使输出量产生的偏差超过允许的限度时，开环控制系统便无法满足技术要求，这时就应考虑采用闭环控制系统。

2. 闭环控制系统

若系统输出量通过反馈环节返回来作用于控制部分，形成闭合环路，则这样的系统称为闭环控制系统（Closed-Loop Control System），又称为反馈控制系统（Feedback Control System）。

电炉箱恒温自动控制系统为闭环控制系统，如图 1-4 所示。

在电阻丝通电加热的电炉箱中，炉壁散热和工件增减将使炉温发生变化，而这种变化通常是无法预先确定的。因此，若工艺要求保持炉温恒定，则开环控制将无法自动补偿，必须采用闭环控制。由于需要电炉箱保持恒定的温度，因此最常用的方法是采用温度负反馈。

由图 1-4 可见，采用热电偶来检测电炉箱温度，并将炉温转换成电压信号 U_{fT}，然后反馈至输入端与给定电压 U_{sT} 进行比较。由于采用负反馈控制，因此两者极性相反，两者的差值 ΔU 称为偏差电压（$\Delta U = U_{sT} - U_{fT}$）。此偏差电压作为控制电压，经电压放大和功率放大后，去驱动直流伺服电动机，电动机经减速器带动调压变压器（调压器）的滑动触头来调节炉温。电炉箱自动控制方框图如图 1-5 所示。

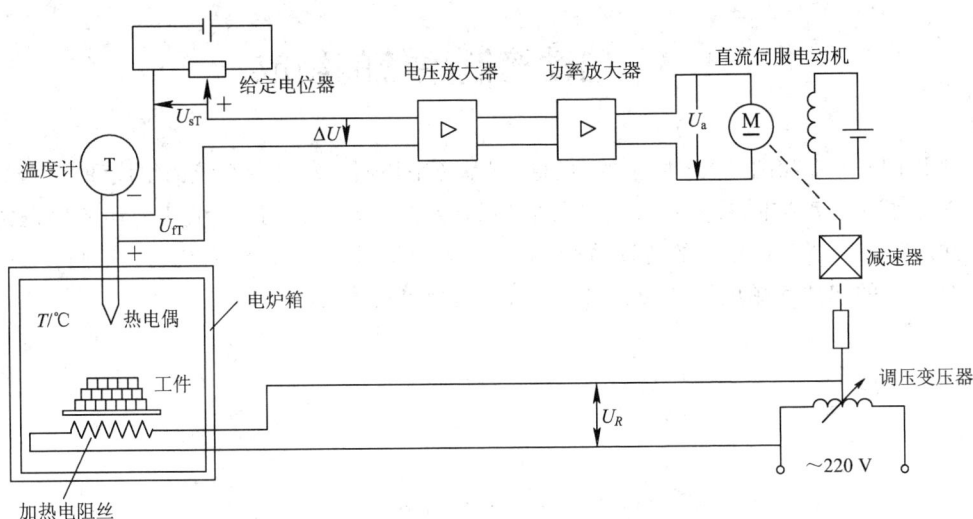

图 1 - 4　电炉箱恒温自动控制系统

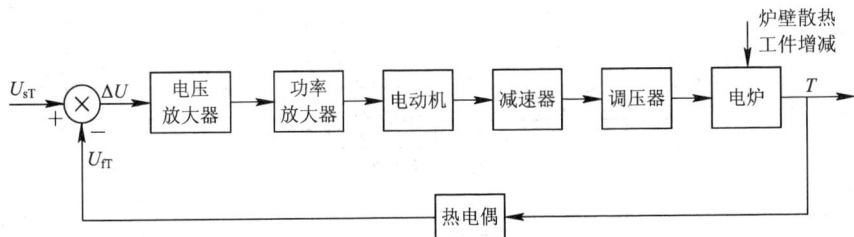

图 1 - 5　电炉箱自动控制方框图

当炉温偏低时，$U_{fT}<U_{sT}$，$\Delta U=U_{sT}-U_{fT}>0$，此时偏差电压极性为正。此偏差电压经电压放大和功率放大后，产生的电压 $U_a(U_a>0)$ 供给电动机电枢，使电动机正转，带动调压器滑点右移，从而使电炉供电电压 (U_R) 增加，电流加大，炉温上升，直至炉温 $T=T_{sT}$（T_{sT} 为给定值），$U_{fT}=U_{sT}$，$\Delta U=0$ 时为止。这样炉温可自动恢复，并保持恒定。

反之，当炉温偏高时，ΔU 为负，经放大后使电动机反转，调压器滑点左移，供电电压减小，直至炉温降至给定值。

炉温处于给定值时，$\Delta U=0$，电动机停转。

炉温自动调节过程如图 1 - 6 所示。

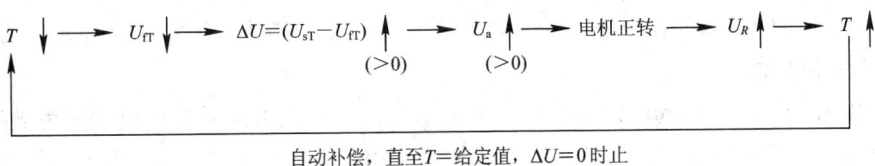

自动补偿，直至 $T=$ 给定值，$\Delta U=0$ 时止

图 1 - 6　炉温自动调节过程

由以上分析可见，反馈控制可以自动进行补偿，抗干扰能力强，精度高，这是闭环控制的一个突出的优点。但是闭环控制需要增加检测器、反馈比较器、调节器等部件，致使系统复杂，成本提高，同时闭环控制使系统的稳定性变差，甚至造成不稳定。这是采用闭环控制时必须重视并要加以解决的问题。

1.3　自动控制系统的组成

现以图 1-4 和图 1-5 所示的恒温控制系统来说明自动控制系统的组成和有关术语。

为了说明自动控制系统的组成以及信号的传递情况，通常把系统各个环节用框图表示，并用箭头标明各作用量的传递情况，图 1-7 便是图 1-4 所示系统的方框图。方框图可以把系统的组成简单明了地表达出来，而不必画出具体线路。

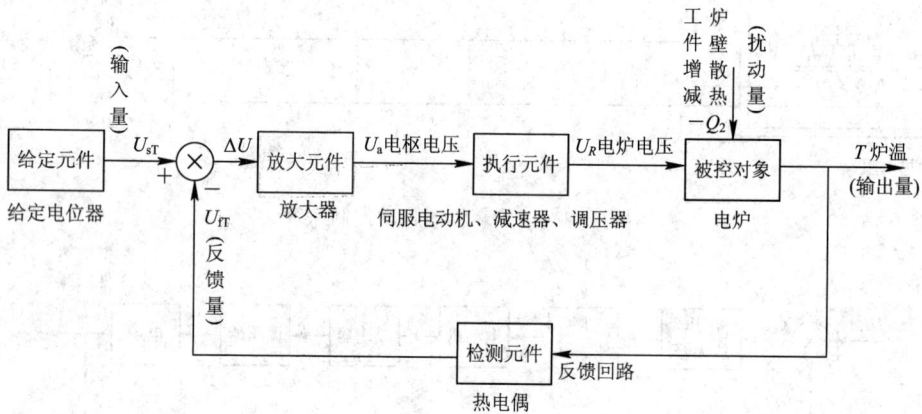

图 1-7　自动控制系统的方框图

由图 1-7 可以看出，一般自动控制系统包括：

（1）给定元件（Command Element）：调节给定信号（U_{sT}），以调节输出量的大小。此处的给定元件为给定电位器。

（2）检测元件（Detecting Element）：检测输出量（如炉温 T）的大小，并反馈到输入端。此处的检测元件为热电偶。

（3）比较环节（Comparing Element）：在此处，反馈信号与给定信号进行叠加，信号的极性以"＋"或"－"表示。若为负反馈，则两信号极性相反；若极性相同，则为正反馈。

（4）放大元件（Amplifying Element）：由于偏差信号一般很小，因此要经过电压放大及功率放大，以驱动执行元件。此处的放大元件为晶体管放大器或集成运算放大器。

（5）执行元件（Executive Element）：驱动被控对象的环节。此处的执行元件为伺服电动机、减速器和调压器。

（6）被控对象（Controlled Plant）：亦称被调对象。在此恒温系统中电炉即为被控对象。

（7）反馈环节（Feedback Element）：将输出量引出，再回送到控制部分。一般的闭环系统中，反馈环节包括检测、分压、滤波等单元。

排列各个元件（环节）时，通常将给定元件放在最左端，被控对象放在最右端，即输入量在最左端，输出量在最右端。从左至右（即从输入至输出）的通道称为顺馈通道（Feedforword Path）或前向通路（Forword Path），将输出信号引回输入端的通道称为反馈通道或反馈回路（Feedback Path）。

系统中的各种作用量和被控量包括：

（1）输入量（Input Variable）：又称控制量或参考输入量（Reference Input Variable）。输入量的角标常用 i（或 r）表示。输入量通常由给定信号电压构成，或通过检测元件将非电输入量转换成信号电压。图 1 - 7 中的给定电压 U_{sT} 即为输入量。

（2）输出量（Output Variable）：又称被控量（Controlled Variable）。输出量的角标常用 o（或 c）表示。它是被控制对象的输出，是自动控制的目标。图 1 - 7 中的炉温 T 即为输出量。

（3）反馈量（Feedback Variable）：通过检测元件将输出量转变成的与给定信号性质相同且数量级相同的信号。图 1 - 7 中的反馈量即为通过热电偶将温度 T 转换成的与给定电压信号性质相同的电压信号 U_{fT}。反馈量的角标常以 f 表示。

（4）扰动量（Disturbance Variable）：又称干扰或噪声（Noise）。扰动量的角标常以 d（或 n）表示。它通常指引起输出量发生变化的各种因素。来自系统外部的扰动称为外扰动，如电动机负载转矩的变化、电网电压的波动、环境温度的变化等。图 1 - 7 中的炉壁散热、工件增减均可看成来自系统外部的扰动量；来自系统内部的扰动称为内扰动，如系统元件参数的变化、运算放大器的零点漂移等。

（5）中间变量（Semifinished Variable）：系统中各环节之间的作用量。中间变量既是前一环节的输出量，也是后一环节的输入量。图 1 - 7 中的 ΔU、U_a、U_R 等就是中间变量。

由图 1 - 7 可以看出，方框图可以直观地将系统的组成、各环节间的相互关系以及各种作用量的传递情况简单明了地概括出来。

1.4　自动控制系统的分类

自动控制系统可以从不同的角度来进行分类，常见的分类有以下几种。

1. 按输入量变化的规律分类

自动控制系统按输入量变化的规律可分为以下三类。

1）恒值控制系统

恒值控制系统（Fixed Set-Point Control System）的特点是系统的输入量是恒量，并且要求系统的输出量相应地保持恒定。恒值控制系统是最常见的一类自动控制系统，如自动调速系统、恒温控制系统、恒张力控制系统等。图 1 - 4 所示的温度控制系统即为恒值控制系统。

2）随动控制系统

随动控制系统（Follow-Up Control System）又称伺服系统（Serve-System），其特点是输入量是随机变化的，并且要求系统的输出量能跟随输入量的变化而作出相应的变化。随动控制系统在工业和国防上有着极为广泛的应用，如刀架跟随系统、火炮跟踪控制系统、雷达导引系统和机器人控制系统等。

3）程序控制系统

程序控制系统（Programme Control System）的特点是输入量按照一定的时间函数变化，并且要求输出量随之变化，如数控伺服系统以及一些自动化生产线等。

2. 按系统传输信号对时间的关系分类

自动控制系统按系统传输信号对时间的关系可分为两类。

1）连续控制系统

连续控制系统（Continuous Control System）的特点是各元件的输入量与输出量都是连续量（模拟量），因此它又称为模拟控制系统（Analogue Control System）。图 1-4 所示的恒温控制系统就是连续控制系统。连续控制系统的运动规律通常可用微分方程来描述。

2）离散控制系统

离散控制系统（Discrete Control System）又称采样数据控制系统（Sampted-Data Control System）。它的特点是系统中部分信号是脉冲序列，或采样数据量、数字量。通常，采用数字计算机控制的系统都是离散控制系统。离散控制系统的运动规律通常可用差分方程来描述。图 1-2 所示的系统就是离散系统。

3. 按系统的输出量和输入量间的关系分类

自动控制系统按系统的输出量和输入量间的关系可分为两类。

1）线性系统

线性系统（Liner System）的特点是系统全部由线性元件组成，输出量与输入量间的关系用线性微分方程来描述。线性系统最重要的特性是可以应用叠加原理（叠加原理：两个不同的作用量同时作用于系统时的响应，等于两个作用量单独作用时响应的叠加）。

2）非线性系统

非线性系统（Non Liner System）的特点是系统中存在非线性元件（具有死区、饱和、含有库仑摩擦等非线性特性的元件）。它的输出量与输入量间的关系要用非线性微分方程来描述。非线性系统不能应用叠加原理。

4. 按系统中的参数对时间的变化情况分类

自动控制系统按系统中的参数对时间的变化情况可分为两类。

1）定常系统

定常系统（Time-Invariant System）又称时不变系统，其特点是系统的全部参数不随时间变化，它的输出量与输入量间的关系用定常微分方程来描述。在实践中遇到的系统大多属于（或基本属于）这一类系统。

2）时变系统

时变系统（Time-Varying System）的特点是系统中有的参数是时间 t 的函数，它随时间变化而改变。宇宙飞船控制系统就是时变控制系统。宇宙飞船飞行过程中，飞船内燃料质量、飞船受的重力时刻都在发生变化。

5. 按构成控制系统的控制装置类型不同分类

自动控制系统按构成控制系统的控制装置不同可分为两类。

1）常规控制系统

常规控制系统（Conventional Control System）是指用常规装置（由调节器、测量元件和执行器等仪器仪表组成）根据一般规律所进行的一种自动控制系统。最简单的常规控制只用一只仪表即可达到目的，复杂的需要多只甚至几十只仪表才能奏效。有的文献也称常规控制为模拟控制，这是与数字控制相对而言的。前者对变量的测量显示及其信号的传输都是按连续的模拟量进行的，而后者则是按断续的数字量进行的。

　　2）计算机控制系统

　　计算机控制系统（Computer Control System）是应用计算机参与控制并借助一些辅助部件与被控对象相联系，以获得一定控制目的而构成的系统。计算机自动控制的特点就是以计算机这一数字部件为核心控制部件，以其他传动装置、执行装置、测量仪表等为辅助部件，同时包含用于模拟量和数字量相互转换的信号变换装置（A/D 转换器、D/A 转换器等）。所以数/模混合也是计算机自动控制明显的特点。

　　当然，除了以上的分类方法外，还可以根据其他条件对自动控制系统进行分类。本书根据课程教学大纲的要求，只讨论线性定常系统。

1.5　自动控制系统的基本要求

　　自动控制系统有不同的类型，对每个系统也都有不同的特殊要求，对于各类系统来说，在已知系统的结构和参数时，我们感兴趣的都是系统在某种典型输入信号作用下其被控量（输出量）变化的全过程。例如，对恒值控制系统，研究扰动作用引起被控量变化的全过程；对随动系统，研究被控量如何克服扰动影响并跟随输入量变化的全过程。但是，对每一类系统，被控量变化的全过程提出的共同的基本要求都是一样的，可以归结为稳定性、快速性和准确性，即稳、准、快的要求。

1. 稳定性

　　稳定性是保证控制系统正常工作的先决条件。一个稳定的控制系统，其被控量偏离期望值的初始偏差应随时间的增长逐渐减小或趋于零。具体来说，对于稳定的恒值控制系统，被控量因扰动而偏离期望值后，经过一个过渡过程，应恢复到原来的期望值状态且被控量应能始终跟踪输入量的变化；反之，不稳定的控制系统，其被控量偏离期望值的初始偏差将随时间的增长而增大，因此，不稳定的控制系统无法实现预定的控制任务。

　　线性自动控制系统的稳定性由系统的结构所决定，与外界因素无关。这是因为线性自动控制系统中一般含有储能元件或惯性元件，如绕组的电感、电枢的转动惯量、电炉的热容量、物体的质量等，储能元件的能量不可能突变，因此，当系统受到扰动或有输入量时，控制过程不会立即完成，而是有一定的延缓，这就使得被控量恢复期望值或跟踪输入量会有一个时间过程，称之为过渡过程。例如，在反馈控制系统中，由于被控对象的惯性，会使控制动作不能瞬时纠正被控量的偏差，控制装置的惯性则会使偏差信号不能及时完全转化为控制动作。这样，在控制过程中，一方面，当被控量已经回到期望值而偏差为零时，执行机构本应立即停止工作，但由于控制装置的惯性，控制动作仍继续向原来方向进行，致使被控量超过期望值又产生符号相反的偏差，导致执行机构向相反方向动作，以减小这个新的偏差；另一方面，当控制动作已经到位时，又由于被控对象的惯性，偏差并未减小为零，因而执行机构继续向原来方向运动，使被控量又产生符号相反的偏差。如此反复进行，致使被控量在期望值附近来回摆动，过渡过程呈现振荡形式。如果这个振荡过程是逐渐减弱的，系统最后可以达到平衡状态，控制目的能得以实现，我们便称该系统为稳定系统；反之，如果振荡过程逐步增强，系统的被控量将失控，则该系统为不稳定系统。

2. 快速性

为了很好地完成控制任务，控制系统仅仅满足稳定性要求是不够的，还必须对其过渡过程的形式和快慢提出要求，一般称为动态性能。例如，对于稳定的高射炮射角随动系统，虽然炮身最终能跟踪目标，但如果目标变动迅速，而炮身跟踪目标所需过渡过程时间过长，就不可能击中目标；对用于稳定的自动驾驶仪系统，当飞机受阵风扰动而偏离预定航线时，具有自动使飞机恢复预定航线的能力，但在恢复过程中，如果机身摇晃幅度过大，或恢复速度过快，就会使乘客感到不适；函数记录仪记录输入电压时，如果记录笔移动很慢或摆动幅度过大，不仅会使记录曲线失真，而且还会损坏记录笔。因此，对控制系统过渡过程的时间（即快速性）和最大振荡幅度（即超调量）一般都有具体要求。

3. 准确性

理想情况下，当过渡过程结束后，被控量达到的稳态值（即平衡状态）应与期望值一致。但实际上，由于系统结构外作用形式以及摩擦、间隙等非线性因素的影响，被控量的稳态值与期望值之间会有误差存在，称为稳态误差。稳态误差是衡量控制系统控制精度的重要标志，在技术指标中一般都有具体要求。

1.6 自动控制系统实例

要分析一个实际的自动控制系统，首先要了解它的工作原理，然后画出组成系统的方框图。在画方框图之前，必须明确以下问题：

（1）哪个是被控对象？被控量是什么？影响被控量的主扰动量是什么？

（2）哪个是执行元件？

（3）测量被控量的元件有哪些？有哪些反馈环节？

（4）输入量由哪个元件给定？反馈量与给定量如何进行比较？

（5）还有哪些其他元件（环节）？它们在系统中处于什么地位？起什么作用？

下面将通过几个例子来说明如何分析系统的组成，并根据系统组成画出系统的原理方框图。

1. 轧钢计算机控制系统

轧钢计算机控制系统的工作原理如图 1 - 8 所示。

被控对象：轧辊。

被控量：轧辊的输出量——厚度和张力。

扰动量：主要是元件参数的变化而引起的干扰力矩。

测量元件：厚度传感器和张力传感器。

给定量：厚度给定、张力给定，是人们设计的期望值。

计算装置：数字计算机。

执行元件：电动机。

轧钢计算机控制系统的原理方框图如图 1 - 9 所示。

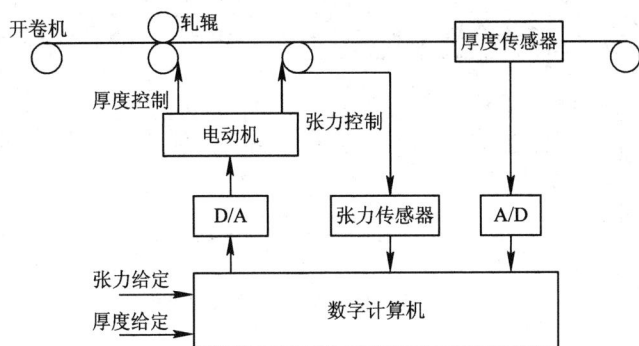

图 1 - 8　轧钢计算机控制系统的原理图

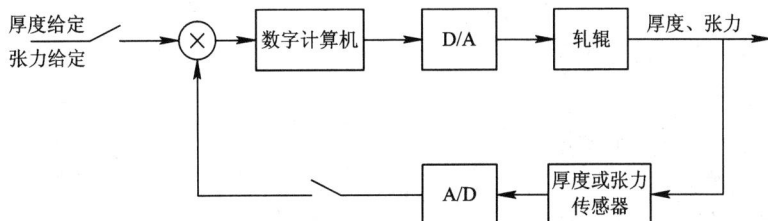

图 1 - 9　轧钢计算机控制系统的原理方框图

2. 机床台控制系统

机床台控制系统的工作原理如图 1 - 10 所示。

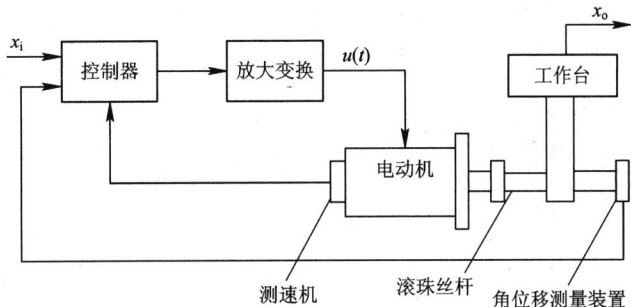

图 1 - 10　机床台控制系统的原理图

被控对象：工作台。

被控量：工作台的输出量——位移 x_o。

扰动量：主要是元件参数的变化而引起的干扰力矩。

测量元件：角位移测量装置和测速机。角位移测量装置测出滚珠丝杆转角，即测出工作台的位移；测速发电机测出电动机的转速，即测出工作台的运动速度。

给定量：x_i，是设计者要把零件的毛坯期望加工成的模线。

计算装置：控制器，用来把三个输入信号比较后得到的差值输出给放大变换器，进而控制电动机的转动。

执行元件：电动机，用来拖动工作台按理想的模线运动。

机床台控制系统的原理方框图如图 1 - 11 所示。

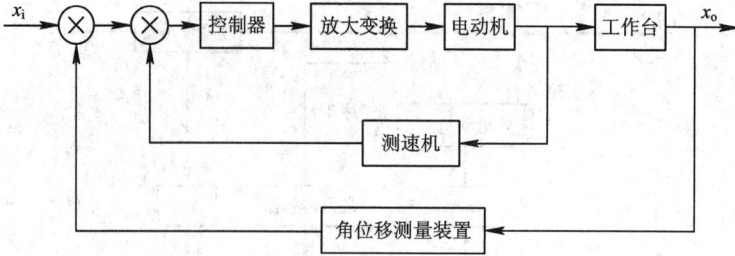

图 1-11 机床台控制系统的原理方框图

3. 液位控制系统

液位控制系统的工作原理如图 1-12 所示。

被控对象：液体储罐。

被控量：液体储罐的输出量——液位 x_o。

扰动量：主要是 Q_2 的变化。

给定量：液体储罐中液位的希望高度 x_i。

测量元件：液位变送器。

计算装置：调节器。

执行元件：调节阀。

液位控制系统的原理方框图如图 1-13 所示。

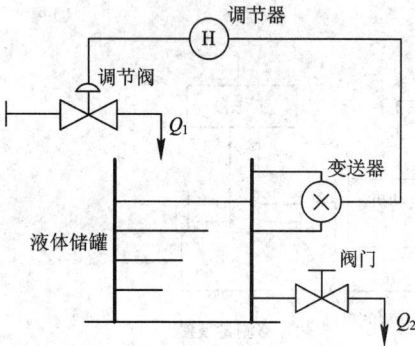

图 1-12　液位控制系统的原理图

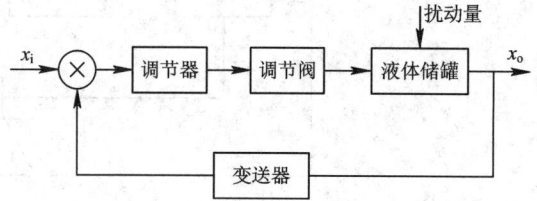

图 1-13　液位控制系统的原理方框图

4. 转速、电流双闭环直流调速系统

转速、电流双闭环直流调速系统原理图如图 1-14 所示，系统的方框图如图 1-15 所示。

由图 1-14 可见，该系统有两个反馈回路构成两个闭环回路，故称双闭环。其中，一个是由电流调节器 ACR 和电流检测-反馈环节构成的电流环；另一个是由速度调节器 ASR 和转速检测-反馈环节构成的速度环。由于速度环包围电流环，因此称电流环为内环（又称副环），称速度环为外环（又称主环）。在电路中，ASR 和 ACR 实行串级连接，即由 ASR 去"驱动"ACR，再由 ACR 去"控制"触发电路。图中速度调节器 ASR 和电流调节器 ACR 均为比例加积分（PI）调节器。

ASR 的输入电压为偏差电压 ΔU_n，$\Delta U_n = U_{sn} - U_{fn} = U_{sn} - \alpha n$（$\alpha$ 为转速反馈系数，n 为转速），其输出电压即为 ACR 的输入电压 U_{si}。

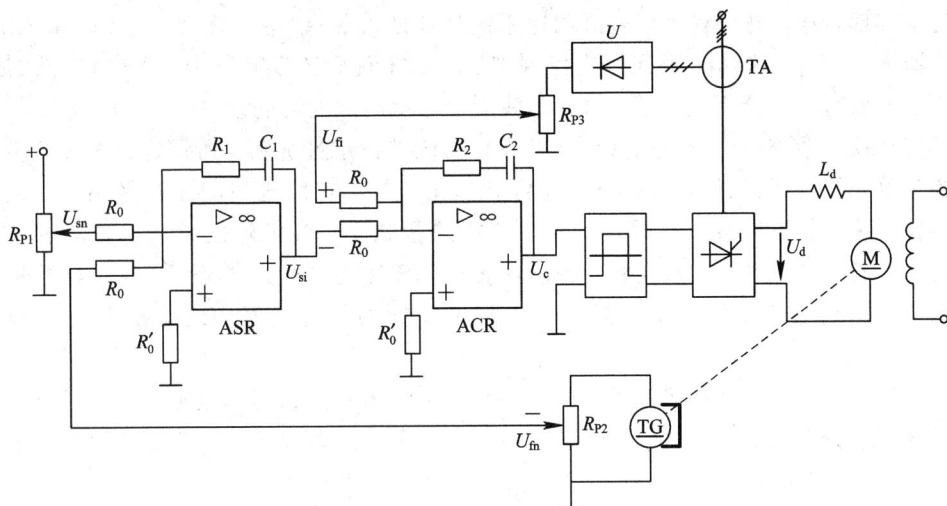

图 1 - 14　转速、电流双闭环直流调速系统原理图

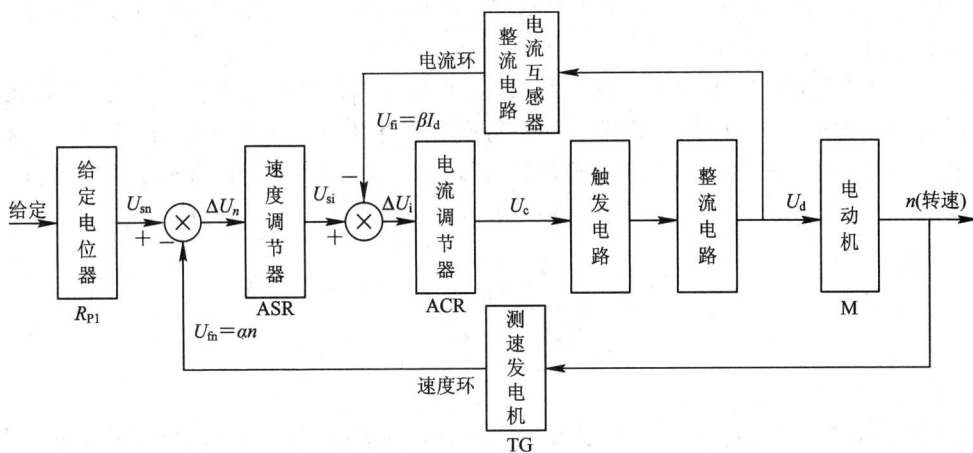

图 1 - 15　转速、电流双闭环直流调速系统方框图

ACR 的输入电压为偏差电压 ΔU_i，$\Delta U_i = U_{si} - U_{fi} = U_{si} - \beta I_d$（$\beta$ 为电流反馈系数），其输出电压即为触发电路的控制电压 U_c。

如图 1 - 14 所示，ASR 和 ACR 的输入、输出量的极性，主要由触发电路对控制电压 U_c 的要求而定。若触发器要求 U_c 为正极性，由于运放器为反相输入端输入，因此 U_{si} 应为负极性。由于电流为负反馈，于是 U_{fi} 便为正极性。同理，若 U_{si} 要求为负极性，则 U_{sn} 应为正极性，又由于转速为负反馈，因而 U_{fn} 便为负极性。

被控对象：电动机。

被控量：电动机的转速。

给定量：电动机希望转速。

测量元件：电流互感器、测速发电机。

计算装置：速度调节器、电流调节器。

扰动量：负载转矩变化以及元件参数的变化而引起的干扰力矩。

为了实现转速、电流双闭环直流调速系统性能的准、稳、快，需要对 ASR 和 ACR 两个调节器进行设定，这就要用到经典控制理论。现在我们还没有能力分析、设计该系统，待学完全书后就可以分析设计了，这就是我们学习这门课的目的。

对自动控制系统进行分析研究，首先是对系统进行定性分析。所谓定性分析，主要是弄清各个单元及各个元件在系统中的地位和作用，以及它们之间的相互联系，并在此基础上弄清系统的工作原理。然后，在定性分析的基础上，可以建立系统的数学模型。再应用自动控制理论对系统的稳定性、稳态性能和动态性能进行定量分析。在系统分析的基础上就可以找到改善系统性能、提高系统技术指标的有效途径，这就是系统的校正和设计。

经典控制理论是建立在传递函数(Transfer Function)概念基础之上的，它对单输入单输出系统是十分有效的。本书研究的自动控制系统基本上都是单输入单输出系统，所以选择应用的是经典控制理论。

在经典控制理论中，包括时域分析法(Time-Domain Analysis Method)、频域分析法(Frequency-Domain Analysis Method)和根轨迹法(The Root Locus Method)等几种分析方法。由于工程中大多采用频域分析法进行设计、计算，因此本书也将以频域分析法作为主要的分析方法。

理论虽然为我们的研究提供了重要的方法，但实际系统往往比较复杂，有许多无法确定的因素，因而通过实验或根据现场实践进行研究，也是一条基本的途径。事实上，在进行系统设计时，也要依靠一些经验公式和经验数据，这也说明理论的分析必须和实践紧密结合起来，才能找到切实可行且有效的解决途径。

小　　结

(1) 开环控制系统结构简单、稳定性好，但不能自动补偿扰动对输出量的影响。当系统扰动量产生的偏差可以预先进行补偿或影响不大时，采用开环控制是有利的，当扰动量无法预计或控制系统的精度达不到预期要求时，则应采用闭环控制。

(2) 闭环控制系统具有反馈环节，它能依靠负反馈环节进行自动调节，以补偿扰动对系统产生的影响。闭环控制极大地提高了系统的精度，但闭环系统使系统稳定性变差，需要重视并加以解决。

(3) 自动控制系统通常由给定元件、检测元件、比较环节、放大元件、执行元件、被控对象和反馈环节等部件组成。系统的作用量和被控量包括输入量、反馈量、扰动量、输出量和中间变量。

(4) 方框图可直观地表达系统各环节(或各部件)间的因果关系，各种作用量和中间变量的作用点和传递情况以及它们对输出量的影响。

(5) 恒值控制系统的特点是输入量是恒量，并且要求系统的输出量也相应地保持恒定。

(6) 随动控制系统的特点输入量是随机变化的，并且要求系统的输出量能跟随输入量的变化而作出相应的变化。

（7）对自动控制系统的性能指标的要求主要是稳、准、快。

（8）自动控制系统的研究方法包括理论分析和实践探索。我们主要研究线性定常单输入单输出系统，应用频域分析法来进行分析设计，即

系统工作原理→传递函数→系统方框图→对数频率特性→工程计算法

习 题

1-1 分析比较开环控制与闭环控制的特征、优缺点和应用场合的不同。

1-2 指出下列系统中哪些属开环控制，哪些属闭环控制。

（1）家用电冰箱；　　　　　　　（2）家用空调；

（3）家用洗衣机；　　　　　　　（4）抽水马桶；

（5）普通车床；　　　　　　　　（6）电饭煲；

（7）多速电风扇；　　　　　　　（8）高楼水箱；

（9）调光台灯；　　　　　　　　（10）自动报时电子钟。

1-3 衡量一个自动控制系统的性能指标通常有哪些？图 1-16 为某自动控制系统启动时的动态曲线，其中 $x(t)$ 为被控量，x_o 为期望稳态值，曲线Ⅰ、Ⅱ对应不同的调节参数。试分析比较Ⅰ、Ⅱ两种情况技术性能的优劣。

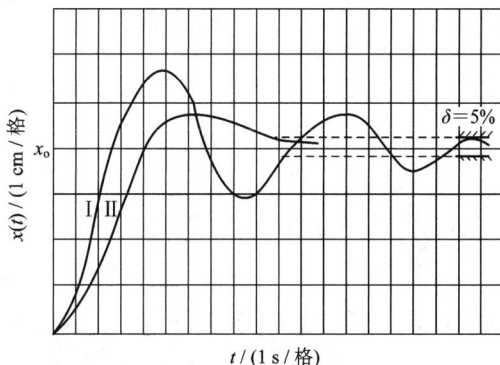

图 1-16 某自动控制系统的启动曲线

1-4 组成自动控制系统的主要环节有哪些？它们各有什么特点？起什么作用？

1-5 恒值控制系统和随动控制系统的主要区别是什么？判断电饭煲、空调、燃气热水器、自动跟踪雷达、家用交流稳压器属于哪一类系统。

1-6 画出电冰箱温度自动控制系统的方框图，并说明在该系统中可能存在哪些扰动量。（提示：电冰箱是依靠由电动机驱动的压缩机将氟利昂气体压缩成液体，此液体在冰箱柜内的管道中气化膨胀，产生致冷效应。检测冰箱内温度的是一个内有液体的温包，温包内液体通过毛细管与波纹管内腔液体相通。当温度升高时，温包内的液体膨胀使波纹管伸长，它通过连杆带动微动开关，使微动开关合上，接通电动压缩机的电源，压缩机工作，使温度降低。）

1-7 锅炉液位控制系统如图 1-17 所示，气动薄膜调节阀设置在给水进水管上，液

位检测变送器、调节器、定值器(即给定器)全部采用气动单元组合(QDZ)仪表。

(1) 试画出该液位控制系统的原理方框图,要求标出各环节对应的信号。

(2) 说明被控量、给定值及可能的扰动量各是什么。

(3) 从系统的结构、给定值变化的规律及对象特点来分类,该自动控制系统应分别属于哪类控制系统?

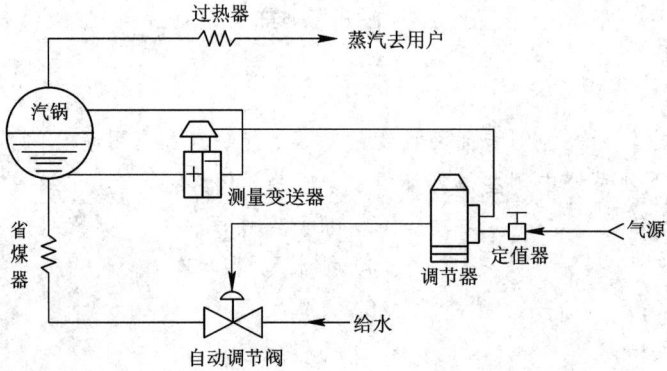

图 1-17 锅炉液位控制系统示意图

第 2 章　自动控制系统的数学模型

【内 容 提 要】

系统的数学模型是对系统进行定量分析的基础和出发点。本章以微分方程、传递函数和系统方框图来建立自动控制系统的数学模型，主要介绍了系统微分方程建立的方法、拉普拉斯变换、传递函数的定义与性质、系统方框图的建立与变换、方框图变换的规则、典型环节与典型系统的数学模型以及系统传递函数的求取。

分析和设计自动控制系统，需要运用自动控制理论所提供的原理和方法。自动控制理论首先是把具体的自动控制系统抽象为数学模型，然后以数学模型为研究对象，根据自动控制理论所提供的方法去分析系统的性能指标或对系统进行改进。因此，建立自动控制系统的数学模型是分析和研究自动控制系统的基础。

在经典控制理论中，常用的数学模型有微分方程、传递函数和系统方框图。它们反映了系统的输出量、输入量和内部各种变量间的关系，表征了系统的内部结构和内在特性，它们是经典控制理论中常用的时域分析法、频域分析法和根轨迹法进行分析的基础。

2.1　系统的微分方程

描述系统的输入量和输出量之间关系的最直接的数学方法是列出系统的微分方程（Differential Equation of System）。微分方程是系统最基本的数学模型，当系统的输入量和输出量都是时间 t 的函数时，其微分方程可以确切地描述系统的运动过程。

1. 建立系统微分方程的一般步骤

建立系统微分方程的一般步骤如下：

（1）全面了解系统的工作原理、结构组成和支持系统运动的物理规律，确定系统的输入量和输出量。

（2）一般从系统的输入端开始，根据各元件或环节所遵循的物理规律，依次列出它们的微分方程。

（3）将各元件或环节的微分方程联系起来消去中间变量，求取一个仅含有系统的输入量和输出量的微分方程，即为系统的微分方程。

（4）将该方程整理成标准形式，即把与输入量有关的各项放在方程的右边，把与输出量有关的各项放在方程的左边，各导数项按降幂排列，并将方程的系数化为具有一定物理意义的表示形式，如时间常数等。

2. 建立系统微分方程举例

下面举例进一步说明建立系统微分方程的过程。

【例 1】 有源电路网络如图 2-1 所示，试列写其微分方程。

系统中：$u_r(t)$ 为输入电压；$u_c(t)$ 为输出电压；K_0 为运算放大器开环放大倍数。

解 理想运算放大器有两个特点：

（1）放大倍数 K_0 的值很大，$u_c(t) = K_0 \Delta u_i(t)$，所以 $\Delta u_i(t) \approx 0$；

（2）输入阻抗 R_i 很大，所以 $I_i \approx 0$。

图 2-1 有源电路网络

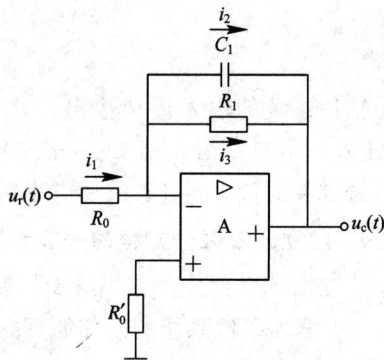

设运算放大器的反相输入端为 A 点。因为 $u_c(t) = -K_0 u_A(t)$，所以 A 点电位为

$$u_A(t) = -\frac{u_c(t)}{K_0} \approx 0$$

因为一般输入阻抗很高，所以

$$i_1(t) \approx i_2(t)$$

据此，可列出

$$\frac{u_r(t)}{R} = -C\frac{du_c(t)}{dt}$$

即

$$RC\frac{du_c(t)}{dt} = -u_r(t)$$

【例 2】 图 2-2 为一有源 RC 网络，设电路输入电压为 $u_r(t)$，输出电压为 $u_c(t)$，图中 A 为理想运算放大器，试列写其微分方程。

解 由于理想运算放大器 A 工作在线性状态，其开环增益很大，根据理想运算放大器"虚地"的特点，有

$$i_1 = i_2 + i_3$$

且

$$i_1 = \frac{u_r(t)}{R_0}, \quad i_2 = -C_1\frac{du_c(t)}{dt}, \quad i_3 = -\frac{u_c(t)}{R_1}$$

于是有

$$\frac{u_r(t)}{R_0} = -C_1\frac{du_c(t)}{dt} - \frac{u_c(t)}{R_1}$$

图 2-2 有源 RC 网络

整理成标准形式，即

$$R_1 C_1\frac{du_c(t)}{dt} + u_c(t) = -\frac{R_1}{R_0}u_r(t)$$

若令 $T = R_1 C_1$ 为时间常数，$K = -R_1/R_0$ 为放大系数，则可得

$$T\frac{du_c(t)}{dt} + u_c(t) = Ku_r(t) \tag{2-1}$$

由于该网络中含有一个储能元件，因此其数学模型为一阶常系数微分方程，式（2-1）

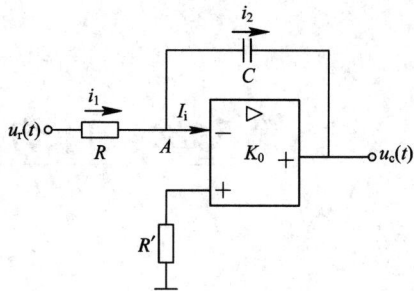

描述的环节称为一阶环节（又称为惯性环节）。

【例3】　如图 2-3 所示的 RLC 串联电路，设输入量为 $u_r(t)$，输出量为 $u_c(t)$，试列出该网络的微分方程。

解　根据电路理论中的基尔霍夫定律和元件的电压与电流的关系，有

$$u_r(t) = Ri(t) + L\frac{\mathrm{d}i(t)}{\mathrm{d}t} + u_c(t)$$

$$u_c(t) = \frac{1}{C}\int i(t)\,\mathrm{d}t$$

$i(t)$ 为流经电阻 R、电感 L 及电容 C 的电流。以上两式消去中间变量 $i(t)$，并整理成标准形式，可得

图 2-3　RLC 串联电路

$$LC\frac{\mathrm{d}^2 u_c(t)}{\mathrm{d}t^2} + RC\frac{\mathrm{d}u_c(t)}{\mathrm{d}t} + u_c(t) = u_r(t)$$

若令 $T_1 = L/R$、$T_2 = RC$ 为时间常数，则上式可写为

$$T_1 T_2 \frac{\mathrm{d}^2 u_c(t)}{\mathrm{d}t^2} + T_2 \frac{\mathrm{d}u_c(t)}{\mathrm{d}t} + u_c(t) = u_r(t) \tag{2-2}$$

由于该 RLC 网络中含有两个储能元件，因此其数学模型是二阶常系数线性微分方程。式（2-2）描述的环节称为二阶环节。

【例4】　图 2-4 为一化工生产中常见的双容液位对象。设输入量 F_1 为流入液体流量，输出量 L_2 为储罐 2 的液位高度。试建立 L_2 与 F_1 之间的动态方程。

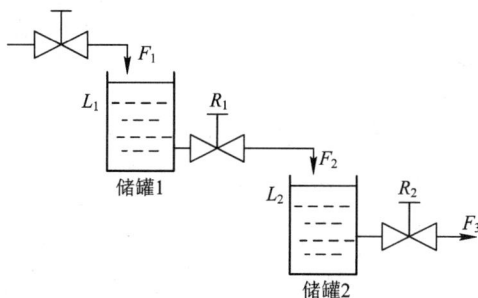

图 2-4　两个串联液体储罐

解　为便于分析，假设液体储罐 1 和储罐 2 近似为线性对象，即阻力系数 R_1、R_2 均为常数。根据流体连续性原理，对于储罐 1 和储罐 2 有

$$F_1 - F_2 = \frac{\mathrm{d}V_1}{\mathrm{d}t} \tag{2-3}$$

$$F_2 = \frac{L_1}{R_1} \tag{2-4}$$

$$\frac{\mathrm{d}V_1}{\mathrm{d}t} = A_1 \frac{\mathrm{d}L_1}{\mathrm{d}t} \tag{2-5}$$

$$F_2 - F_3 = \frac{\mathrm{d}V_2}{\mathrm{d}t} \tag{2-6}$$

$$F_3 = \frac{L_2}{R} \tag{2-7}$$

$$\frac{\mathrm{d}V_2}{\mathrm{d}t} = A_2 \frac{\mathrm{d}L_2}{\mathrm{d}t} \tag{2-8}$$

式(2-3)～式(2-8)中，R_1、R_2 为储罐 1、2 的阀门阻力系数；A_1、A_2 为储罐 1、2 的底面积（容量系数），V_1、V_2 为储罐 1、2 的流体体积（$V=AL$）；L_1、L_2 为储罐 1、2 的液体高度。

联立式(2-3)～式(2-8)，并整理后得

$$A_1 R_1 A_2 R_2 \frac{\mathrm{d}^2 L_2}{\mathrm{d}t^2} + (A_1 R_1 + A_2 R_2) \frac{\mathrm{d}L_2}{\mathrm{d}t} + L_2 = R_2 F_1 \tag{2-9}$$

若令 $T_1 = A_1 R_1$，$T_2 = A_2 R_2$ 为时间常数，$K = R_2$ 为放大系数，则可得到

$$T_1 T_2 \frac{\mathrm{d}^2 L_2}{\mathrm{d}t^2} + (T_1 + T_2) \frac{\mathrm{d}L_2}{\mathrm{d}t} + L_2 = KF_1 \tag{2-10}$$

式(2-10)就是不相关的两个液位储罐相串联的液位对象，以输入量 F_1、输出量 L_2 建立的微分方程，该方程也为二阶常系数线性微分方程，故该对象也具有二阶环节特性。

从例 3 和例 4 中可以看出，尽管构成系统的元件或环节的类型不同，但是两系统具有形式相同的微分方程，这也正是自动控制原理在分析或研究系统时首先要建立其微分方程的目的所在。

【例 5】 图 2-5 为电枢电压控制的他励直流电动机的示意图。直流电动机是调速系统的被控对象。现以电枢电压 u_a 为输入量，以电动机转速 n 为输出量，试建立其微分方程。

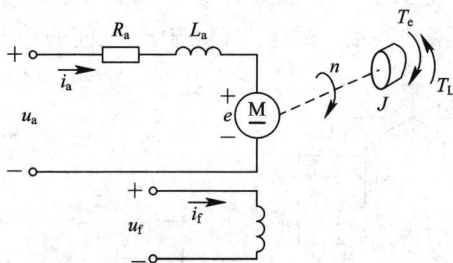

图 2-5　他励直流电动机示意图

解　根据电路定律及元件特性，有

$$u_a = R_a i_a + L_a \frac{\mathrm{d}i_a}{\mathrm{d}t} + e \tag{2-11}$$

$$T_e = K_T \phi i_a \tag{2-12}$$

$$T_e - T_L = J \frac{\mathrm{d}\omega}{\mathrm{d}t} \tag{2-13}$$

$$e = K_e \phi n \tag{2-14}$$

式(2-11)～式(2-14)中，R_a 为电枢电阻；L_a 为漏磁电感；i_a 为电枢回路电流；e 为电枢反电动势；K_e 为电动势常数；T_e 为电磁转矩；K_T 为转矩常数；T_L 为负载转矩；J 为转动惯量；ϕ 为磁通；ω 为电动机转动的角速度（rad/s）；n 为电动机转速（r/min）。

设转动惯量

$$J = mr^2 = \frac{\mathrm{GD}^2}{4g}$$

式中，$g=9.8 \mathrm{\ m/s}^2$。又设

$$\omega = \frac{2\pi}{60}n \text{ rad/s}$$

将以上两式代入式(2 - 13)有

$$T_e - T_L = J_G \frac{\mathrm{d}n}{\mathrm{d}t} \tag{2 - 15}$$

式中,转速惯量

$$J_G = \frac{2\pi}{60} \cdot \frac{GD^2}{4g} = \frac{GD^2}{375} = \frac{1}{K}GD^2$$

其中,$K = 375 \ (\text{m} \cdot \text{r})/(\text{s} \cdot \text{min})$。

若励磁回路电流 i_f 恒定,负载转矩 T_L 为电动机的外部扰动量,则可分析改变输入量 u_a 对电动机转速 n 的影响。

由式(2 - 11)、式(2 - 12)、式(2 - 14)和式(2 - 15),消去中间变量,并化成标准形式,可得

$$T_m T_a \frac{\mathrm{d}^2 n}{\mathrm{d}t^2} + T_m \frac{\mathrm{d}n}{\mathrm{d}t} + n = \frac{1}{K_e \phi}u_a - \frac{R_a}{K_T K_e \phi^2}\left(T_a \frac{\mathrm{d}T_L}{\mathrm{d}t} + T_L\right) \tag{2 - 16}$$

其中,T_m 为直流电动机的机电时间常数,即

$$T_m = \frac{J_G R_a}{K_T K_e \phi^2} \tag{2 - 17}$$

T_a 为电枢回路电磁时间常数,即

$$T_a = \frac{L_a}{R_a} \tag{2 - 18}$$

式(2 - 16)为二阶常系数线性微分方程,它表明在电枢电压 u_a 为输入量、电动机转速 n 为输出量时,他励直流电动机具有二阶环节特性。

【例6】 图 2 - 6 为弹簧、物体和阻尼器组成的机械系统,若外力 $F(t)$ 作用于质量为 m 的物体,其输出量 $y(t)$ 为位移,试列写该系统 $F(t)$ 与 $y(t)$ 之间的微分方程。

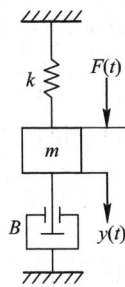

图 2 - 6 弹簧-质量-阻尼系统

解 根据牛顿第二定律,可得

$$F(t) - F_B(t) - F_k(t) = m \frac{\mathrm{d}^2 y(t)}{\mathrm{d}t^2} \tag{2 - 19}$$

式中,$F_B(t)$ 为阻尼器的黏性阻力,$F_k(t)$ 为弹簧的弹性力。

又有

$$F_B(t) = B \frac{\mathrm{d}y(t)}{\mathrm{d}t} \tag{2 - 20}$$

$$F_k(t) = ky(t) \tag{2 - 21}$$

式中，B 为阻尼器的黏性阻力系数，k 为弹簧的弹性系数。

将式(2-20)、式(2-21)代入式(2-19)，可得微分方程为

$$F(t) - B\frac{\mathrm{d}y(t)}{\mathrm{d}t} - ky(t) = m\frac{\mathrm{d}^2 y(t)}{\mathrm{d}t^2}$$

移项整理得

$$\frac{m}{k}\frac{\mathrm{d}^2 y(t)}{\mathrm{d}t^2} + \frac{B}{k}\frac{\mathrm{d}y(t)}{\mathrm{d}t} + y(t) = \frac{1}{k}F(t) \qquad (2-22)$$

式(2-22)为二阶常系数线性微分方程，此系统也是一个二阶系统(环节)。

对于由多个环节组成的各类控制系统，由原理图画出系统方框图，并分别列出各环节的微分方程，再消去中间变量，即可得到描述该系统的输入量与输出量之间关系的微分方程。

2.2　拉普拉斯变换

拉普拉斯变换(Laplace Transform，简称拉氏变换)是一种函数的数学变换，经拉氏变换后，可将微分方程式变换成代数方程式，并且在变换的同时即可将初始条件引入，避免了经典解法中求积分常数的麻烦，因此这种方法可以使微分方程求解的过程大为简化。

在经典自动控制理论中，自动控制系统的数学模型是建立在传递函数的基础之上的，而传递函数的概念又是建立在拉氏变换的基础之上的，因此，拉氏变换是经典控制理论的数学基础。

1. 拉氏变换的概念

若将时间域函数 $f(t)$ 乘以指数函数 e^{-st}(其中 $s=\sigma+\mathrm{j}\omega$，是一个复数)，再在 $0\sim\infty$(本书如无特指，∞ 均指 $+\infty$)之间对 t 进行积分，就得到一个新的复频域函数 $F(s)$。$F(s)$ 称为 $f(t)$ 的拉氏变换式，可用符号 $\mathscr{L}[f(t)]$ 表示：

$$F(s) = \mathscr{L}[f(t)] = \int_0^\infty f(t)\,e^{-st}\,\mathrm{d}t \qquad (2-23)$$

式(2-23)称为拉氏变换的定义式。为了保证式中等号右边的积分存在(收敛)，$f(t)$ 应满足下列条件：

(1) 当 $t<0$ 时，$f(t)=0$；

(2) 当 $t>0$ 时，$f(t)$ 分段连续；

(3) 当 $t\to\infty$ 时，$f(t)$ 上升较 e^{-st} 慢。

由于 $\int_0^\infty f(t)\,e^{-st}\,\mathrm{d}t$ 是一个定积分，t 将在新函数中消失，因此 $F(s)$ 只取决于 s，它是复变函数 s 的函数。拉氏变换将原来的实变量函数 $f(t)$ 转化为复变量函数(即复变函数)$F(s)$。

拉氏变换是一种单值变换，$f(t)$ 和 $F(s)$ 之间具有一一对应的关系。通常称 $f(t)$ 为原函数，$F(s)$ 为象函数。

由拉氏变换的定义式可以从已知的原函数求取对应的象函数。

【例7】　求单位阶跃函数(Unit Step Function)$1(t)$ 的象函数。

解　在自动控制系统中，单位阶跃函数是一个突加作用信号，相当于一个开关的闭合

（或断开），单位阶跃函数的定义式为

$$1(t) = \begin{cases} 0 & t < 0 \\ 1 & t \geqslant 0 \end{cases}$$

由拉氏变换的定义得 $1(t)$ 的象函数为

$$F(s) = \mathscr{L}[1(t)] = \int_0^\infty 1 \times e^{-st}\, dt = -\frac{1}{s} e^{-st} \Big|_0^\infty = \frac{1}{s} \tag{2-24}$$

单位阶跃函数如图 2 - 7 所示。

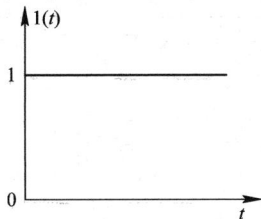

图 2 - 7　单位阶跃函数

【例 8】　求斜坡函数（Ramp Function）的象函数。

斜坡函数的定义式为

$$f(t) = \begin{cases} 0 & t < 0 \\ Kt & t \geqslant 0 \end{cases}$$

式中，K 为常数。

解　在自动控制系统中，斜坡函数是一个对时间作均匀变化的信号。在研究跟随系统时，常以斜坡信号作为典型的输入信号。同理，根据拉氏变换的定义式有

$$F(s) = \mathscr{L}[Kt] = \int_0^\infty Kt\, e^{-st}\, dt = Kt\frac{e^{-st}}{-s} \Big|_0^\infty - \int_0^\infty \frac{K e^{-st}}{-s}\, dt = \frac{K}{s}\int_0^\infty e^{-st}\, dt = \frac{K}{s^2}$$

$$\tag{2-25}$$

这里应用了积分学中的分部积分法，即 $\int u\, dv = uv - \int v\, du$。

若式（2 - 25）中 $K = 1$，则单位斜坡函数的象函数为

$$F(s) = \mathscr{L}[t] = \frac{1}{s^2}$$

【例 9】　求指数函数（Exponential Function）e^{-at} 的象函数。

解　由式（2 - 23），有

$$F(s) = \mathscr{L}[e^{-at}] = \int_0^\infty e^{-at} e^{-st}\, dt = \int_0^\infty e^{-(s+a)t}\, dt = -\frac{1}{s+\alpha} e^{-(s+\alpha)t} \Big|_0^\infty = \frac{1}{s+\alpha} \tag{2-26}$$

【例 10】　求正弦函数（Sinusoidal Function）$f(t) = \sin\omega t$ 的象函数。

解　由式（2 - 23），有

$$F(s) = \mathscr{L}[\sin\omega t] = \int_0^\infty \sin\omega t\, e^{-st}\, dt = \int_0^\infty \frac{1}{2j}(e^{j\omega t} - e^{-j\omega t}) e^{-st}\, dt$$

$$= \frac{1}{2j}\left[\int_0^\infty e^{-(s-j\omega)t}\, dt - \int_0^\infty e^{-(s+j\omega)t}\, dt\right]$$

$$= \frac{1}{2j}\left(\frac{1}{s-j\omega} - \frac{1}{s+j\omega}\right) = \frac{\omega}{s^2 + \omega^2} \tag{2-27}$$

这里应用了欧拉公式：

$$e^{j\omega t} = \cos\omega t + j\sin\omega t$$

$$e^{-j\omega t} = \cos\omega t - j\sin\omega t$$

实际上，常把原函数与象函数之间的对应关系列成对照表的形式，通过查表就能够知道原函数的象函数或象函数的原函数，十分方便。常用函数的拉氏变换对照表见表 2-1。

表 2-1　常用函数的拉氏变换对照表

序　号	原 函 数 $f(t)$	象 函 数 $F(s)$
1	$1(t)$	$\dfrac{1}{s}$
2	$e^{-\alpha t}$	$\dfrac{1}{s+\alpha}$
3	t^n	$\dfrac{n!}{s^{n+1}}$
4	$te^{-\alpha t}$	$\dfrac{1}{(s+\alpha)^2}$
5	$\sin\omega t$	$\dfrac{\omega}{s^2+\omega^2}$
6	$\cos\omega t$	$\dfrac{s}{s^2+\omega^2}$
7	$\dfrac{1}{\beta-\alpha}(e^{-\alpha t}-e^{-\beta t})$	$\dfrac{1}{(s+\alpha)(s+\beta)}$
8	$\dfrac{1}{\beta-\alpha}(\beta e^{-\beta t}-\alpha e^{-\alpha t})$	$\dfrac{s}{(s+\alpha)(s+\beta)}$
9	$\dfrac{1}{\alpha}(1-e^{-\alpha t})$	$\dfrac{1}{s(s+\alpha)}$
10	$\dfrac{1}{\alpha\beta}\left[1+\dfrac{1}{\alpha-\beta}(\beta e^{-\alpha t}-\alpha e^{-\beta t})\right]$	$\dfrac{1}{s(s+\alpha)(s+\beta)}$
11	$e^{-\alpha t}\sin\omega t$	$\dfrac{\omega}{(s+\alpha)^2+\omega^2}$
12	$e^{-\alpha t}\cos\omega t$	$\dfrac{s+\alpha}{(s+\alpha)^2+\omega^2}$
13	$\dfrac{1}{\alpha^2}(e^{-\alpha t}+\alpha t-1)$	$\dfrac{1}{s^2(s+\alpha)}$
14	$1-\dfrac{1}{\sqrt{1-\zeta^2}}e^{-\zeta\omega_n t}\sin(\omega_n\sqrt{1-\zeta^2}\,t+\varphi)$ $\varphi=\arctan\dfrac{\sqrt{1-\zeta^2}}{\zeta}$	$\dfrac{\omega_n^2}{s(s^2+2\zeta\omega_n s+\omega_n^2)}$　　$0<\zeta<1$

2. 拉氏变换的运算定理

在应用拉氏变换时，常需要借助于拉氏变换运算定理，这些运算定理都可以通过拉氏变换定义式加以证明。下面介绍几个常用定理。

1）叠加定理

两个函数代数和的拉氏变换等于两个函数拉氏变换的代数和，即

$$\mathscr{L}[f_1(t) \pm f_2(t)] = \mathscr{L}[f_1(t)] \pm \mathscr{L}[f_2(t)] \qquad (2-28)$$

证

$$\begin{aligned}
\mathscr{L}[f_1(t) \pm f_2(t)] &= \int_0^\infty [f_1(t) \pm f_2(t)] \mathrm{e}^{-st}\,\mathrm{d}t \\
&= \int_0^\infty f_1(t)\mathrm{e}^{-st}\,\mathrm{d}t \pm \int_0^\infty f_2(t)\mathrm{e}^{-st}\,\mathrm{d}t \\
&= \mathscr{L}[f_1(t)] \pm \mathscr{L}[f_2(t)] \\
&= F_1(s) \pm F_2(s)
\end{aligned}$$

2）比例定理

K 倍原函数的拉氏变换等于原函数拉氏变换的 K 倍，即

$$\mathscr{L}[Kf(t)] = K\mathscr{L}[f(t)] \qquad (2-29)$$

证

$$\begin{aligned}
\mathscr{L}[Kf(t)] &= \int_0^\infty [Kf(t)] \mathrm{e}^{-st}\,\mathrm{d}t \\
&= K\int_0^\infty f(t)\mathrm{e}^{-st}\,\mathrm{d}t = KF(s)
\end{aligned}$$

3）微分定理

$$\mathscr{L}[f'(t)] = sF(s) - f(0) \qquad (2-30)$$

在零初始条件下，有

$$\mathscr{L}[f^{(n)}(t)] = s^n F(s) \qquad (2-31)$$

证

$$\begin{aligned}
\mathscr{L}[f'(t)] &= \mathscr{L}\left[\frac{\mathrm{d}}{\mathrm{d}t}f(t)\right] \\
&= \int_0^\infty \mathrm{e}^{-st}\,\frac{\mathrm{d}}{\mathrm{d}t}f(t)\,\mathrm{d}t \\
&= \int_0^\infty \mathrm{e}^{-st}\,\mathrm{d}f(t) \\
&= f(t)\mathrm{e}^{-st}\Big|_0^\infty - \int_0^\infty f(t)(-s)\mathrm{e}^{-st}\,\mathrm{d}t \\
&= -f(0) + s\int_0^\infty f(t)\mathrm{e}^{-st}\,\mathrm{d}t \\
&= sF(s) - f(0)
\end{aligned}$$

当初始条件 $f(0)=0$ 时，有

$$\mathscr{L}[f'(t)] = sF(s)$$

同理，可求得

$$\mathscr{L}[f''(t)] = s^2 F(s) - sf(0) - f'(0)$$

$$\vdots$$

$$\mathscr{L}[f^{(n)}(t)] = s^n F(s) - s^{n-1} f(0) - \cdots - f^{(n-1)}(0)$$

若具有零初始条件，即

$$f(0) = f'(0) = \cdots = f^{(n-1)}(0) = 0$$

则

$$\mathscr{L}[f''(t)] = s^2 F(s)$$

$$\vdots$$

$$\mathscr{L}[f^{(n)}(t)] = s^n F(s)$$

上式表明，在初始条件为零的前提下，原函数的 n 阶导数的拉氏变换式等于其象函数乘以 s^n。这使函数的微分运算变得十分简单，它是拉氏变换能将微分运算转换成代数运算的依据。因此微分定理是一个十分重要的运算定理。

4）积分定理

$$\mathscr{L}\left[\int f(t)\,\mathrm{d}t\right] = \frac{F(s)}{s} + \frac{\int f(t)\,\mathrm{d}t\Big|_{t=0}}{s} \tag{2-32}$$

在零初始条件下有

$$\mathscr{L}\left[\underbrace{\int\cdots\int}_{n} f(t)(\mathrm{d}t)^n\right] = \frac{F(s)}{s^n} \tag{2-33}$$

证

$$\mathscr{L}\left[\int f(t)\,\mathrm{d}t\right] = \int_0^\infty \left[\int f(t)\,\mathrm{d}t\right] \mathrm{e}^{-st}\,\mathrm{d}t$$

$$= \left[\frac{\mathrm{e}^{-st}}{(-s)} \int f(t)\,\mathrm{d}t\right]\Big|_0^\infty - \int_0^\infty \frac{\mathrm{e}^{-st}}{(-s)} f(t)\,\mathrm{d}t$$

$$= \left[\frac{1}{s} \int f(t)\,\mathrm{d}t\right]_{t=0} + \frac{1}{s} \int_0^\infty f(t)\mathrm{e}^{-st}\,\mathrm{d}t$$

$$= \frac{F(s)}{s} + \frac{\int f(t)\,\mathrm{d}t\Big|_{t=0}}{s}$$

当初始条件 $\int f(t)\,\mathrm{d}t\Big|_{t=0} = 0$ 时，由上式有

$$\mathscr{L}\left[\int f(t)\,\mathrm{d}t\right] = \frac{F(s)}{s}$$

同理，可以证明在零初始条件下有

$$\mathscr{L}\left[\iint f(t)(\mathrm{d}t)^2\right] = \frac{F(s)}{s^2}$$

$$\vdots$$

$$\mathscr{L}\left[\underbrace{\int\cdots\int}_{n} f(t)(\mathrm{d}t)^n\right] = \frac{F(s)}{s^n}$$

上式表明，在零初始条件下，原函数的 n 重积分的拉氏变换式等于其象函数除以 s^n。它是微分的逆运算，与微分定理一样，是十分重要的运算定理。

5) 位移定理

$$\mathscr{L}\left[e^{-\alpha t} f(t)\right] = F(s+\alpha) \tag{2-34}$$

证

$$\mathscr{L}\left[e^{-\alpha t} f(t)\right] = \int_0^\infty e^{-\alpha t} f(t) e^{-st} \, dt$$

$$= \int_0^\infty f(t) e^{-(s+\alpha)t} \, dt$$

$$= F(s+\alpha)$$

上式表明，原函数 $f(t)$ 乘以衰减因子 $e^{-\alpha t}$ 时，它的象函数只需把 $F(s)$ 中的 s 用 $s+\alpha$ 代替即可，也就是将 $F(s)$ 平移了位置 α。

6) 初值定理

$$\lim_{t \to 0} f(t) = \lim_{s \to \infty} sF(s) \tag{2-35}$$

证

由微分定理有

$$\int_0^\infty f'(t) e^{-st} \, dt = sF(s) - f(0)$$

当 $s \to \infty$ 时，$e^{-st} \to 0$，对上式左边取极限有 $\lim_{s \to \infty} \int_0^\infty f'(t) e^{-st} \, dt = 0$，代入上式有

$$\lim_{s \to \infty} sF(s) - f(0) = 0$$

即

$$\lim_{t \to 0} f(t) = \lim_{s \to \infty} sF(s)$$

上式表明原函数 $f(t)$ 在 $t=0$ 时的数值(初始值)，可以通过将象函数 $F(s)$ 乘以 s 后，再求 $s \to \infty$ 时的极限值来求得，条件是当 $t \to 0$ 和 $s \to \infty$ 时等式两边各有极限存在。

7) 终值定理

$$\lim_{t \to \infty} f(t) = \lim_{s \to 0} sF(s) \tag{2-36}$$

证

由微分定理可得

$$\int_0^\infty f'(t) e^{-st} \, dt = sF(s) - f(0)$$

对上式两边取极限

$$\lim_{s \to 0} \left[\int_0^\infty f'(t) e^{-st} \, dt\right] = \lim_{s \to 0} \left[sF(s) - f(0)\right] \tag{2-37}$$

由于当 $s \to 0$ 时，$e^{-st} \to 1$，所以式(2-37)左边可写成

$$\lim_{s \to 0} \left[\int_0^\infty f'(t) e^{-st} \, dt\right] = \int_0^\infty f'(t) \, dt = f(t) \Big|_0^\infty = \lim_{t \to \infty} f(t) - f(0)$$

将上式代入式(2-37)，两边消去 $f(0)$，得

$$\lim_{t \to \infty} f(t) = \lim_{s \to 0} sF(s)$$

上式表明，原函数 $f(t)$ 在 $t \to \infty$ 时的数值(稳态值)，可以通过将象函数 $F(s)$ 乘以 s 后，再求 $s \to 0$ 时的极限值来求得，条件是当 $t \to \infty$ 和 $s \to 0$ 时等式两边各有极限存在。

终值定理在分析研究系统的稳态性能(例如分析系统的稳态误差,求取系统输出量的稳态值等)时有着很多的应用,因此,终值定理也是一个十分重要的运算定理。

由于拉氏变换具有上述这些重要的运算定理,使得拉氏变换的应用更加方便。表 2 - 2 为拉氏变换的主要运算定理一览表。

表 2 - 2 拉氏变换的主要运算定理

序 号	名 称	公 式
1	叠加定理	$\mathscr{L}[f_1(t) \pm f_2(t)] = F_1(s) \pm F_2(s)$
2	比例定理	$\mathscr{L}[Kf(t)] = KF(s)$
3	微分定理	$\mathscr{L}[f'(t)] = sF(s) - f(0)$
4	积分定理	$\mathscr{L}\left[\int f(t) \, \mathrm{d}t\right] = \dfrac{F(s)}{s} + \dfrac{\int f(t) \, \mathrm{d}t\big|_{t=0}}{s}$
5	位移定理	$\mathscr{L}[e^{-\alpha t} f(t)] = F(s + \alpha)$
6	初值定理	$\lim\limits_{t \to 0} f(t) = \lim\limits_{s \to \infty} sF(s)$
7	终值定理	$\lim\limits_{t \to \infty} f(t) = \lim\limits_{s \to 0} sF(s)$

3. 拉氏反变换

由象函数 $F(s)$ 求取原函数 $f(t)$ 的运算称为拉氏反变换(Inverse Laplace Transform)。拉氏反变换常用下式表示:

$$f(t) = \mathscr{L}^{-1}[F(s)]$$

拉氏变换和拉氏反变换是一一对应的,通常可以通过查表来求取原函数。在自动控制理论中常遇到的象函数是 s 的有理分式,即

$$F(s) = \frac{B(s)}{A(s)} = \frac{b_m s^m + b_{m-1} s^{m-1} + \cdots + b_1 s + b_0}{s^n + a_{n-1} s^{n-1} + \cdots + a_1 s + a_0}$$

这种形式的原函数一般不能直接在拉氏变换对照表中查得。因此,要用部分分式展开法先将 $B(s)/A(s)$ 化为一些简单分式之和,这些简单分式的原函数可以通过查表得到,而所求原函数就等于各分式原函数之和。

展开部分分式的方法是先求出方程 $A(s) = 0$ 的根 $s_1, s_2, \cdots, s_n$。

于是,$B(s)/A(s)$ 可以写成如下形式:

$$F(s) = \frac{B(s)}{A(s)} = \frac{B(s)}{(s - s_1)(s - s_2) \cdots (s - s_n)}$$

设 $A(s) = 0$ 无重根,则上式可展开成如下部分分式:

$$F(s) = \frac{B(s)}{A(s)} = \frac{C_1}{s - s_1} + \frac{C_2}{s - s_2} + \cdots + \frac{C_n}{s - s_n} \tag{2 - 38}$$

式中,$C_1, C_2, \cdots, C_n$ 为待定系数。

如果确定了每个部分分式中的待定系数 $C_i(i=1,2,\cdots,n)$，则由拉氏变换表即可查得 $F(s)$ 的反变换。

如求 C_1 时，用 $s-s_1$ 乘以式(2-38)，并令 $s=s_1$，即

$$\big[F(s)(s-s_1)\big]_{s=s_1} = C_1 + \left[\left(\frac{C_2}{s-s_2}+\cdots+\frac{C_n}{s-s_n}\right)(s-s_1)\right]_{s=s_1}$$

在上式中，当 $s=s_1$ 时，$s-s_1=0$，所以方括号中的各项将为零。于是

$$C_1 = \big[F(s)(s-s_1)\big]_{s=s_1}$$

同理，其余系数可由下式求出：

$$C_i = \big[F(s)(s-s_i)\big]_{s=s_i} \qquad i=2,3,\cdots,n \qquad (2-39)$$

全部待定系数求出后，运用拉氏变换线性性质，即可求得

$$f(t) = \mathscr{L}^{-1}[F(s)] = \sum_{i=1}^{n} C_i e^{s_i t} \qquad (2-40)$$

对比较简单的象函数，除应用上述方法外，也可用直接通分的方法来求取待定系数。

2.3 传 递 函 数

传递函数(Transfer Function)是系统的另一种数学模型，它比微分方程简单明了、运算方便，是自动控制系统中最常用的数学模型。

1. 传递函数的定义

传递函数是在应用拉氏变换求解微分方程的过程中引申出来的概念。微分方程这一数学模型不仅计算麻烦，并且它所表示的输入、输出关系复杂而不明显。经过拉氏变换的微分方程是一个代数方程，可以进行代数运算，从而可以用简单的比值关系描述系统的输入、输出关系。据此，建立了传递函数这一数学模型。

传递函数的定义为：在初始条件为零时，输出量的拉氏变换式与输入量的拉氏变换式之比，即

$$传递函数 G(s) = \frac{输出量的拉氏变换}{输入量的拉氏变换} = \frac{C(s)}{R(s)} \qquad (2-41)$$

这里所谓初始条件为零(又称零初始条件)，一般是指输入量在 $t=0$ 时刻之后才作用于系统，系统的输入量和输出量及其各阶导数在 $t\leqslant 0$ 时的值均为零，现实的控制系统多属这种情况。在研究一个系统时，通常总是假定该系统原来处于稳定平衡状态，若不加输入量，系统就不会发生任何变化。系统中的各个变量都可用输入量作用前的稳态值作为起算点(即零点)，一般都能满足零初始条件。

2. 传递函数的一般表达式

如果系统的输入量为 $r(t)$，输出量为 $c(t)$，并由下列微分方程描述：

$$a_n \frac{d^n}{dt^n}c(t) + a_{n-1}\frac{d^{n-1}}{dt^{n-1}}c(t) + \cdots + a_1 \frac{d}{dt}c(t) + a_0 c(t)$$

$$= b_m \frac{d^m}{dt^m}r(t) + b_{m-1}\frac{d^{m-1}}{dt^{m-1}}r(t) + \cdots + b_1 \frac{d}{dt}r(t) + b_0 r(t)$$

在初始条件为零时，对方程两边进行拉氏变换，可得

$$a_n s^n C(s) + a_{n-1} s^{n-1} C(s) + \cdots + a_1 s C(s) + a_0 C(s)$$

$$= b_m s^m R(s) + b_{m-1} s^{m-1} R(s) + \cdots + b_1 s R(s) + b_0 R(s)$$

即

$$(a_n s^n + a_{n-1} s^{n-1} + \cdots + a_1 s + a_0) C(s) = (b_m s^m + b_{m-1} s^{m-1} + \cdots + b_1 s + b_0) R(s)$$

根据传递函数的定义可得

$$G(s) = \frac{C(s)}{R(s)} = \frac{b_m s^m + b_{m-1} s^{m-1} + \cdots + b_1 s + b_0}{a_n s^n + a_{n-1} s^{n-1} + \cdots + a_1 s + a_0} \tag{2-42}$$

由以上推导过程可见，在零初始条件下，只要将微分方程中的微分算符 $\mathrm{d}^{(i)}/\mathrm{d}t^{(i)}$ $(i=1, 2, \cdots, n)$ 换成相应的 $s^{(i)}(i=1, 2, \cdots, n)$，即可得到系统的传递函数。式 (2-42) 为传递函数的一般表达式。

3. 传递函数的性质

传递函数有以下性质：

(1) 传递函数是由微分方程变换得来的，它和微分方程之间存在着一一对应关系。对于一个确定的系统(输出量与输入量都已确定)，它的微分方程是唯一的，所以，其传递函数也是唯一的。

(2) 传递函数是复变量 $s(s=\sigma+\mathrm{j}\omega)$ 的有理分式，s 是复数，而分式中的各项系数 a_n，a_{n-1}，$\cdots$，a_1，a_0 以及 b_m，b_{m-1}，$\cdots$，b_1，b_0 都是实数，它们是由组成系统的元件的参数构成的。由式 (2-42) 可见，传递函数完全取决于其系统，所以传递函数只与系统本身的内部结构和参数有关，而与输入量、扰动量等外部因素无关。它代表了系统的固有特性，是一种用象函数来描述系统的数学模型，称为系统的复数域模型(以时间为自变量的微分方程，则称为时间域模型)。

(3) 传递函数是一种运算函数。由 $G(s)=C(s)/R(s)$ 可得 $C(s)=G(s)R(s)$，此式表明，若已知一个系统的传递函数 $G(s)$，则对任何一个输入量 $r(t)$，只要以 $R(s)$ 乘以 $G(s)$，即可得到输出量的象函数 $C(s)$，再经拉氏反变换，就可求得输出量 $c(t)$。由此可见，$G(s)$ 起着从输入到输出的传递作用，故称传递函数。

(4) 传递函数的分母是它所对应系统微分方程的特征方程的多项式，即传递函数的分母是特征方程(Characteristic Equation) $a_n s^n + a_{n-1} s^{n-1} + \cdots + a_1 s + a_0 = 0$ 等号左边的部分。而以后的分析表明：特征方程的根反映了系统动态过程的性质，所以由传递函数可以研究系统的动态特性。其中，特征方程的阶次 n 即为系统的阶次。

2.4 系统方框图

方框图(Block Diagram)又称结构图，它是传递函数的一种图形描述方式，可以形象地描述自动控制系统中各单元之间和各作用量之间的相互联系，具有简明直观、运算方便的优点，所以方框图在分析自动控制系统中获得了广泛的应用。

方框图由信号线、引出点、比较点和功能框等部分组成，它们的图形如图 2-8 所示。

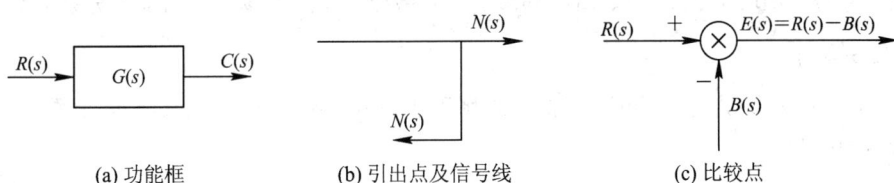

(a) 功能框　　　　　(b) 引出点及信号线　　　　　(c) 比较点

图 2-8　方框图的图形符号

1. 功能框

功能框（Block Diagram）如图 2-8(a)所示，框左边向内箭头为输入量（拉氏式），框右边向外箭头为输出量（拉氏式），框内为系统中一个相对独立单元的传递函数 $G(s)$。它们间的关系为 $C(s)=G(s)R(s)$。

2. 信号线

信号线（Signal Line）表示信号流通的路径和方向，其中流通方向用箭头表示。在系统的前向通路中，箭头指向右方，信号由左向右流通。因此，输入信号在最左端，输出信号在最右端。而在反馈回路中则相反，箭头由右指向左，参见图 2-9。

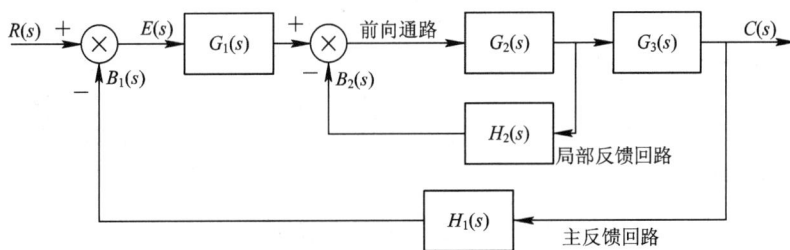

图 2-9　典型自动控制系统方框图

3. 引出点

如图 2-8(b)所示，引出点（又称分点）（Pickoff Point）表示信号由该点取出。从同一信号线上取出的信号，其大小和性质完全相同。

4. 比较点

比较点（Comparing Point）如图 2-8(c)所示。比较点又称和点（Summing Point），其输出量为各输入量的代数和。因此，在信号输入处要注明它们的极性。

图 2-9 为一典型自动控制系统的方框图。它包括前向通路和反馈回路（主反馈回路和局部反馈回路）、引出点和比较点、输入量 $R(s)$、输出量 $C(s)$、反馈量 $B(s)$ 和偏差量 $E(s)$。图中，各种变量均标以大写英文字母的拉氏式（如 $X(s)$），功能框中均为传递函数。

2.5　典型环节的传递函数和方框图

任何一个复杂的系统都可以看成是由一些典型环节（Typical Elements）组合而成的。掌握这些典型环节的特性，可以更方便地分析复杂系统内部各单元间的联系。典型环节有比例环节、积分环节、微分环节、惯性环节、一阶微分环节、振荡环节等，现分别介绍如下。

1. 比例环节

输出量与输入量成比例的环节称为比例环节（Proportional Element），如图 2 - 10 所示，其微分方程为

$$c(t) = Kr(t) \tag{2-43}$$

式中，K 为比例环节的放大系数。

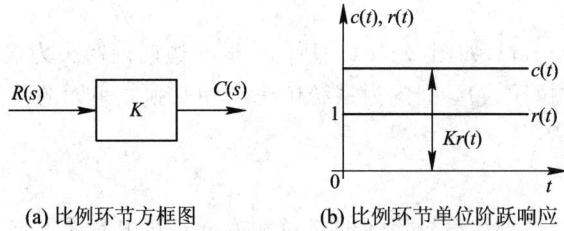

(a) 比例环节方框图　　(b) 比例环节单位阶跃响应

图 2 - 10　比例环节方框图及响应曲线

将式(2 - 43)两边取拉氏变换有

$$C(s) = KR(s)$$

整理后得该环节的传递函数 $G(s)$，即

$$G(s) = \frac{C(s)}{R(s)} = K \tag{2-44}$$

当 $r(t) = 1(t)$ 时，有

$$C(s) = G(s)R(s) = K \cdot \frac{1}{s}$$

得到

$$c(t) = \mathscr{L}^{-1}[C(s)] = K$$

比例环节的单位阶跃响应曲线如图 2 - 10(b)所示。从图中可以看出，比例环节的输出量能立即响应输入量。

比例环节是最基本的环节。常见的比例环节有电阻分压器、比例运算放大器、齿轮减速器和测速发电机等，分别如图 2 - 11(a)、(b)、(c)、(d)所示。

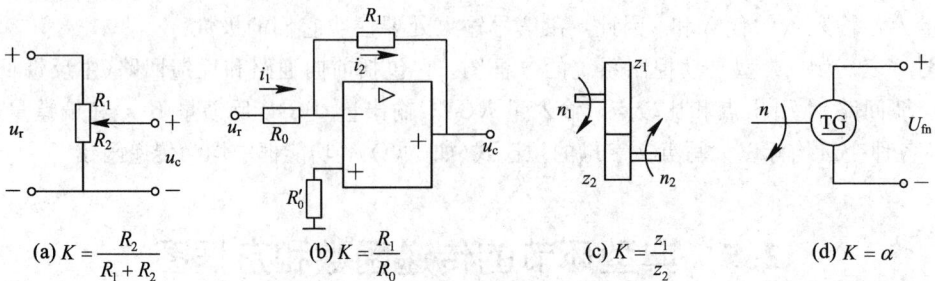

(a) $K = \dfrac{R_2}{R_1 + R_2}$　　(b) $K = \dfrac{R_1}{R_0}$　　(c) $K = \dfrac{z_1}{z_2}$　　(d) $K = \alpha$

图 2 - 11　常见的比例环节

2. 积分环节

输出量与输入量对时间的积分成正比的环节称为积分环节（Integral Element），如图

2 - 12(a)所示，其微分方程为

$$c(t) = \frac{1}{T} \int r(t)\, \mathrm{d}t \qquad (2-45)$$

式(2 - 45)经拉氏变换，并整理可得该环节的传递函数为

$$G(s) = \frac{C(s)}{R(s)} = \frac{1}{Ts} \qquad (2-46)$$

式中，T 为积分时间常数。

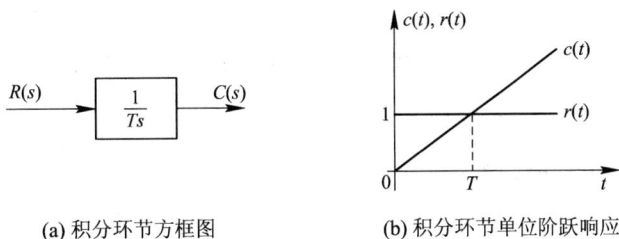

(a) 积分环节方框图　　　　　　(b) 积分环节单位阶跃响应

图 2 - 12　积分环节方框图及响应曲线

当输入量 $r(t) = 1(t)$ 时，输出量 $C(s)$ 为

$$C(s) = \frac{1}{Ts} \cdot R(s) = \frac{1}{Ts} \cdot \frac{1}{s} = \frac{1}{Ts^2}$$

则输出量响应为

$$c(t) = \mathscr{L}^{-1}[C(s)] = \frac{1}{T}t$$

积分环节的单位阶跃响应曲线如图 2 - 12(b)所示。从图中可以看出，积分环节的输出量随时间的变化而不断增加，其斜率为 $1/T$。

积分环节是过程控制中最重要的环节，常见的积分环节如图 2 - 13 所示。

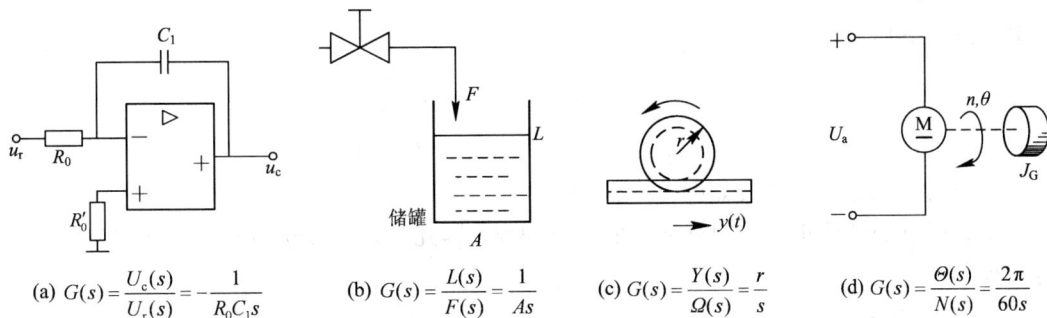

(a) $G(s) = \dfrac{U_c(s)}{U_r(s)} = -\dfrac{1}{R_0 C_1 s}$　(b) $G(s) = \dfrac{L(s)}{F(s)} = \dfrac{1}{As}$　(c) $G(s) = \dfrac{Y(s)}{\Omega(s)} = \dfrac{r}{s}$　(d) $G(s) = \dfrac{\Theta(s)}{N(s)} = \dfrac{2\pi}{60s}$

图 2 - 13　常见的积分环节

3. 微分环节

输出量与输入量的导数成正比的环节称为微分环节（Derivative Element），如图 2 - 14(a)所示，其微分方程为

$$c(t) = T\frac{\mathrm{d}r(t)}{\mathrm{d}t} \qquad (2-47)$$

式中，T 为微分时间常数。经拉氏变换，得该环节的传递函数为

$$G(s) = \frac{C(s)}{R(s)} = Ts \qquad (2-48)$$

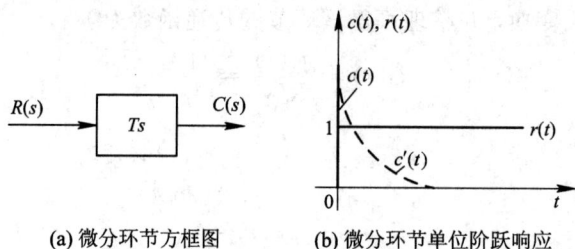

(a) 微分环节方框图　　　(b) 微分环节单位阶跃响应

图 2 - 14　微分环节方框图及响应曲线

当输入量 $r(t)=1(t)$ 时，微分环节输出量 $C(s)$ 为

$$C(s) = G(s)R(s) = Ts \cdot \frac{1}{s} = T$$

则响应为

$$c(t) = \mathscr{L}^{-1}[C(s)] = T\delta(t)$$

式中，$\delta(t)$ 为单位脉冲函数。

$c(t)$ 的单位阶跃响应曲线如图 2 - 14(b)所示，$c(t)$ 是理想微分环节的单位阶跃响应曲线，其在 $t=0$ 的时刻，输出 $c(t)$ 从 $0 \rightarrow \infty$，再从 $\infty \rightarrow 0$。实际上微分特性总是含有惯性的，实际微分环节的微分方程为

$$T\frac{\mathrm{d}c(t)}{\mathrm{d}t} + c(t) = T\frac{\mathrm{d}r(t)}{\mathrm{d}t}$$

其传递函数为

$$G(s) = \frac{Ts}{1+Ts} \qquad (2-49)$$

则单位阶跃响应为

$$C'(s) = \frac{Ts}{1+Ts} \cdot \frac{1}{s} = \frac{T}{Ts+1}$$
$$c'(t) = \mathscr{L}^{-1}[C'(s)] = \mathrm{e}^{-t/T}1(t)$$

$c'(t)$ 的输出量变化曲线如图 2 - 14(b)所示。

微分环节的性质正好与积分环节的性质相反。因此，常把微分环节看成是积分环节的逆过程。

4. 惯性环节

含有一个储能元件和一个耗能元件的环节称为惯性环节(Inertial Element)，其输出量与输入量的微分方程为

$$T\frac{\mathrm{d}c(t)}{\mathrm{d}t} + c(t) = Kr(t) \qquad (2-50)$$

式中，T 为惯性环节的时间常数；K 为惯性环节的放大系数。

对式(2 - 50)作拉氏变换并整理，得惯性环节的传递函数 $G(s)$ 为

$$G(s) = \frac{C(s)}{R(s)} = \frac{K}{Ts+1} \qquad (2-51)$$

惯性环节的方框图如图 2 – 15(a)所示。

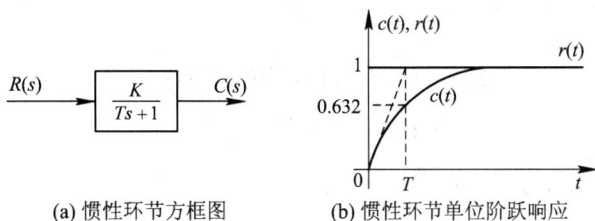

(a) 惯性环节方框图   (b) 惯性环节单位阶跃响应

图 2 – 15 惯性环节方框图及响应曲线

当输入量 $r(t)=1(t)$ 时，输出量 $C(s)$ 为

$$C(s) = G(s)R(s) = \frac{K}{Ts+1} \cdot \frac{1}{s}$$

可得其单位阶跃响应为

$$c(t) = \mathscr{L}^{-1}[C(s)] = K(1-\mathrm{e}^{-t/T})$$

当 $K=1$ 时，惯性环节的单位阶跃响应曲线如图 2 – 15(b)所示。对惯性环节的阶跃响应曲线进行分析，可得 $c(0)=0$，$c(T)=0.632$，$c(3T)=0.95$，$c(4T)=0.982$，$c(\infty)\rightarrow 1$。因此，惯性环节在输入量突变时，输出量不能突变，只能随着时间的推移按指数规律变化，这表明该环节具有惯性特点。常见的惯性环节如图 2 – 16 所示。

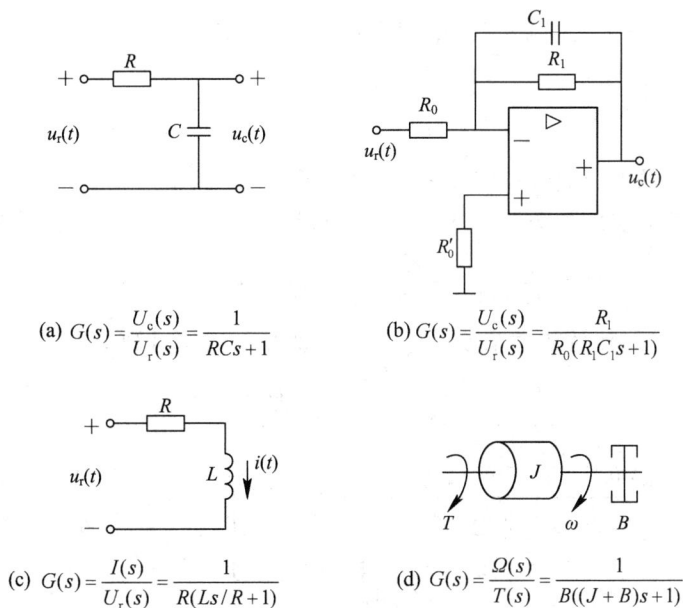

(a) $G(s) = \dfrac{U_{\mathrm{c}}(s)}{U_{\mathrm{r}}(s)} = \dfrac{1}{RCs+1}$ (b) $G(s) = \dfrac{U_{\mathrm{c}}(s)}{U_{\mathrm{r}}(s)} = \dfrac{R_1}{R_0(R_1C_1s+1)}$

(c) $G(s) = \dfrac{I(s)}{U_{\mathrm{r}}(s)} = \dfrac{1}{R(Ls/R+1)}$ (d) $G(s) = \dfrac{\Omega(s)}{T(s)} = \dfrac{1}{B((J+B)s+1)}$

图 2 – 16 常见的惯性环节

5. 一阶微分环节

一阶微分环节（Proportional-Derivetive Element）也称比例微分环节，它是由比例环节加微分环节构成的，它的微分方程为

$$c(t) = T\frac{\mathrm{d}r(t)}{\mathrm{d}t} + r(t) \tag{2-52}$$

式中，T 为微分时间常数。

对式(2-52)作拉氏变换并整理，得传递函数 $G(s)$ 为

$$G(s) = \frac{C(s)}{R(s)} = Ts + 1 \tag{2-53}$$

比例微分环节的方框图如图 2-17(a)所示。

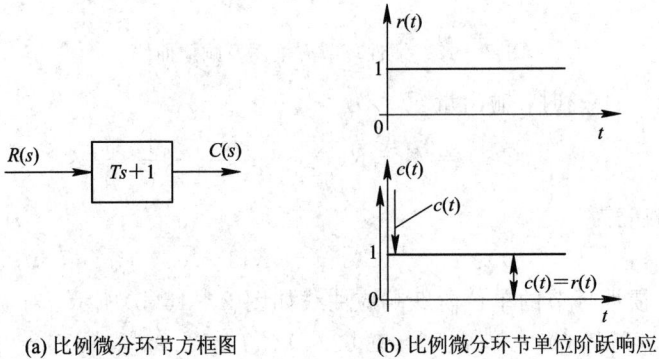

(a) 比例微分环节方框图　　　(b) 比例微分环节单位阶跃响应

图 2-17　比例微分环节方框图及响应曲线

当输入量 $r(t)=1(t)$ 时，即 $R(s)=1/s$，有输出量 $C(s)$ 为

$$C(s) = G(s)R(s) = (Ts+1) \cdot \frac{1}{s} = T + \frac{1}{s}$$

则其单位阶跃响应为

$$c(t) = \mathscr{L}^{-1}\big[C(s)\big] = T\delta(t) + 1$$

比例微分环节的响应曲线如图 2-17(b)所示。

一阶微分环节的实例如图 2-18 所示。分析该环节，得到其传递函数为

$$G(s) = \frac{U_c(s)}{U_r(s)} = -\frac{R_1}{R_0}(R_0C_0s+1) = K(T_0s+1)$$

其中，$K=-R_1/R_0$ 为比例放大系数；$T_0=R_0C_0$ 为微分时间常数。

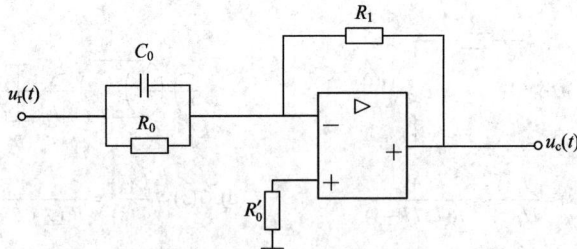

图 2-18　一阶微分环节

6. 振荡环节

振荡环节(Oscillating Element)也称二阶环节，它的微分方程通常表达为

$$T^2\frac{\mathrm{d}^2c(t)}{\mathrm{d}t^2} + 2\zeta T\frac{\mathrm{d}c(t)}{\mathrm{d}t} + c(t) = r(t) \tag{2-54}$$

式中，T 为振荡环节的时间常数；ζ 为振荡环节的阻尼比(又称阻尼系数)。

对式(2 - 54)作拉氏变换，可得

$$T^2 s^2 C(s) + 2\zeta Ts C(s) + C(s) = R(s)$$

移项整理有

$$G(s) = \frac{C(s)}{R(s)} = \frac{1}{T^2 s^2 + 2\zeta Ts + 1} \qquad (2 - 55)$$

令 $T = 1/\omega_n$，ω_n 为该环节的无阻尼自然振荡频率，则式(2 - 55)可改写成如下形式：

$$G(s) = \frac{\omega_n^2}{s^2 + 2\zeta\omega_n s + \omega_n^2} \qquad (2 - 56)$$

振荡环节的方框图如图 2 - 19(a)所示。

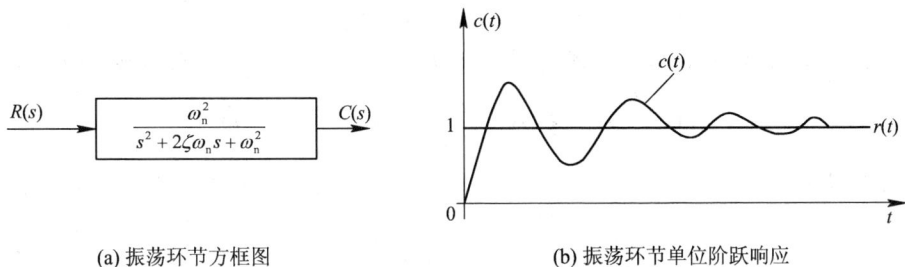

(a) 振荡环节方框图　　　　(b) 振荡环节单位阶跃响应

图 2 - 19　振荡环节方框图及单位阶跃响应曲线

若输入量为 $r(t) = 1(t)$，则输出量的传递函数为

$$C(s) = \frac{\omega_n^2}{s^2 + 2\zeta\omega_n s + \omega_n^2} \cdot \frac{1}{s}$$

查表 2 - 1，可得该环节的单位阶跃响应为

$$c(t) = 1 - \frac{1}{\sqrt{1 - \zeta^2}} e^{-\zeta\omega_n t} \sin(\omega_d t + \varphi) \qquad (2 - 57)$$

式中，$\omega_d = \omega_n \sqrt{1 - \zeta^2}$ 为阻尼振荡频率；$\varphi = \arctan \sqrt{1 - \zeta^2}/\zeta$ 为输出量与输入量的相移。

振荡环节的单位阶跃响应曲线一般如图 2 - 19(b)所示。

振荡环节的单位阶跃响应，随着阻尼比 ζ 的不同表现出不同的动态响应过程，如图 2 - 20 所示。

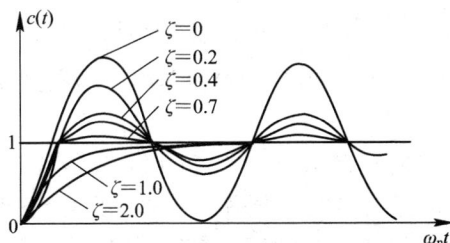

图 2 - 20　振荡环节的单位阶跃响应曲线

从图 2 - 20 中不难发现，二阶振荡环节的单位阶跃响应曲线 $c(t)$，其振荡过程的剧烈程度随阻尼比 ζ 值的变化而变化，ζ 值越小，振荡越强烈。当 $\zeta = 0$ 时，响应 $c(t)$ 为等幅振荡过程；当 $0 < \zeta < 1$ 时，响应 $c(t)$ 为衰减振荡过程，它是过程控制中常常采用的形式；当 $\zeta \geqslant 1$ 时，响应 $c(t)$ 为单调(非振荡)上升过程，当对被控变量要求超调量为零时，采用此过

渡过程形式，其中，$\zeta=1$ 时是临界振荡过程。

二阶环节振荡过程的实例很多。在控制系统中，若含有两种不同形式的储能元件，且这两种储能元件又能进行能量交换，就有可能出现振荡而形成振荡环节，如图 2-21 所示的 RLC 串联电路。

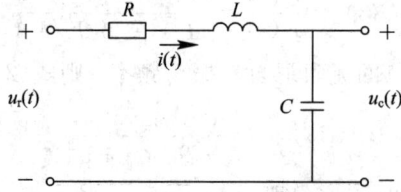

图 2-21　RLC 串联电路

在图 2-21 所示电路中，若输入量为 $u_r(t)=1(t)$，输出量为 $u_c(t)$，则微分方程为

$$LC\frac{\mathrm{d}^2 u_c(t)}{\mathrm{d}t^2}+RC\frac{\mathrm{d}u_c(t)}{\mathrm{d}t}+u_c(t)=u_r(t)$$

其传递函数 $G(s)$ 为

$$G(s)=\frac{U_c(s)}{U_r(s)}=\frac{1}{LCs^2+RCs+1}$$

令 $T^2=LC$，则 $T=\sqrt{LC}$，得

$$\omega_n=\frac{1}{T}=\frac{1}{\sqrt{LC}}$$

ω_n 为无阻尼自然振荡频率。

又令 $2\zeta T=RC$，得

$$\zeta=\frac{RC}{2T}=\frac{R}{2}\sqrt{\frac{C}{L}}$$

ζ 为系统的阻尼比。

根据 ζ 的不同取值，该二阶系统可形成如下单位阶跃响应 $u_c(t)$ 的过程：

（1）当 $\zeta=0$，即 $R=0$ 时，响应 $u_c(t)$ 为等幅振荡过程；

（2）当 $0<\zeta<1$，即 $0<R<2\sqrt{L/C}$ 时，响应 $u_c(t)$ 为衰减振荡过程；

（3）当 $\zeta=1$，即 $R=2\sqrt{L/C}$ 时，响应 $u_c(t)$ 为临界振荡过程；

（4）当 $\zeta>1$，即 $R>2\sqrt{L/C}$ 时，响应 $u_c(t)$ 为非周期（振荡）过程，此时该二阶系统为二阶惯性环节。

从上述分析不难发现，二阶环节只有当 $\zeta<1$ 时，才能称为二阶振荡环节。其中，当 $\zeta=0$ 时为临界稳定过程（衰减振荡与发散振荡过程的分界点）；当 $\zeta<0$ 时，该响应为发散过程，该过程在控制工程中必须避免，因此研究其具体发散过程的形式已无实际意义。

2.6　环节的基本连接方式及其总传递函数

在自动控制系统中，划分环节并非目的，而是作为系统分析的一种必要手段或者方法。下面介绍环节的典型连接方式及其总传递函数。

1. 串联连接

环节间的串联连接(Series Connection)是指环节间输入信号和输出信号的串联传递关系,前一个环节的输出即为后一环节的输入,第一个环节的输入作为整个环节组的输入,最后一个环节的输出作为整个环节组的输出。串联连接如图 2 - 22 所示。

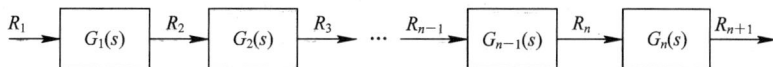

图 2 - 22　环节串联连接的方框图

设各串联环节的传递函数分别为 $G_1(s)$, $G_2(s)$, $\cdots$, $G_n(s)$,那么各环节串联以后总的传递函数(等效传递函数)$G(s)$ 为

$$G(s) = \frac{R_{n+1}(s)}{R_1(s)}$$
$$= \frac{R_2(s)}{R_1(s)} \cdot \frac{R_3(s)}{R_2(s)} \cdot \cdots \cdot \frac{R_n(s)}{R_{n-1}(s)} \cdot \frac{R_{n+1}(s)}{R_n(s)}$$
$$= G_1(s) \cdot G_2(s) \cdot \cdots \cdot G_{n-1}(s) \cdot G_n(s)$$
$$= \prod_{i=1}^{n} G_i(s) \tag{2-58}$$

即若干个环节串联后的总传递函数等于各个环节传递函数的乘积。

2. 并联连接

环节的并联连接(Parallel Connection)方式如图 2 - 23 所示。在并联连接中,各环节的输入相同,而总的输出为各个环节输出的代数和。

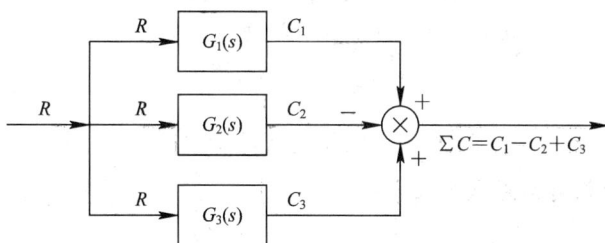

图 2 - 23　环节的并联连接的方框图

设有 3 个环节并联连接(见图 2 - 23),各环节的传递函数分别为

$$G_1(s) = \frac{C_1(s)}{R(s)}, \ G_2(s) = \frac{C_2(s)}{R(s)}, \ G_3(s) = \frac{C_3(s)}{R(s)}$$

则并联后总的传递函数为

$$G(s) = \frac{C(s)}{R(s)} = \frac{C_1(s) - C_2(s) + C_3(s)}{R(s)}$$
$$= G_1(s) - G_2(s) + G_3(s)$$
$$= \sum_{i=1}^{3} G_i(s)$$

对于 n 个环节的并联连接，总的传递函数为

$$G(s) = \frac{C(s)}{R(s)}$$

$$= \frac{C_1(s)}{R(s)} \pm \frac{C_2(s)}{R(s)} \pm \cdots \pm \frac{C_n(s)}{R(s)}$$

$$= G_1(s) \pm G_2(s) \pm \cdots \pm G_n(s)$$

$$= \sum_{i=1}^{n} G_i(s) \qquad\qquad (2-59)$$

即环节并联后的总传递函数等于各个环节的传递函数的代数和。

3. 反馈连接

两个环节的反馈连接(Feedback Connection)方式如图 2 - 24 所示，两个环节相互作用形成一个闭环系统。

设系统的输入信号为 $R(s)$，输出信号为 $C(s)$，前向环节的传递函数为 $G_1(s)$，反馈环节的传递函数为 $H(s)$。两个环节反馈连接时的传递函数 $G(s)=C(s)/R(s)$ 可以从图 2 - 24 所示的关系中求出。

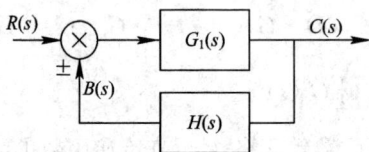

图 2 - 24 环节的反馈连接

1) 负反馈的情况

当反馈信号 $B(s)$ 与输入信号 $R(s)$ 相减时，称为负反馈，此时

$$C(s) = G_1(s)[R(s) - H(s)C(s)]$$

整理后得

$$C(s) = \frac{G_1(s)}{1 + G_1(s)H(s)} R(s)$$

因此，负反馈连接的总传递函数为

$$G(s) = \frac{C(s)}{R(s)} = \frac{G_1(s)}{1 + G_1(s)H(s)} \qquad\qquad (2-60)$$

2) 正反馈的情况

当反馈信号 $B(s)$ 与输入信号 $R(s)$ 相加时，称为正反馈，此时

$$C(s) = G_1(s)[R(s) + H(s)C(s)]$$

整理后得

$$C(s) = \frac{G_1(s)}{1 - G_1(s)H(s)} R(s)$$

因此，正反馈连接的总传递函数为

$$G(s) = \frac{C(s)}{R(s)} = \frac{G_1(s)}{1 - G_1(s)H(s)} \qquad\qquad (2-61)$$

综合负反馈和正反馈两种情况，闭环系统的总传递函数 $G(s)$ 为

$$G(s) = \frac{G_1(s)}{1 \pm G_1(s)H(s)} \tag{2-62}$$

从式(2-62)中可以看到一个很有意义的现象,如果前向环节放大倍数很大,则反馈系统的传递函数就简化为

$$G(s) = \frac{C(s)}{R(s)} \approx \frac{1}{\pm H(s)} \tag{2-63}$$

即反馈系统的动态特性主要取决于反馈环节的动态特性,总的传递函数近似为反馈环节传递函数的倒数,而与前向环节的特性无关。若前向环节的放大倍数趋向无限大,则反馈系统的传递函数为

$$G(s) = \frac{1}{H(s)} \tag{2-64}$$

这种反馈系统称为极限系统,它在调节仪表中得到了广泛应用。

2.7　方框图的等效变换及化简

在分析系统时,经常需要对方框图作一定的变换,尤其是多回路系统,更需要对其方框图作逐步等效变换,直至变为典型反馈系统的结构形式,并求出系统总的传递函数,以便对系统进行分析。

方框图的变换,是在系统总的输入和输出关系保持不变的条件下和等效的基础上进行的。

1. 方框图的等效变换规则

方框图的等效变换基本规则如表 2-3 所示。这里要说明以下几点:

(1)环节前后比较点的移动:根据保持比较点移动前后,系统的输入、输出关系不变的等效原则,可以将比较点向环节前或后移动。

(2)环节前后引出点的移动:根据保持引出点移动前后,系统的输入、输出关系不变的等效原则,可以将引出点向环节前或后移动。

(3)连续比较点、连续引出点的移动:由于信号具有线性性质,它们的相加次序可以任意交换,因此它们的引出点也可以任意交换。

2. 方框图的化简举例

系统方框图的化简过程,一般可分为以下几步:

(1)根据研究目的确定系统的输入和输出。输入、输出确定后,从输入至输出的通道就成为前向通道。

(2)串联、并联、反馈连接的环节由等效环节代替。若有交叉反馈(即两个互相交叉的反馈回路)存在,则可先移动信号相加点或分支点使局部反馈回路解除交叉,然后逐步减少局部反馈回路。

(3)把闭环系统简化成最基本的方框图形式,并求出其总的传递函数。

表 2-3　方框图的等效变换基本规则

变换类型	变　换　前	变　换　后	等　效　关　系
串　联			$C = G_1 G_2 R = GR$
并　联			$C = (G_1 \pm G_2)R = GR$
反　馈			$C = \dfrac{G}{1 \pm GH} R$
比较点之间移动			$R_4 = R_1 \pm R_3 \pm R_2$
引出点之间移动			$C = C_1 = C_2$
比较点前移			$C = G\left(R_1 \pm \dfrac{1}{G} R_2\right)$
比较点后移			$C = GR_1 \pm GR_2$
引出点前移			$C = GR$
引出点后移			$R = GR \cdot \dfrac{1}{G} = R$ $C = GR$
非单位反馈			$C = \dfrac{1}{H} \cdot \dfrac{GH}{1 \pm GH} R$

【例 1】　化简图 2 - 25 中的交叉反馈系统，并求出它的传递函数。

解　交叉反馈系统是一种较复杂的多环系统，它的基本形式如图 2 - 25(a)所示(为简化图形，传递函数中的(s)省去)。

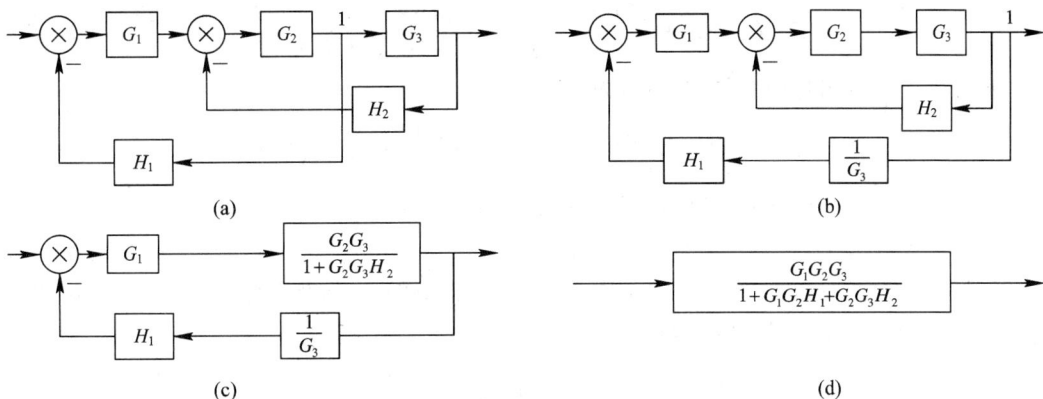

图 2 - 25　交叉反馈系统的化简

由图 2 - 25(a)可见，该系统的两个回环的反馈通道是互相交叉的。对这类系统的化简，主要是运用引出点和比较点的移动来解除回路的交叉，使之成为不交叉的多回路系统。在图 2 - 25(a)中，只要将引出点 1 后移，即可解除交叉，成为如图 2 - 25(b)所示的形式。由图 2 - 25(b)再引用求闭环传递函数的公式，即可得到图 2 - 25(c)和图 2 - 25(d)，从而得到系统总的闭环传递函数 $G_B(s)$ 为

$$G_B(s) = \frac{G_1(s)G_2(s)G_3(s)}{1 + G_1(s)G_2(s)H_1(s) + G_2(s)G_3(s)H_2(s)}$$

以上虽然是一个典型的例子，但从中可以引申出一般交叉反馈系统闭环传递函数的求取公式：

$$G_B(s) = \frac{\text{前向通道各串联环节传递函数的乘积}}{1 \pm \sum_{i=1}^{n}(\text{每一负反馈回环的各传递函数的乘积})} \qquad (2-65)$$

式中，n 为反馈回环的个数。

对非独立的(彼此均有交叉的)多回环系统，可以应用式(2 - 65)直接求取系统的闭环传递函数 $G_B(s)$。但是，当系统含有彼此不相交叉的回环时便不能应用这个公式，而只能采用移动比较点或引出点的方法。

3. 自动控制系统闭环传递函数的求取

自动控制系统的典型框图如图 2 - 26 所示。图中 $R(s)$ 为输入量，$C(s)$ 为输出量，$N(s)$ 为扰动量。

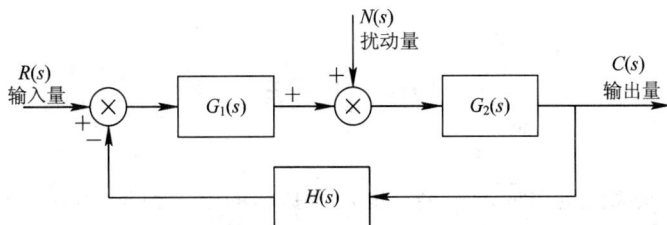

图 2 - 26　自动控制系统的典型结构

1）在输入量 $R(s)$ 作用下的闭环传递函数和系统的输出

若仅考虑输入量 $R(s)$ 的作用，则可略去扰动量 $N(s)$。由图 2-27(a)可得输出量 $C_r(s)$ 对输入量的闭环传递函数 $G_{Br}(s)$ 为

$$G_{Br}(s) = \frac{C_r(s)}{R(s)} = \frac{G_1(s)G_2(s)}{1 + G_1(s)G_2(s)H(s)} \qquad (2-66)$$

此时系统的输出量（拉氏式）$C_r(s)$ 为

$$C_r(s) = G_{Br}(s)R(s) = \frac{G_1(s)G_2(s)}{1 + G_1(s)G_2(s)H(s)}R(s) \qquad (2-67)$$

2）在扰动量 $N(s)$ 作用下的闭环传递函数和系统的输出

若仅考虑扰动量 $N(s)$ 的作用，则可略去输入量 $R(s)$，这时图 2-26 可变换成图 2-27(b)的形式（在进行图形变换时，负反馈环节中的负号仍需保留）。这样，输出量 $C_n(s)$ 对扰动量 $N(s)$ 的闭环传递函数 $G_{Bn}(s)$ 为

$$G_{Bn}(s) = \frac{C_n(s)}{N(s)} = \frac{G_2(s)}{1 + G_1(s)G_2(s)H(s)} \qquad (2-68)$$

此时系统输出量（拉氏式）$C_n(s)$ 为

$$C_n(s) = G_{Bn}(s)N(s) = \frac{G_2(s)}{1 + G_1(s)G_2(s)H(s)}N(s) \qquad (2-69)$$

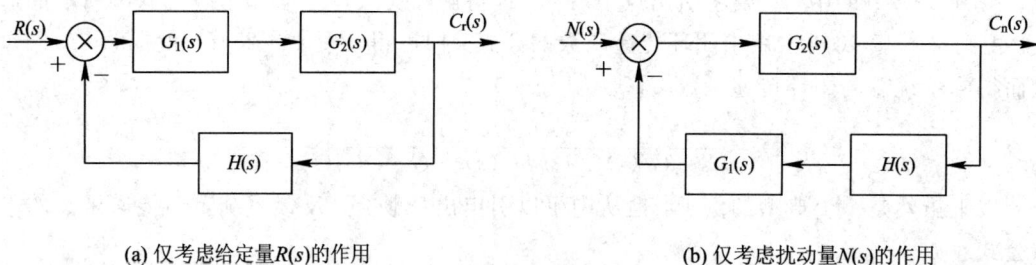

(a) 仅考虑给定量R(s)的作用　　　　　　　　**(b) 仅考虑扰动量N(s)的作用**

图 2-27　仅考虑一个作用量时的系统方框图

3）在输入量和扰动量同时作用下系统的总输出

由于设定此系统为线性系统，因此可以应用叠加原理，即当输入量和扰动量同时作用时，系统的输出可看成两个作用量分别作用的叠加，于是有

$$C(s) = C_r(s) + C_n(s)$$

$$= \frac{G_1(s)G_2(s)}{1 + G_1(s)G_2(s)H(s)}R(s) + \frac{G_2(s)}{1 + G_1(s)G_2(s)H(s)}N(s) \qquad (2-70)$$

由以上分析可见，由于给定量和扰动量的作用点不同，即使在同一个系统，输出量对不同作用量的闭环传递函数（如 $G_{Br}(s)$ 或 $G_{Bn}(s)$）一般也是不相同的。

小　　结

（1）微分方程是系统的时间域模型，也是最基本的数学模型。对一个实际系统，一般是从输入端开始，依次根据有关的物理定律，写出各元件或各环节的微分方程，然后消去

中间变量，并将方程整理成标准形式。

（2）传递函数是系统（或环节）在初始条件为零时的输出量的拉氏变换式和输入量的拉氏变换式之比。传递函数只与系统本身内部的结构、参数有关，而与给定量、扰动量等外部因素无关。传递函数代表了系统（或环节）的固有特性，它是系统的复数域模型，也是自动控制系统的常用的数学模型。

（3）对同一个系统，若选取不同的输出量或不同的输入量，则其对应的微分方程表达式和传递函数也不相同。

（4）典型环节的传递函数有：

① 比例环节：

$$G(s) = K$$

② 积分环节：

$$G(s) = \frac{1}{Ts}$$

③ 微分环节：

$$G(s) = Ts$$

④ 惯性环节：

$$G(s) = \frac{1}{Ts + 1}$$

⑤ 一阶微分环节：

$$G(s) = Ts + 1$$

⑥ 振荡环节：

$$G(s) = \frac{1}{T^2 s^2 + 2\zeta Ts + 1} = \frac{\omega_n^2}{s^2 + 2\zeta \omega_n s + \omega_n^2} \qquad 0 < \zeta < 1$$

对一般的自动控制系统，应尽可能将它分解为若干个典型的环节，以便于理解系统的构成和系统的分析。

（5）自动控制系统的方框图是传递函数的一种图形化的描述方式，是一种图形化的数学模型。它由一些典型环节组合而成，能直观地显示系统的结构特点、各参变量和作用量在系统中的地位，还清楚地表明了各环节间的相互联系，因此，它是理解和分析系统的重要方法。

建立系统方框图的一般步骤是：

① 全面了解系统的工作原理、结构组成和支配系统工作的物理规律，并确定系统的输入量（给定量）和输出量（被控量）。

② 将系统分解成若干个单元（或环节或部件），然后从被控量出发，由被控对象→执行环节→功率放大环节→控制环节（含给定环节，反馈环节，调节器或控制器，以及给定信号和反馈信号的综合等）→给定量，逐个建立各环节的数学模型。根据各环节（或各部件）所遵循的物理定律，依次列写它们的微分方程，并将微分方程整理成标准形式，然后进行拉氏变换，求得各环节的传递函数，并把传递函数整理成标准形式（分母的常数项为 1），画出各环节的功能框。

③ 根据各环节间的因果关系和相互联系，按照各环节的输入量和输出量，采取相同的量相连的方法，便可建立整个系统的方框图。

④ 在框图上画上信号流向箭头(开叉箭头),在比较点上注明极性,在引出点上画上节点(指有四个方向的),标明输入量、输出量、反馈量、扰动量及各中间变量(均为拉氏式)。

(6) 反馈连接时闭环传递函数的求取公式为

$$G_B(s) = \frac{G(s)}{1 \mp G(s)H(s)}$$

式中,$G(s)$ 为顺馈传递函数,$H(s)$ 为反馈传递函数,$G(s)H(s)$ 为开环传递函数。

(7) 对较复杂的系统方框图,可以通过引出点或比较点的移动来加以化简。移动的依据是移动前后的输入量与输出量保持不变。

(8) 交叉反馈系统的闭环传递函数为

$$G_B(s) = \frac{\text{前向通道各串联环节传递函数的乘积}}{1 + \sum_{i=1}^{n}(\text{每一负反馈回环的开环传递函数})}$$

式中,n 为反馈回环(非独立闭环)数目。

习 题

2-1 定义传递函数时的前提条件是什么?为什么要附加这个条件?

2-2 惯性环节在什么条件下可近似为比例环节?在什么条件下可近似为积分环节?

2-3 一个比例积分环节和一个比例微分环节相连接能否简化为一个比例环节?

2-4 二阶系统是一个振荡环节,这种说法对吗?为什么?

2-5 方框图等效变换的原则是什么?

2-6 对一个确定的自动控制系统,它的微分方程、传递函数和系统方框图的形式都将是唯一的。这种说法对吗?为什么?

2-7 应用交叉反馈系统的闭环传递函数公式(式(2-65))来求取系统闭环传递函数的前提条件是什么?

2-8 试建立图2-28所示电网络的动态微分方程,并求其传递函数。

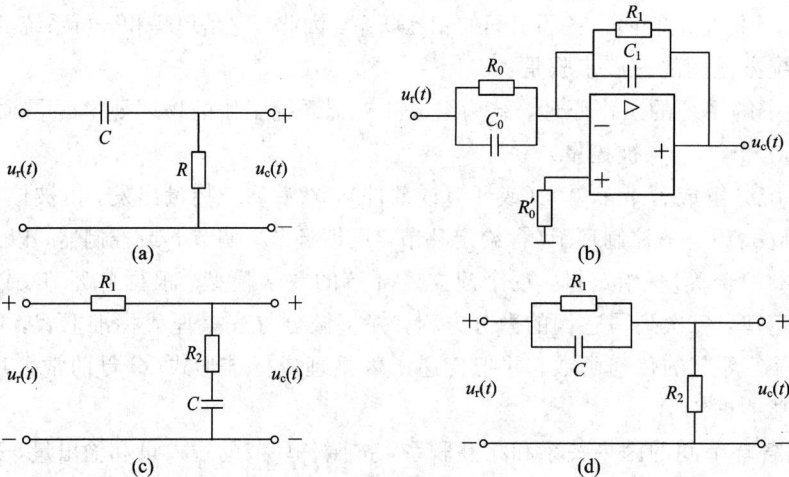

图 2-28 习题 2-8图

2 - 9　求下列函数的拉氏变换。

(1) $f(t) = 2t + 2$;

(2) $f(t) = 1 + te^{-2t}$;

(3) $f(t) = \sin\left(5t + \dfrac{\pi}{3}\right)$;

(4) $f(t) = e^{-0.4t}\cos(12t)$。

2 - 10　求下列函数的拉氏反变换。

(1) $F(s) = \dfrac{s+1}{(s+2)(s+3)}$;

(2) $F(s) = \dfrac{3}{s^2 + 2s + 5}$;

(3) $F(s) = \dfrac{s+6}{(s^2 + 4s + 3)(s+2)}$;

(4) $F(s) = \dfrac{4}{s(s+2)}$。

2 - 11　已知系统微分方程组如下：

$$x_1(t) = r(t) - c(t)$$

$$x_2(t) = \tau\frac{dx_1(t)}{dt} + K_1 x_1(t)$$

$$x_3(t) = K_2 x_2(t)$$

$$x_4(t) = x_3(t) - K_5 c(t)$$

$$\frac{dx_5(t)}{dt} = K_3 x_4(t)$$

$$T\frac{dc(t)}{dt} + c(t) = K_4 x_5(t)$$

式中，τ，T，K_1，K_2，$\cdots$，K_5 均为常数。试建立以 $r(t)$ 为输入、$c(t)$ 为输出的系统动态结构图，并求系统传递函数 $C(s)/R(s)$。

2 - 12　解下列微分方程（已知 $c(0) = c'(0) = 0$）。

$$3\frac{d^2 c(t)}{dt^2} + 3\frac{dc(t)}{dt} + 2c(t) = 1$$

2 - 13　图 2 - 29 为一自动控制系统的方框图，其中 $R(s)$ 为给定量，$N_1(s)$ 与 $N_2(s)$ 为两个扰动量。试求此系统在 $R(s)$、$N_1(s)$ 和 $N_2(s)$ 同时作用下的输出 $C(s)$。

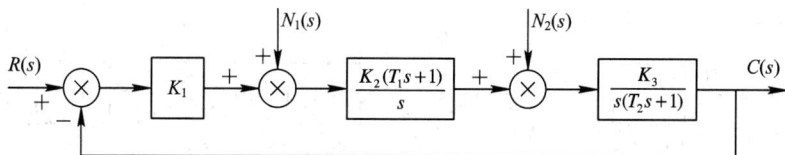

图 2 - 29　某自动控制系统方框图

2 - 14　图 2 - 30 为一调速系统方框图，其中 $U_i(s)$ 为给定量，$\Delta U(s)$ 为扰动量（电网电压波动）。求取转速对给定量的闭环传递函数 $N(s)/U_i(s)$ 和转速对扰动量的闭环传递函数

$N(s)/\Delta U(s)$，并说明为什么这两个传递函数有很大的差别。

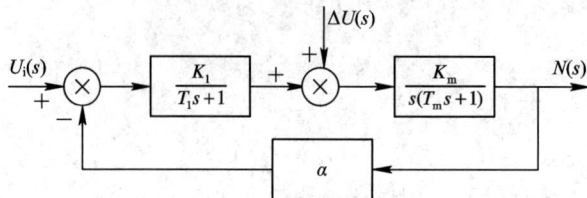

图 2 - 30　某调速系统方框图

2 - 15　系统的动态结构图如图 2 - 31 所示。

(1) 求传递函数 $\dfrac{C(s)}{R(s)}$ 和 $\dfrac{C(s)}{N(s)}$；

(2) 若欲消除 $N(s)$ 对 $C(s)$ 的影响，求 $G_c(s)$。

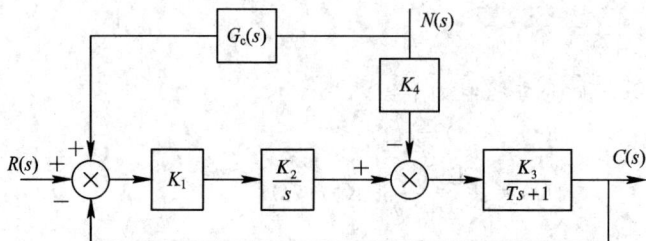

图 2 - 31　习题 2 - 15 图

2 - 16　试求取图 2 - 32 所示系统的输出量 $C(s)$。

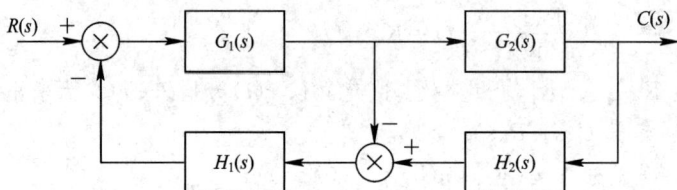

图 2 - 32　自控系统方框图

2 - 17　如图 2 - 33 所示，试求系统的传递函数 $C(s)/R(s)$、$C(s)/N(s)$、$E(s)/R(s)$、$E(s)/N(s)$。

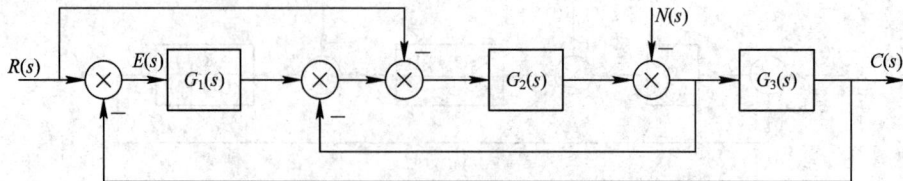

图 2 - 33　习题 2 - 17 图

2 - 18　如图 2 - 34 所示，将方框图化简，并求出其传递函数。

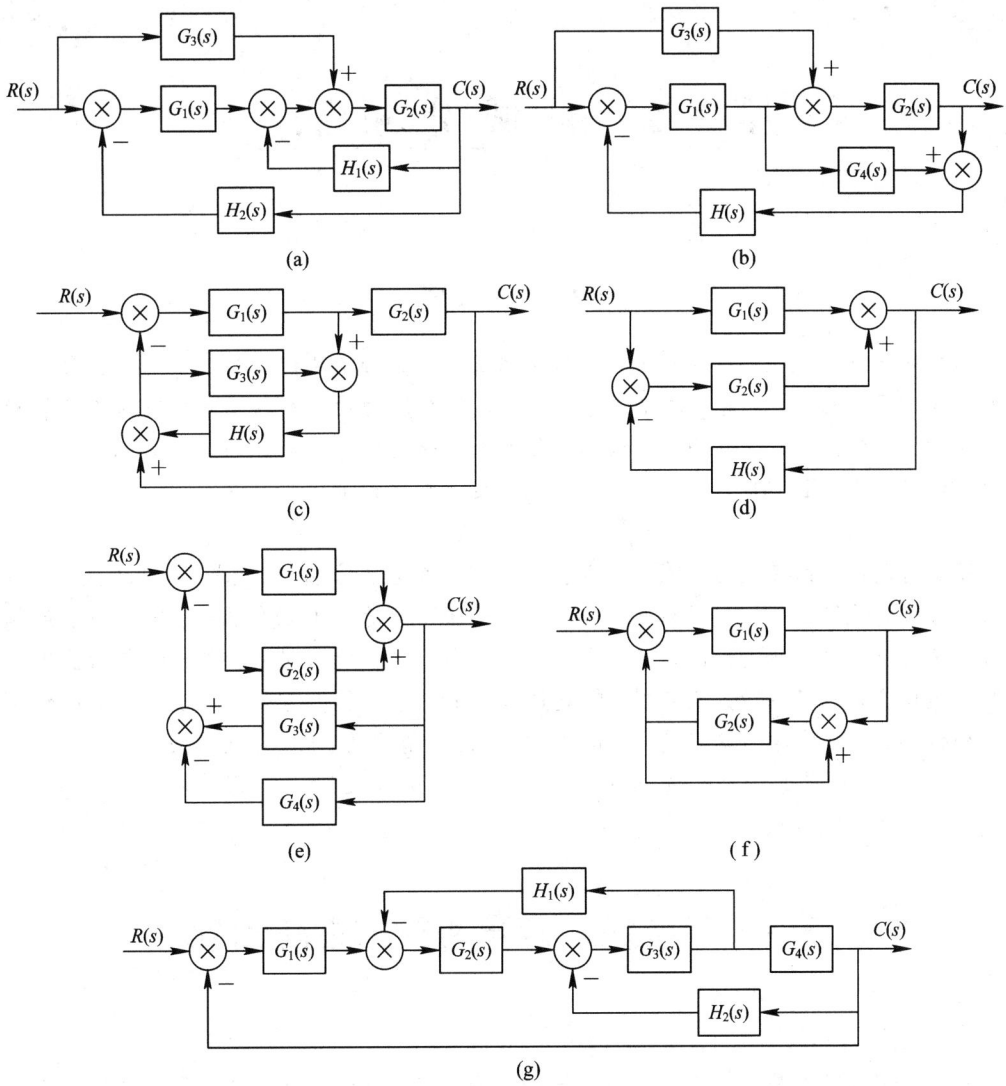

图 2 - 34　自动控制系统的方框图

第3章 时域分析法 ●

【内 容 提 要】

本章从传递函数数学模型出发，分析了系统的稳定性、快速性和准确性，主要叙述了典型输入信号的形式、一阶系统的动态响应、二阶系统的动态响应、系统的动态性能指标与计算方法、系统稳定的条件与代数稳定性判据、稳态误差的概念与计算方法，最后举例说明如何应用 MATLAB 软件来分析系统的稳定性和系统的动态响应。

建立自动控制系统的数学模型是对控制系统进行理论研究的前提。模型建立后，可运用适当方法对系统的控制性能作全面的分析和计算，如运用时域分析法、根轨迹法或频域分析法来分析控制系统的性能，本章只讨论时域分析法。**所谓时域分析，就是根据控制系统的时域响应来分析系统的稳定性、快速性和准确性**。与其他分析方法比较，时域分析法是一种直接的分析方法，具有直观和准确的优点，并能提供系统时间响应的全部信息，尤其适用于对一、二阶系统性能的分析和计算。但是，对于二阶以上的高阶系统则必须采用频域分析法或根轨迹法。

3.1 典型输入信号和时域性能指标

1. 典型输入信号

通常是用控制系统的响应来分析系统的性能，控制系统的响应是由系统本身的结构参数、初始状态和输入信号的形式所决定的。其中对初始状态可以作统一的规定，如规定为零初始状态；再将输入信号规定为统一的典型形式，则系统的响应将由系统本身的结构、参数来确定，这样更便于对各种系统进行比较和研究。用于时域分析的典型输入信号有阶跃函数、斜坡函数和抛物线函数等。正弦输入信号常用于在频域上分析线性定常系统的性能。

1) 单位阶跃函数 $1(t)$

单位阶跃函数 $1(t)$ 的定义为

$$1(t) = \begin{cases} 1 & t \geq 0 \\ 0 & t < 0 \end{cases} \qquad (3-1)$$

如图 3-1 所示。单位阶跃函数的拉氏变换为

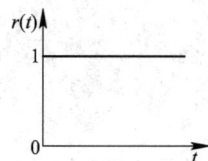

图 3-1 单位阶跃函数

$$R(s) = \mathscr{L}[1(t)] = \mathscr{L}[1] = \frac{1}{s} \qquad (3-2)$$

例如指令突然转换、合闸、负荷突变等，均可视为阶跃函数信号作用。

2）单位斜坡函数 $t \cdot 1(t)$（等速度函数）

单位斜坡函数 $t \cdot 1(t)$ 的定义为

$$t \cdot 1(t) = \begin{cases} t & t \geqslant 0 \\ 0 & t < 0 \end{cases} \qquad (3-3)$$

如图 3-2 所示。它等于阶跃函数对时间的积分，斜坡函数对时间的导数就是阶跃函数。

图 3-2　单位斜坡函数

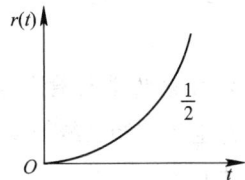

单位斜坡函数的拉氏变换为

$$R(s) = \mathscr{L}[t \cdot 1(t)] = \mathscr{L}[t] = \frac{1}{s^2} \qquad (3-4)$$

例如数控机床加工斜面或锥体时的进给指令、机械手的等速移动指令等，均可视为斜坡函数信号作用。

3）单位抛物线函数（加速度函数）

单位抛物线函数的定义为

$$r(t) = \begin{cases} \dfrac{t^2}{2} & t \geqslant 0 \\ 0 & t < 0 \end{cases} \qquad (3-5)$$

如图 3-3 所示。单位抛物线函数的拉氏变换为

图 3-3　单位抛物线函数

$$R(s) = \mathscr{L}\left[\frac{t^2}{2}\right] = \frac{1}{s^3} \qquad (3-6)$$

4）正弦函数 $\sin\omega t$

正弦函数 $\sin\omega t$ 的拉氏变换为

$$R(s) = \mathscr{L}[\sin\omega t] = \frac{\omega}{s^2 + \omega^2} \qquad (3-7)$$

例如在实际控制系统中，电源及振动的噪声、模拟路面不平度的指令信号以及海浪对船舶的扰动力等，均可近似为正弦函数信号作用。

上述这些典型输入信号经常在时域分析中用到。由于这些典型输入信号的数学表达式比较简单，对系统的实际输入也具有代表性，因此利用它们对系统进行研究是有实际意义的。对实际系统进行分析时，应根据系统的工作情况选择合适的典型输入信号。例如，当系统的输入作用具有突变的性质时，可选择阶跃函数作为典型输入信号；当系统的输入作用随时间增长而变化时，可选择斜坡函数作为典型输入信号；当系统输入具有周期性变化时，可选择正弦函数作为典型输入信号。在同一系统中，对应不同的输入，其相应的输出响应也不相同，但对于线性系统来说，它们所表征系统的性能是一致的。通常，以单位阶跃函数作为典型输入信号，便可在一个统一的基础上对各系统的特性进行比较和研究。

2. 动态过程与稳态过程

在典型输入信号作用下，任何一个控制系统的时间响应都可看成是由动态过程和稳态过程两部分组成的。

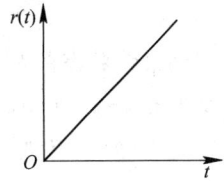

1）动态过程

动态过程又称为过渡过程或瞬态过程，是指系统在典型输入信号作用下，输出量从初始状态到最终状态的响应过程。由于实际控制系统具有惯性、摩擦以及其他一些影响因素，因此系统输出量不可能完全复现输入量的变化。根据系统结构和参数选择情况，动态过程表现为衰减、发散或等幅振荡形式。显然，一个可以实际运行的控制系统，其动态过程必须是衰减的，换句话说，系统必须是稳定的。动态过程除提供系统稳定性的信息外，还可以提供响应速度及阻尼情况等信息。动态过程用动态性能描述。

2）稳态过程

稳态过程是指系统在典型输入信号作用下，当时间 t 趋于无穷时，输出量的表现形式。稳态过程又称稳态响应，表征系统输出量最终复现输入量的程度，提供系统有关稳态误差的信息。稳态过程用稳态性能描述。

由此可见，控制系统在典型输入信号作用下的性能指标，通常由动态性能和稳态性能两部分组成。

3. 动态性能与稳态性能

稳定是控制系统能够运行的首要条件，因此只有当动态过程收敛时，研究系统的动态性能才有意义。

1）动态性能

通常在阶跃函数作用下测定或计算控制系统的动态性能，因为阶跃输入对控制系统来说是最严峻的工作状态。如果控制系统在阶跃函数作用下的动态性能满足要求，那么控制系统在其他形式的函数作用下，其动态性能也是令人满意的。

描述稳定的控制系统在单位阶跃函数作用下，动态过程随时间 t 的变化情况的指标称为动态性能指标。为了便于分析和比较，设控制系统在单位阶跃输入信号作用前处于静止状态，而且输出量及其各阶导数均等于零，即零初始状态。对于大多数控制系统来说，这种假设是符合实际情况的。对于图 3 - 4 所示单位阶跃响应 $c(t)$，其动态性能指标通常描述如下：

上升时间 t_r：指响应从终值 10% 上升到终值 90% 所需的时间。对于有振荡的系统，为了计算的方便，亦可定义为响应从零第一次上升到终值所需的时间。上升时间是系统响应

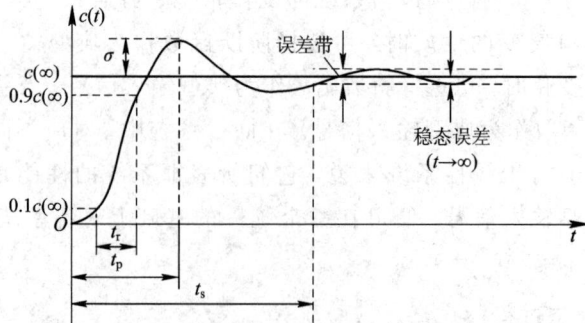

图 3 - 4　单位阶跃响应

速度的一种度量,上升时间越短,响应速度越快。

峰值时间 t_p:指响应超过其终值到达第一个峰值所需的时间。

调节时间 t_s:指响应到达并保持在终值±5%或±2%内所需的最短时间。

超调量 $\sigma\%$:指响应的最大峰值 $c(t_p)$ 与终值 $c(\infty)$ 的差和终值 $c(\infty)$ 比的百分数,即

$$\sigma\% = \frac{c(t_p) - c(\infty)}{c(\infty)} \times 100\% \tag{3-8}$$

若 $c(t_p) < c(\infty)$,则响应无超调。超调量亦称为最大超调量或百分比超调量。

上述四个动态性能指标基本上可以体现系统动态过程的特征。在实际应用中,通常用 t_r 或 t_p 评价系统的响应速度,用 $\sigma\%$ 评价系统的阻尼程度,而 t_s 是同时反映响应速度和阻尼程度的综合性指标。应当指出,除简单的一、二阶系统外,要精确确定这些动态性能指标的解析表达式是很困难的。

2) 稳态性能

稳态误差是描述系统稳态性能的一种性能指标,是系统控制精度或抗扰动能力的一种度量,通常在阶跃函数、斜坡函数或加速度函数作用下进行测定或计算。若时间趋于无穷时,系统的输出量不等于输入量或输入量的确定函数,则系统存在稳态误差。

3.2　一阶系统的动态响应

用一阶微分方程描述的系统称为一阶系统,它的典型形式是一阶惯性环节,即

$$G(s) = \frac{C(s)}{R(s)} = \frac{1}{Ts+1} \tag{3-9}$$

1. 一阶系统的单位阶跃响应

当 $r(t) = 1(t)$ 时,有

$$R(s) = \frac{1}{s}$$

$$C(s) = G(s) \cdot R(s) = \frac{1}{Ts+1} \cdot \frac{1}{s}$$

$$= \frac{1}{s} - \frac{T}{Ts+1} = \frac{1}{s} - \frac{1}{s+1/T}$$

对上式进行拉氏反变换,得

$$c(t) = 1 - e^{-t/T} \qquad t \geqslant 0 \tag{3-10}$$

根据式(3-10),可得出表 3-1 所列数据。

表 3-1　一阶惯性环节的单位阶跃响应

t	0	T	$2T$	$3T$	$4T$	$5T$	…	∞
$c(t)$	0	0.632	0.865	0.95	0.982	0.993	…	1

一阶惯性环节在单位阶跃输入下的响应曲线如图 3-5 所示。

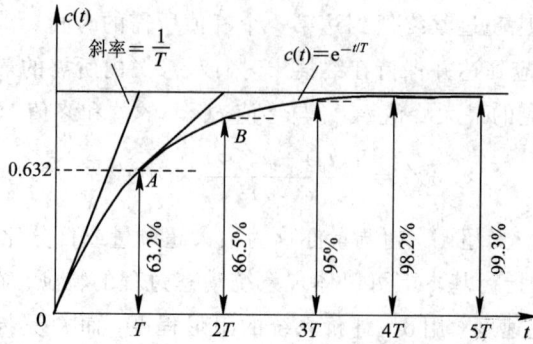

图 3 - 5   一阶惯性环节的单位阶跃响应曲线

由此可以得出如下结论：

（1）一阶惯性系统总是稳定的，无振荡的；

（2）经过时间 T，曲线上升到 0.632 的高度；反过来，用实验的方法测出响应曲线达到 0.632 高度点所用的时间，即是惯性环节的时间常数 T；

（3）经过时间 $3T \sim 4T$，响应曲线已达稳态值的 $95\% \sim 98\%$，可以认为其调整时间已经完成，故一般取调整时间 $t_s = (3 \sim 4)T$；

（4）$\dfrac{\mathrm{d}c(t)}{\mathrm{d}t}\bigg|_{t=0} = \dfrac{1}{T}$，故在 $t=0$ 处，响应曲线的切线斜率为 $1/T$。

2. 一阶系统的单位斜坡响应

当 $r(t) = t$ 时，有

$$R(s) = \frac{1}{s^2}$$

$$C(s) = G(s) \cdot R(s) = \frac{1}{Ts+1} \cdot \frac{1}{s^2} = \frac{1}{s^2} - \frac{T}{s} + \frac{T}{s+1/T}$$

对上式进行拉氏反变换，得

$$c(t) = t - T + Te^{-t/T} \qquad t \geqslant 0 \tag{3-11}$$

由式（3 - 11）可求出其响应曲线如图 3 - 6 所示。其误差为

$$e(t) = r(t) - c(t) = t - [t - T + Te^{-t/T}] = T(1 - e^{-t/T})$$

当时间 $t \to \infty$ 时，$e(\infty) = T$，故当输入为单位斜坡函数时，一阶惯性环节的稳态误差为 T。显然，时间常数 T 越小，该环节稳态误差越小。

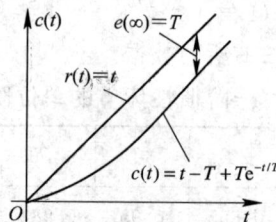

图 3 - 6   一阶系统的单位斜坡响应曲线

3.3 二阶系统的动态响应

用二阶微分方程描述的系统称为二阶系统。从物理上讲，二阶系统总包含两个储能元件，能量在两个元件之间交换，从而引起系统往复的振荡趋势。当阻尼不够充分大时，系统呈现出振荡的特性，这样的二阶系统也称为二阶振荡环节。

二阶系统的典型传递函数为

$$G(s) = \frac{C(s)}{R(s)} = \frac{\omega_n^2}{s^2 + 2\zeta\omega_n s + \omega_n^2} \tag{3-12}$$

式中，ζ 为阻尼比；ω_n 为无阻尼自然振荡频率。

若令 $s^2 + 2\zeta\omega_n s + \omega_n^2 = 0$（称为系统特征方程），则两个特征根（也称极点）为

$$s_{1,2} = -\zeta\omega_n \pm \omega_n \sqrt{\zeta^2 - 1} \tag{3-13}$$

分析式（3-13）可知，当 ζ 取值不同时，两个特征根的类型也不一样。

二阶系统的典型传递函数亦可写成如下形式：

$$G(s) = \frac{C(s)}{R(s)} = \frac{1}{T^2 s^2 + 2\zeta T s + 1}$$

其中，$T = \dfrac{1}{\omega_n}$。

1. 二阶系统的单位阶跃响应

1）欠阻尼

当 $0 < \zeta < 1$ 时，称为欠阻尼。此时，由式（3-13）可知，二阶系统的极点一定是一对共轭复根，其传递函数可表示为

$$G(s) = \frac{C(s)}{R(s)} = \frac{\omega_n^2}{(s + \zeta\omega_n + j\omega_d)(s + \zeta\omega_n - j\omega_d)}$$

式中，$\omega_d = \omega_n \sqrt{1 - \zeta^2}$ 称为阻尼振荡频率。

当 $r(t) = 1(t)$ 时，有

$$R(s) = \frac{1}{s}$$

则

$$
\begin{aligned}
C(s) &= G(s) \cdot R(s) \\
&= \frac{\omega_n^2}{(s + \zeta\omega_n + j\omega_d)(s + \zeta\omega_n - j\omega_d)} \cdot \frac{1}{s} \\
&= \frac{1}{s} - \frac{s + \zeta\omega_n}{(s + \zeta\omega_n)^2 + \omega_d^2} - \frac{\zeta\omega_n}{(s + \zeta\omega_n)^2 + \omega_d^2}
\end{aligned}
$$

对上式进行拉氏反变换，得

$$c(t) = 1 - e^{-\zeta\omega_n t}\cos\omega_d t - \frac{\zeta}{\sqrt{1 - \zeta^2}} e^{-\zeta\omega_n t}\sin\omega_d t \qquad t \geqslant 0$$

即

$$c(t) = 1 - \frac{e^{-\zeta\omega_n t}}{\sqrt{1-\zeta^2}} (\sqrt{1-\zeta^2}\, \cos\omega_d t + \zeta \sin\omega_d t) \qquad t \geqslant 0$$

或

$$c(t) = 1 - \frac{e^{-\zeta\omega_n t}}{\sqrt{1-\zeta^2}} \sin\left(\omega_d t + \arctan\frac{\sqrt{1-\zeta^2}}{\zeta}\right) \qquad t \geqslant 0 \qquad (3-14)$$

由式(3-14)可知，当$0 < \zeta < 1$时，二阶系统的单位阶跃响应是以ω_d为角频率的衰减振荡过程，其响应曲线如图3-7所示。由图可见，随着ζ的减小，其振荡幅度值加大。实际工程中的控制系统大多数都是衰减振荡过程。

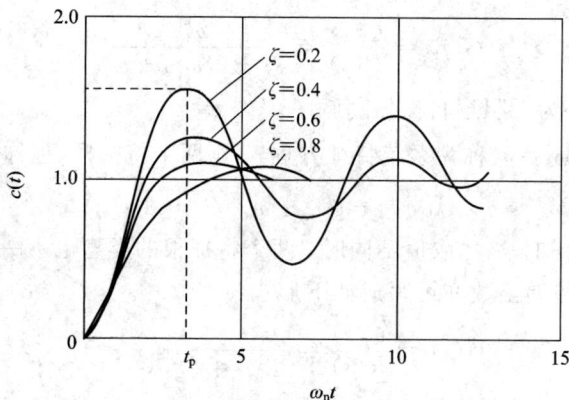

图3-7　二阶振荡环节单位阶跃响应曲线

2）临界阻尼

当$\zeta = 1$时，称为临界阻尼。此时，二阶系统的极点是两个重根，其传递函数可表示为

$$G(s) = \frac{\omega_n^2}{(s+\omega_n)^2}$$

当$r(t) = 1(t)$时，有

$$R(s) = \frac{1}{s}$$

则

$$C(s) = G(s) \cdot R(s) = \frac{\omega_n^2}{(s+\omega_n)^2} \cdot \frac{1}{s} = \frac{1}{s} - \frac{\omega_n}{(s+\omega_n)^2} - \frac{1}{s+\omega_n}$$

对上式进行拉氏反变换，得

$$c(t) = 1 - \omega_n t e^{-\omega_n t} - e^{-\omega_n t} \qquad t \geqslant 0 \qquad (3-15)$$

其响应曲线如图3-8所示。由图可见，系统没有超调。临界阻尼情况在工程上不常用。

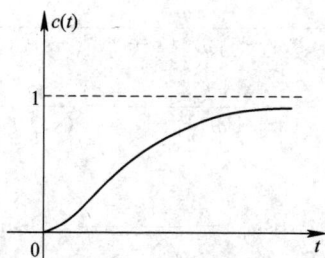

图3-8　临界阻尼二阶系统单位阶跃响应曲线

3）过阻尼

当 $\zeta > 1$ 时，称为过阻尼。此时，二阶系统的极点是两个负实根，其传递函数可表示为

$$G(s) = \frac{C(s)}{R(s)} = \frac{\omega_n^2}{(s + \zeta\omega_n - \omega_n\sqrt{\zeta^2 - 1})(s + \zeta\omega_n + \omega_n\sqrt{\zeta^2 - 1})}$$

当 $r(t) = 1(t)$ 时，有

$$R(s) = \frac{1}{s}$$

则

$$C(s) = \frac{\omega_n^2}{(s + \zeta\omega_n - \omega_n\sqrt{\zeta^2 - 1})(s + \zeta\omega_n + \omega_n\sqrt{\zeta^2 - 1})} \cdot \frac{1}{s}$$

$$= \frac{1}{s} - \frac{\dfrac{1}{2(-\zeta^2 + \zeta\sqrt{\zeta^2 - 1} + 1)}}{s + \zeta\omega_n - \omega_n\sqrt{\zeta^2 - 1}} - \frac{\dfrac{1}{2(-\zeta^2 - \zeta\sqrt{\zeta^2 - 1} + 1)}}{s + \zeta\omega_n + \omega_n\sqrt{\zeta^2 - 1}}$$

对上式进行拉氏反变换，得

$$c(t) = 1 - \frac{1}{2(-\zeta^2 + \zeta\sqrt{\zeta^2 - 1} + 1)}e^{-(\zeta - \sqrt{\zeta^2 - 1})\omega_n t} -$$

$$\frac{1}{2(-\zeta^2 - \zeta\sqrt{\zeta^2 - 1} + 1)}e^{-(\zeta + \sqrt{\zeta^2 - 1})\omega_n t} \qquad t \geqslant 0 \qquad (3 - 16)$$

其响应曲线如图 3-9 所示，系统没有超调，但过渡过程时间较长。过阻尼情况适合无动态超调、慢过程的实际控制系统。

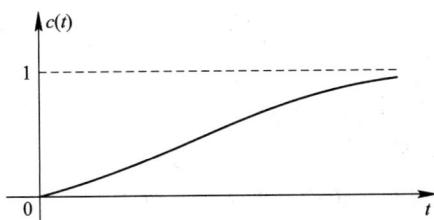

图 3-9 过阻尼二阶系统单位阶跃响应曲线

4）零阻尼

当 $\zeta = 0$ 时，称为零阻尼。此时，二阶系统的极点为一对共轭虚根，其传递函数可表示为

$$G(s) = \frac{\omega_n^2}{s^2 + \omega_n^2}$$

当 $r(t) = 1(t)$ 时，有 $R(s) = \dfrac{1}{s}$，则

$$C(s) = G(s) \cdot R(s) = \frac{\omega_n^2}{s^2 + \omega_n^2} \cdot \frac{1}{s} = \frac{1}{s} - \frac{s}{s^2 + \omega_n^2}$$

对上式进行拉氏反变换，可得

$$c(t) = 1 - \cos\omega_n t \qquad t \geqslant 0 \qquad (3 - 17)$$

其响应曲线如图 3-10 所示，系统为无阻尼等幅振荡。该种情况在实际系统中不能用。

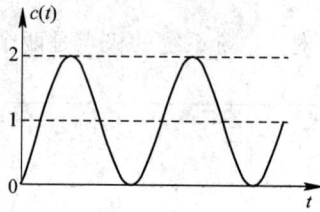

图 3-10　零阻尼二阶系统单位阶跃响应曲线

5）负阻尼

当 $\zeta < 0$ 时，称为负阻尼。其分析方法与以上相应的情况类似，只是其响应表达式的各指数项均变为正指数，故随着时间 $t \to \infty$，其输出 $c(t) \to \infty$，即其单位阶跃响应是发散的，如图 3-11 和图 3-12 所示。

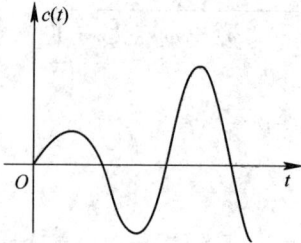

图 3-11　负阻尼二阶系统的
发散振荡响应

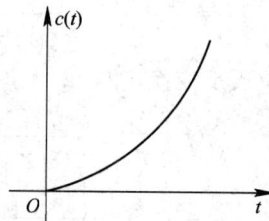

图 3-12　负阻尼二阶系统的
单调发散响应

实际系统不允许出现负阻尼情况，一般二阶系统都具有正阻尼，此时系统是稳定的。

2. 二阶系统的性能指标

二阶系统当阻尼 $\zeta > 1$ 时，其极点为两个负实数，利用部分分式展开，可将传递函数分解成两个一阶惯性环节的叠加。因此，研究二阶系统最重要的是研究 $0 < \zeta < 1$，即欠阻尼的情况，该种情况也是实际控制系统中最常用的。对于二阶系统，有

$$\frac{C(s)}{R(s)} = \frac{\omega_n^2}{s^2 + 2\zeta\omega_n s + \omega_n^2}$$

其极点为

$$s_{1,2} = -\zeta\omega_n \pm j\omega_n \sqrt{1-\zeta^2} = -\zeta\omega_n \pm j\omega_d$$

极点与参数关系图如图 3-13 所示。

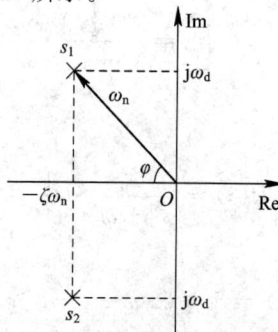

图 3-13　二阶系统极点与参数关系图

极点的模为

$$\sqrt{(-\zeta\omega_n)^2 + (\pm\omega_n\sqrt{1-\zeta^2})^2} = \omega_n$$

且有

$$\cos\varphi = \frac{\zeta\omega_n}{\omega_n} = \zeta \quad 或 \quad \arccos\zeta = \varphi$$

$$\sin\varphi = \frac{\omega_n\sqrt{1-\zeta^2}}{\omega_n} = \sqrt{1-\zeta^2} \quad 或 \quad \arcsin\sqrt{1-\zeta^2} = \varphi$$

下面推导欠阻尼情况下，二阶系统各项性能指标的计算公式。

1) 求上升时间 t_r

由式(3-14)可知

$$c(t) = 1 - \frac{e^{-\zeta\omega_n t}}{\sqrt{1-\zeta^2}}\sin\left(\omega_d t + \arctan\frac{\sqrt{1-\zeta^2}}{\zeta}\right) \qquad t \geqslant 0$$

由上升时间 t_r 的定义知，对于有振荡的系统，t_r 为 $c(t)$ 响应从零第一次上升到终值所需的时间。将 $c(t_r)=1$ 代入式(3-14)，得

$$1 = 1 - \frac{e^{-\zeta\omega_n t_r}}{\sqrt{1-\zeta^2}}\sin\left(\omega_d t_r + \arctan\frac{\sqrt{1-\zeta^2}}{\zeta}\right)$$

因为 $e^{-\zeta\omega_n t_r} \neq 0$，所以

$$\sin\left(\omega_d t_r + \arctan\frac{\sqrt{1-\zeta^2}}{\zeta}\right) = 0$$

即

$$\omega_d t_r + \arctan\frac{\sqrt{1-\zeta^2}}{\zeta} = \pi$$

可得

$$t_r = \frac{1}{\omega_d}\left(\pi - \arctan\frac{\sqrt{1-\zeta^2}}{\zeta}\right) \qquad\qquad (3-18)$$

由图 3-13 可知

$$\arctan\frac{\sqrt{1-\zeta^2}}{\zeta} = \arctan\frac{\omega_n\sqrt{1-\zeta^2}}{\omega_n\zeta} = \varphi \qquad\qquad (3-19)$$

所以式(3-18)亦可写成

$$t_r = \frac{1}{\omega_d}(\pi - \varphi) \qquad\qquad (3-20)$$

2) 求峰值时间 t_p

由峰值时间 t_p 的定义知，t_p 为 $c(t)$ 响应超过其终值到达第一个峰值所需的时间。由式(3-14)和式(3-19)得

$$c(t) = 1 - \frac{e^{-\zeta\omega_n t}}{\sqrt{1-\zeta^2}}\sin(\omega_d t + \varphi) \qquad t \geqslant 0 \qquad\qquad (3-21)$$

根据数学求极值概念，令

$$\frac{\mathrm{d}c(t)}{\mathrm{d}t} = 0$$

即

$$\frac{\zeta\omega_n}{\sqrt{1-\zeta^2}}e^{-\zeta\omega_n t}\sin(\omega_d t+\varphi)-\frac{\omega_d}{\sqrt{1-\zeta^2}}e^{-\zeta\omega_n t}\cos(\omega_d t+\varphi)=0$$

因为 $e^{-\zeta\omega_n t_p}\neq 0$，所以

$$\tan(\omega_d t_p+\varphi)=\frac{\omega_d}{\zeta\omega_n}=\tan\varphi$$

由此可得，$\omega_d t_p=\pi$，则

$$t_p=\frac{\pi}{\omega_d} \tag{3-22}$$

3）求最大超调量 $\sigma\%$

根据最大超调量 $\sigma\%$ 定义式(3-8)，将 $t_p=\pi/\omega_d$ 代入式(3-21)可得

$$\sigma\%=c(t_p)-1=\left[1-\frac{e^{-\zeta\omega_n\left(\frac{\pi}{\omega_d}\right)}}{\sqrt{1-\zeta^2}}\sin(\pi+\varphi)\right]-1=e^{\frac{\zeta\omega_n\pi}{\omega_n\sqrt{1-\zeta^2}}}$$

$$=e^{-\frac{\zeta\pi}{\sqrt{1-\zeta^2}}}\times 100\% \tag{3-23}$$

根据式(3-23)可得表 3-2。

表 3-2　不同阻尼比时的最大超调量

ζ	0	0.1	0.2	0.3	0.4	0.5	0.6	0.7	1
$\sigma\%$	100%	72.9%	52.7%	37.2%	25.4%	16.3%	9.4%	4.3%	0

由式(3-23)可见，超调量 $\sigma\%$ 仅仅与阻尼比 ζ 有关，ζ 越大，则 $\sigma\%$ 越小。

4）求调节时间 t_s

由式(3-21)知

$$c(t)=1-\frac{e^{-\zeta\omega_n t}}{\sqrt{1-\zeta^2}}\sin(\omega_d t+\varphi)$$

则曲线 $1\pm\dfrac{e^{-\zeta\omega_n t}}{\sqrt{1-\zeta^2}}$ 为其包络线，如图 3-14 所示。

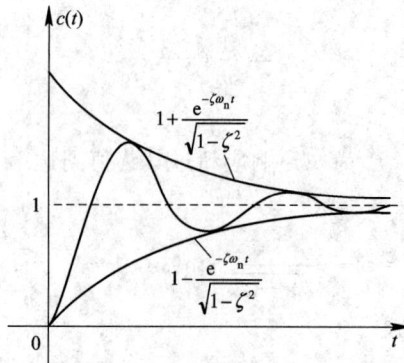

图 3-14　二阶系统单位阶跃响应包络线

按进入 5% 误差带计算，有

$$\frac{\mathrm{e}^{-\zeta\omega_n t}}{\sqrt{1-\zeta^2}} = 5\%$$

则

$$t_s = \frac{-\ln 0.05 - \ln\sqrt{1-\zeta^2}}{\zeta\omega_n} \tag{3-24}$$

当 ζ 较小时，有

$$t_s \approx \frac{-\ln 0.05}{\zeta\omega_n} \approx \frac{3}{\zeta\omega_n} \tag{3-25}$$

经过调节时间 t_s 后，欠阻尼的二阶系统进入 $\pm 5\%$ 的误差范围。

同理可得，欲使欠阻尼的二阶系统进入 $\pm 2\%$ 的误差范围，则

$$t_s \approx \frac{4}{\zeta\omega_n} \tag{3-26}$$

由式 (3-24)~式 (3-26) 可见，当阻尼比 ζ 一定时，无阻尼自然振荡频率 ω_n 越大，调节时间 t_s 越小，即系统响应越快。

由调节时间 t_s 的推导可见，当 ζ 较大时，式 (3-26) 和式 (3-25) 的近似度降低；当 ω_n 一定时，对于式 (3-24) 变化 ζ 求 t_s 的极小值，可得当 $\zeta = 0.707$ 时，系统的单位阶跃响应的调节时间最短，即系统响应最快；当 $\zeta < 0.707$ 时，ζ 越小，则 t_s 越长；而当 $\zeta > 0.707$ 时，ζ 越大，则 t_s 越长。

【例 1】 如图 3-15 所示的系统，在单位阶跃函数输入下，欲使系统的最大超调量等于 20%，峰值时间 $t_p = 1$ s，试确定增益 K 和 K_h 的数值，并求此时系统的上升时向 t_r 和调节时间 t_s。

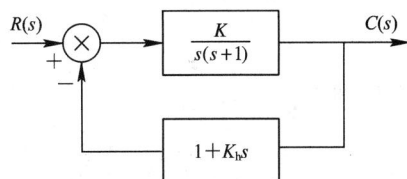

图 3-15 系统方框图

解 根据题意，有

$$\sigma\% = \mathrm{e}^{-\frac{\zeta\pi}{\sqrt{1-\zeta^2}}} \times 100\% = 20\%$$

$$t_p = \frac{\pi}{\omega_d} = 1 \text{ s}$$

解得

$$\zeta = 0.456, \quad \omega_d = \pi \text{ rad/s}$$

$$\omega_n = \frac{\omega_d}{\sqrt{1-\zeta^2}} = \frac{\pi}{\sqrt{1-0.456^2}} = 3.53 \text{ rad/s}$$

$$G_B(s) = \frac{\dfrac{K}{s(s+1)}}{1 + \dfrac{K(1+K_h s)}{s(s+1)}} = \frac{K}{s^2 + (KK_h + 1)s + K} = \frac{\omega_n^2}{s^2 + 2\zeta\omega_n s + \omega_n^2}$$

所以

$$K = \omega_n^2 = 3.53^2 = 12.5 \text{ rad}^2/\text{s}^2$$

$$K_h = \frac{2\zeta\omega_n - 1}{K} = \frac{2 \times 0.456 \times 3.53 - 1}{12.5} = 0.178 \text{ s}$$

$$t_r = \frac{1}{\omega_d}\left(\pi - \arctan\frac{\sqrt{1-\zeta^2}}{\zeta}\right) = \frac{1}{\pi}\left(\pi - \arctan\frac{\sqrt{1-0.456^2}}{0.456}\right) = 0.65 \text{ s}$$

$$t_s = \frac{4}{\zeta\omega_n} = \frac{4}{0.456 \times 3.53} = 2.48 \text{ s} \quad （按系统进入 \pm 2\% 的误差范围计算）$$

【例 2】 如图 3 - 16 所示的某二阶系统，其中 $\zeta = 0.5$，$\omega_n = 4$ rad/s。当输入信号为单位阶跃函数时，试求系统的动态响应指标。

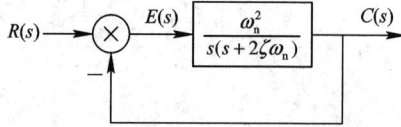

图 3 - 16　某二阶系统方框图

解　根据方框图可以列出系统的闭环传递函数为

$$G_B(s) = \frac{\dfrac{\omega_n^2}{s(s+2\zeta\omega_n)}}{1 + \dfrac{\omega_n^2}{s(s+2\zeta\omega_n)}} = \frac{\omega_n^2}{s^2 + 2\zeta\omega_n s + \omega_n^2}$$

$$\varphi = \arccos\zeta = \frac{\pi}{3} \text{ rad}$$

$$\omega_d = \omega_n\sqrt{1-\zeta^2} = 4\sqrt{1-0.5^2} = 3.46 \text{ rad/s}$$

峰值时间为

$$t_p = \frac{\pi}{\omega_d} = \frac{\pi}{3.46} = 0.91 \text{ s}$$

超调量为

$$\sigma\% = e^{\frac{-\pi\zeta}{\sqrt{1-\zeta^2}}} \times 100\% = 16.3\%$$

调节时间为

$$t_s = \begin{cases} \dfrac{3}{\zeta\omega_n} = \dfrac{3}{0.5 \times 4} = 1.5 \text{ s} & \Delta = \pm 5\% \text{ 时} \\[3mm] \dfrac{4}{\zeta\omega_n} = \dfrac{4}{0.5 \times 4} = 2 \text{ s} & \Delta = \pm 2\% \text{ 时} \end{cases}$$

3.4　高阶系统的动态响应

高阶系统的时域分析比较复杂，这里只进行简单的定性分析。

对于三阶及三阶以上的系统，通常称为高阶系统。其传递函数的一般表达式为

$$G_B(s) = \frac{C(s)}{R(s)} = \frac{k(s^m + b_{m-1}s^{m-1} + \cdots + b_1 s + b_0)}{s^n + a_{n-1}s^{n-1} + \cdots + a_1 s + a_0}$$

$$= \frac{k(s^m + b_{m-1}s^{m-1} + \cdots + b_1 s + b_0)}{\displaystyle\prod_{j=1}^{q}(s+p_j)\prod_{k=1}^{r}(s^2 + 2\zeta_k\omega_k s + \omega_k^2)} \quad m \leqslant n, \; q + 2r = n$$

设输入信号为单位阶跃函数，则

$$C(s) = G_B(s) \cdot R(s) = \frac{k(s^m + b_{m-1}s^{m-1} + \cdots + b_1 s + b_0)}{s \prod\limits_{j=1}^{q}(s + p_j) \prod\limits_{k=1}^{r}(s^2 + 2\zeta_k \omega_k s + \omega_k^2)} \qquad (3-27)$$

如果其各极点互不相同，则式(3-27)可展开成

$$C(s) = \frac{a}{s} + \sum_{j=1}^{q} \frac{\alpha_j}{s + p_j} + \sum_{k=1}^{r} \frac{\beta_k(s + \zeta_k \omega_k) + \gamma_k(\omega_k \sqrt{1 - \zeta_k^2})}{(s + \zeta_k \omega_k)^2 + (\omega_k \sqrt{1 - \zeta_k^2})^2}$$

经拉氏反变换，得

$$c(t) = a + \sum_{j=1}^{q} \alpha_j e^{-p_j t} + \sum_{k=1}^{r} \beta_k e^{-\zeta_k \omega_k t} \cdot \cos(\omega_k \sqrt{1 - \zeta_k^2}\, t) +$$

$$\sum_{k=1}^{r} \gamma_k e^{-\zeta_k \omega_k t} \cdot \sin(\omega_k \sqrt{1 - \zeta_k^2}\, t) \qquad (3-28)$$

由式(3-28)可见，一般的高阶系统的动态响应是由一些一阶惯性环节和二阶振荡环节的响应函数叠加组成的。当所有极点均具有负实数时，除了常数 a，其他各项随着时间 $t \to \infty$ 而衰减为零，即系统是稳定的。

某些高阶系统通过合理的简化，可以用低阶系统近似。以下两种情况可以进行简化。

（1）由式(3-27)和式(3-28)可见，系统极点的负实部愈是远离虚轴，该极点对应的项在动态响应中衰减得愈快；反之，距虚轴最近的闭环极点对应着动态响应中衰减最慢的项，该极点对动态响应起主导作用，称为主导极点。一般工程上当极点 A 距离虚轴的距离大于极点 B 距虚轴的距离的 5 倍时，分析系统时可忽略极点 A。

（2）闭环传递函数中，如果负实部的零、极点在数值上相近，则可将该零点和极点一起消掉，称为偶极子相消。

3.5　系统的稳定性分析

1. 系统稳定性概念

对控制系统进行分析，就是分析控制系统能否满足对它所提出的性能指标要求，分析某些参数变化对系统性能的影响。工程上对系统性能进行分析的主要内容包括稳定性分析、稳态性能分析和动态性能分析。其中，最重要的性能是稳定性，因为工程上所使用的控制系统必须是稳定的系统，不稳定的系统根本无法工作。

系统的稳定性(Stability)是指自动控制系统在受到扰动作用使平衡状态破坏后，经过调节，能重新达到平衡状态的性能。当系统受到扰动(如负载转矩的变化、电网电压的变化等)后偏离了原来的平衡状态，若这种偏离不断扩大，则即使扰动消失，系统也不能回到平衡状态，如图 3-17(a)所示，这种系统就是不稳定的；若通过系统自身的调节作用，使偏差最后逐渐减小，系统又逐渐恢复到平衡状态，那么，这种系统便是稳定的，如图 3-17(b)所示。

在自动控制系统中，造成系统不稳定的物理原因主要是：系统中存在惯性或延迟环节(例如机械惯性、电动机电路的电磁惯性、晶闸管的延迟、齿轮的间隙等)，它们使系统中的信号产生时间上的滞后，使输出信号在时间上较输入信号滞后了 τ 时间。当系统设有反

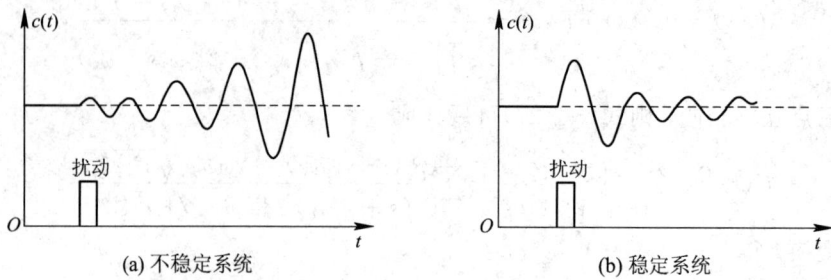

(a) 不稳定系统　　　　　　　　(b) 稳定系统

图 3 - 17　不稳定系统与稳定系统

馈环节时，又将这种在时间上滞后的信号反馈到输入端，如图 3 - 18 所示。

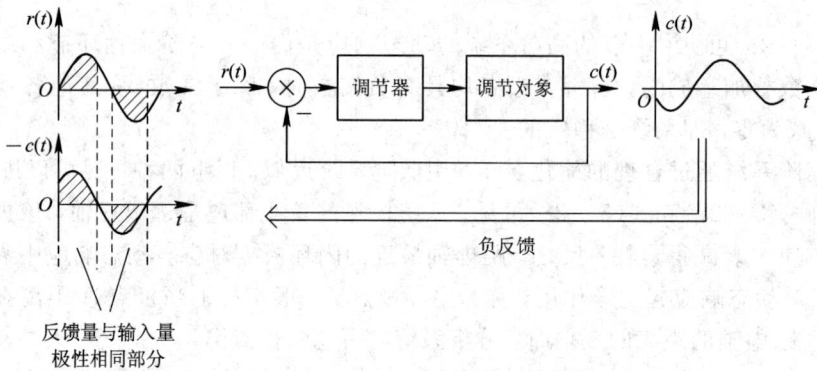

图 3 - 18　造成自动控制系统不稳定的物理原因

由图 3 - 18 可见，反馈量中出现了与输入量极性相同的部分，该同极性的部分具有正反馈的作用，它便是系统不稳定的因素。

当滞后的相位过大或系统放大倍数不适当（例如过大）而使正反馈作用成为主导作用时，系统便会形成振荡而不稳定。例如，当滞后的相位为 180° 时，在所有时间上都成了正反馈，倘若系统的开环放大倍数大于 1，则反馈量进入输入端经放大后，又会产生更大的输出，如此循环，即使输入量消失，输出量的幅值也会愈来愈大，形成增幅振荡，成为如图 3 - 17(a) 所示的不稳定状况。

2. 系统稳定的充要条件

系统的稳定性又分为绝对稳定性和相对稳定性两种。

系统的绝对稳定性是系统形成如图 3 - 17(b) 所示状况的充要条件。系统的相对稳定性是指稳定系统的稳定程度。例如，图 3 - 19(a) 所示系统的相对稳定性就明显好于图 3 - 19(b) 所示的系统。

下面先来分析自动控制系统的绝对稳定性——系统稳定的充要条件。

分析了影响系统稳定性的物理原因，就可以明确改善系统稳定性的方向，但系统中的参数（或结构）究竟应取怎样的数值（或结构）才能满足系统稳定性的要求，仅用定性分析是解决不了的。为此，应用数学方法来研究系统的稳定性。

在应用数学方法研究系统的稳定性时，首先要研究稳定性和数学模型之间的关系。系统最基本的数学模型是微分方程。下面先研究稳定性与微分方程之间的关系。

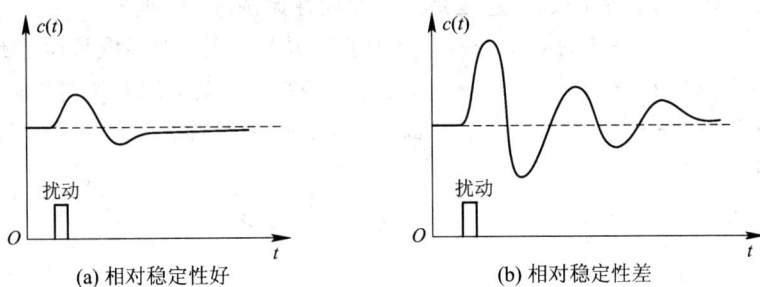

图 3 - 19 自动控制系统的相对稳定性

若设系统的输入量只有扰动作用 $D(t)$，扰动作用下的输出为 $C(t)$，则系统微分方程的一般式为

$$a_n \frac{\mathrm{d}^n}{\mathrm{d}t^n} c(t) + a_{n-1} \frac{\mathrm{d}^{n-1}}{\mathrm{d}t^{n-1}} c(t) + \cdots + a_1 \frac{\mathrm{d}}{\mathrm{d}t} c(t) + a_0 c(t)$$

$$= b_m \frac{\mathrm{d}^m}{\mathrm{d}t^m} D(t) + b_{m-1} \frac{\mathrm{d}^{m-1}}{\mathrm{d}t^{m-1}} D(t) + \cdots + b_1 \frac{\mathrm{d}}{\mathrm{d}t} D(t) + b_0 D(t)$$

根据稳定性的概念可知，研究系统稳定性就是研究系统在扰动消失以后的运动情况，因而，可以从研究上列微分方程的等号右边为零时的情况入手，即研究上列微分方程的齐次方程。这时扰动消失，即 $D(t)$ 及各阶导数为零，微分方程即变为如下式所示的齐次方程：

$$a_n \frac{\mathrm{d}^n}{\mathrm{d}t^n} c(t) + a_{n-1} \frac{\mathrm{d}^{n-1}}{\mathrm{d}t^{n-1}} c(t) + \cdots + a_1 \frac{\mathrm{d}}{\mathrm{d}t} c(t) + a_0 c(t) = 0$$

该齐次方程的解就是扰动作用后系统的运动过程，若此解是收敛的，则该系统便是稳定的；若此解是发散的，则该系统便是不稳定的。

由高等数学可知，解齐次微分方程时，首先应求解它的特征方程（Characteristic Equation），即

$$a_n s^n + a_{n-1} s^{n-1} + \cdots + a_1 s + a_0 = 0 \tag{3 - 29}$$

当求得了特征方程的根 $s_1, s_2, \cdots, s_n$ 后，就可以得到齐次微分方程解的一般式，即

$$c(t) = C_1 e^{s_1 t} + C_2 e^{s_2 t} + \cdots + C_n e^{s_n t} \tag{3 - 30}$$

式中，$C_1, C_2, \cdots, C_n$ 是积分常数。

特征方程的根可能是实根，也可能是复根。

如果特征方程有一个实根 $s = a$，则齐次微分方程相应的解为 $c(t) = Ce^{at}$，它表示系统在扰动消失以后的运动过程是指数曲线形式的非周期性变化过程。

若 α 为负数，则当 $t \to \infty$ 时，$c(t) \to 0$，说明系统的运动是衰减的，并最终返回原平衡状态，即系统是稳定的；

若 α 为正数，则当 $t \to \infty$ 时，$c(t) \to \infty$，说明系统的运动是发散的，不能返回原平衡状态，即系统是不稳定的；

若 $\alpha = 0$，$c(t) \to$ 常数，说明系统处于稳定边界（并不返回原平衡状态，不属于稳定状态）。

如果特征方程有一对复数根 $s = \alpha \pm j\omega$，则齐次微分方程相应的解为

$$c(t) = C_1 e^{(\alpha + j\omega)t} + C_2 e^{(\alpha - j\omega)t} = Ce^{at} \cos(\omega t + \varphi) \tag{3 - 31}$$

它表示系统在扰动消失以后的运动过程是一个周期性振荡过程。此时：

若 α 是负数，则当 $t\to\infty$ 时，$c(t)\to 0$，是个衰减振荡过程，即系统是稳定的；

若 α 是正数，则当 $t\to\infty$ 时，$c(t)\to\infty$，是个发散振荡过程，即系统是不稳定的；

若 $\alpha=0$，则当 $t\to\infty$ 时，$c(t)\to C\cos(\omega t+\varphi)$，是个等幅振荡过程，系统处于稳定边界（不属于稳定状态）。

系统稳定性和系统特征方程的根的关系见表 3 - 3。表中，1、2 属于稳定系统，3～6 属于不稳定系统。

表 3 - 3　系统稳定性和特征方程的根的关系

根的性质		根在复平面的位置(×表示根)	系统运动过程	系统的稳定性
$\alpha<0$	1 实根			稳定
	2 复根			
$\alpha=0$	3 实根			稳定边界(不属于稳定状态)
	4 复根			
$\alpha>0$	5 实根			不稳定
	6 复根			

二阶及二阶以上系统的特征方程的根不止一个，这时应把系统的运动看成是许多运动分量的合成，每一个特征方程的根对应一个运动分量。不难理解，只要有一个运动分量是发散的，合成后的系统运动也必然是发散的，即系统是不稳定的。所以，系统稳定的必要和充分条件是：系统微分方程的特征方程的所有实根必须是负数，所有复根的实数部分也必须是负数。换言之，特征方程的所有根的实部都必须是负数，即所有的根都在复平面的左侧。这是判别一个自动控制系统是否稳定的理论根据。

由此可见，判断一个自动控制系统是否稳定，并不一定要解出特征方程的根，只要判断特征方程式根的实数部分的符号就可以了。

由以上分析还可看出，对稳定的系统，由式(3－31)可见，α 的绝对值 $|\alpha|$ 愈大，即负实根或具有负实部的复根离虚轴（Im 轴）愈远，指数曲线衰减得愈快，则系统的调节时间愈短，系统的相对稳定性愈好，如图 3－20 所示。

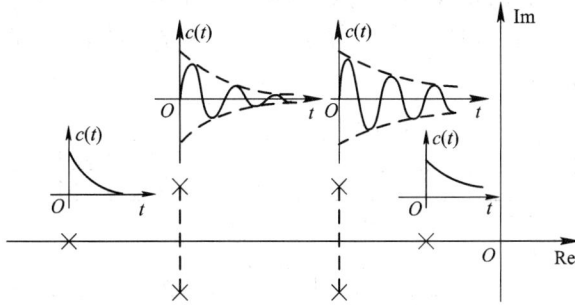

图 3－20　复平面上根的位置与系统的相对稳定性

综上所述，由特征方程的根在复平面上的位置，即可推出系统是否稳定以及系统的相对稳定性如何。但是，没有一个通用的代数公式能够求解高阶系统特征方程的根。于是，相继出现了一些间接判断特征方程根符号的方法，这就是下面要讨论的稳定性判据（Stability Criterion）。

3. 代数稳定性判据

判断系统是否稳定的判据有多种，例如由微分方程的系数来判断稳定性的代数判据（如劳斯-赫尔维茨稳定性判据，Routh-Hurwitz Stability Criterion）、由幅相频率特性曲线（Nyquist 图形）来判断系统稳定性的稳定判据（也称 Nyquist 判据）以及由此而派生出来的对数频率判据等。下面介绍常用的代数稳定性判据，以劳斯-赫尔维茨稳定性判据为例来说明代数稳定性判据的应用。

若系统微分方程的特征方程为

$$a_n s^n + a_{n-1} s^{n-1} + \cdots + a_1 s + a_0 = 0$$

则由特征方程的系数可排成下列的行列式（称为劳斯-赫尔维茨行列式）：

$$\Delta_n = \begin{vmatrix} a_{n-1} & a_{n-3} & a_{n-5} & \cdots & 0 \\ a_n & a_{n-2} & a_{n-4} & \cdots & 0 \\ 0 & a_{n-1} & a_{n-3} & \cdots & 0 \\ 0 & a_n & a_{n-2} & \cdots & 0 \\ \vdots & \vdots & \vdots & & \vdots \\ 0 & 0 & \cdots & a_1 & 0 \\ 0 & 0 & \cdots & a_2 & a_0 \end{vmatrix} \qquad (3-32)$$

此行列式的特点是：第一行为第二项、第四项等偶数项的系数；第二行则为第一项、第三项等奇数项的系数；第三、四行重复第一、二行的排列，但向右移动一列，前一列则以 0 数代替；以下各行以此类推。换句话说，主对角线上的元素为 a_{n-1}，a_{n-2}，$\cdots$，a_1，a_0，其他列上的元素为从上至下升幂排列，不足项用 0 填补，式中 Δ_1，Δ_2，Δ_3，$\cdots$，Δ_{n-1} 代表各子行列式。

由劳斯-赫尔维茨稳定性判据得出,系统稳定的充分且必要的条件是:

(1) 系统的特征方程的各项系数 a_n, a_{n-1}, $\cdots$, a_0 均为正值;

(2) 主行列式 Δ_n 和各子行列式 Δ_1, Δ_2, Δ_3, $\cdots$, Δ_{n-1} 的值均大于零。

【例 3】 在图 3 - 21 的调速系统方框图中,已知 $K_s = 40$, $K_e\phi = 0.12$ V/(r/min), $T_m = 0.1$ s, $T_d = 0.02$ s, $\tau_0 = 5$ ms $= 0.005$ s, $\alpha = 0.01$ V/(r/min),放大器的增益 K_k 为待定量。求该系统的稳定条件。

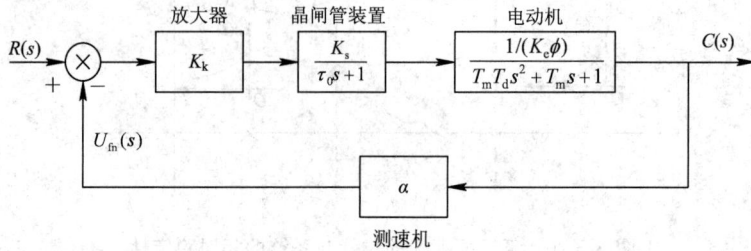

图 3 - 21 具有转速负反馈的晶闸管直流调速系统方框图

解 由图 3 - 21 可得此系统的闭环传递函数为

$$G_B(s) = \frac{C(s)}{R(s)} = \frac{K_k K_s / (K_e\phi)}{(\tau_0 s + 1)(T_m T_d s^2 + T_m s + 1) + K_k K_s \alpha / (K_e\phi)}$$

$$= \frac{K/\alpha}{T_m T_d \tau_0 s^3 + (T_m T_d + T_m \tau_0)s^2 + (T_m + \tau_0)s + (1 + K)} \quad (3-33)$$

式中, $K = K_k K_s \alpha / (K_e\phi)$。

由式(3 - 33)可得该系统的特征方程(此为三阶系统)为

$$T_m T_d \tau_0 s^3 + (T_m T_d + T_m \tau_0)s^2 + (T_m + \tau_0)s + (1 + K) = 0$$

上式可写成

$$a_3 s^3 + a_2 s^2 + a_1 s + a_0 = 0 \quad (3-34)$$

式中:

$$\begin{cases} a_3 = T_m T_d \tau_0 \\ a_2 = T_m T_d + T_m \tau_0 \\ a_1 = T_m + \tau_0 \\ a_0 = 1 + K \\ K = \dfrac{K_k K_s \alpha}{K_e \phi} \quad (K \text{ 为系统开环放大倍数}) \end{cases} \quad (3-35)$$

由式(3 - 34)可建立劳斯-赫尔维茨行列式:

$$\Delta_3 = \begin{vmatrix} a_2 & a_0 & 0 \\ a_3 & a_1 & 0 \\ 0 & a_2 & a_0 \end{vmatrix} \quad (3-36)$$

由劳斯-赫尔维茨稳定性判据知,此系统稳定的充要条件是:

(1) a_3、a_2、a_1、a_0 均为正值。由式(3 - 35)可见,时间常数、增益、电动机电动势恒量等均为正值,因此满足条件(1);

(2) $\Delta_1 = a_2 = T_m T_d + T_m \tau_0 > 0$, $\Delta_2 = \begin{vmatrix} a_2 & a_0 \\ a_3 & a_1 \end{vmatrix} = a_2 a_1 - a_3 a_0$。由式（3 - 36）有 $\Delta_3 =$

$a_0 \Delta_2$。

由以上各式可知，若 $\Delta_2 > 0$，即能满足条件（2）。于是此系统的稳定的充要条件变为 $\Delta_2 > 0$，即

$$a_2 a_1 - a_3 a_0 > 0$$

将式（3 - 35）的各子式代入上式有

$$(T_m T_d + T_m \tau_0)(T_m + \tau_0) - T_m T_d \tau_0 (1 + K) > 0$$

整理上式并以具体数值代入，可得

$$K < \left(\frac{T_m}{\tau_0} + \frac{T_m}{T_d} + \frac{\tau_0}{T_d} \right) = \left(\frac{0.1}{0.005} + \frac{0.1}{0.02} + \frac{0.005}{0.02} \right) \approx 25$$

由式（3 - 35）中的 $K = K_k K_s \alpha / (K_e \phi)$，有

$$K_k = \frac{K K_e \phi}{K_s \alpha} < \frac{25 \times 0.12}{40 \times 0.01} = 7.5$$

由上式可见，要保证系统处于稳定状态，此系统的比例调节器的增益要小于 7.5。

应用代数判据只能判断系统是否稳定，但判明系统稳定之后仍不知系统稳定的程度，这是代数判据的不足之处。

【例 4】　设某系统特征方程为

$$s^4 + 8s^3 + 17s^2 + 16s + 5 = 0$$

试判别其稳定性。

解　用劳斯-赫尔维茨稳定性判据判别，$a_4 = 1$，$a_3 = 8$，$a_2 = 17$，$a_1 = 16$，$a_0 = 5$ 均大于零，且有

$$\Delta_4 = \begin{vmatrix} 8 & 16 & 0 & 0 \\ 1 & 17 & 5 & 0 \\ 0 & 8 & 16 & 0 \\ 0 & 1 & 17 & 5 \end{vmatrix}$$

$$\Delta_1 = 8 > 0$$

$$\Delta_2 = 8 \times 17 - 16 \times 1 = 120 > 0$$

$$\Delta_3 = 8 \times 17 \times 16 - 16 \times 1 \times 16 - 8 \times 5 \times 8$$
$$= 2176 - 256 - 320 = 1600 > 0$$

$$\Delta_4 = 5\Delta_3 = 5 \times 1600 > 0$$

所以，此系统是稳定的。

【例 5】　设某单位反馈控制系统如图 3 - 22 所示，试计算 K 为何值时系统稳定。

解　系统的闭环传递函数为

$$G_B(s) = \frac{K}{s(s+1)(s+2) + K}$$

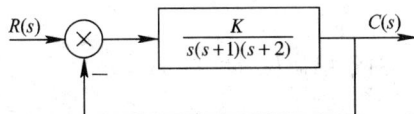

其特征方程为

$$s^3 + 3s^2 + 2s + K = 0$$

图 3 - 22　系统方框图

根据劳斯-赫尔维茨稳定性判据，系统稳定的充要条件有：

(1) $a_3=1$, $a_2=3$, $a_1=2$, $a_0=K$ 必须均大于零，所以有 $K>0$；

(2)
$$\Delta_3=\begin{vmatrix} 3 & K & 0 \\ 1 & 2 & 0 \\ 0 & 3 & K \end{vmatrix}$$

$$\Delta_1=3>0$$

$$\Delta_2=3\times2-K>0 \quad \Rightarrow \quad K<6$$

$$\Delta_3=K\Delta_2>0$$

所以当 $0<K<6$ 时，三阶系统是稳定的。

3.6　系统的稳态误差分析

1. 稳态误差的概念

自动控制系统的输出量一般包含两个分量：一个是稳态分量，另一个是暂态分量。暂态分量反映了控制系统的动态性能。对于稳定的系统，暂态分量随着时间的推移，将逐渐减小并最终趋向于零。稳态分量反映系统的稳态性能，即反映控制系统跟随给定量和抑制扰动量的能力和准确度。稳态性能的优劣，一般以稳态误差（Steady State Error）的大小来度量。

稳态误差始终存在于系统的稳态工作状态之中，一般来说，系统长时间的工作状态是稳态。因此在设计系统时，除了要保证系统能稳定运行外，还要求系统的稳态误差小于规定的允许值。我们所研究的系统如图 3-23 所示。

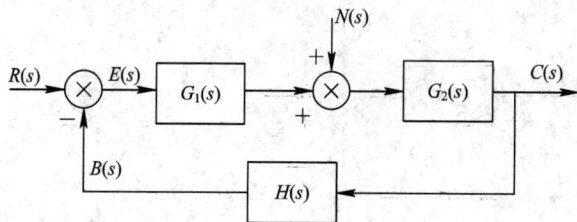

图 3-23　说明误差分析的闭环系统

误差（Error）有两种不同的定义方法。一种是它等于给定信号 $r(t)$ 与主反馈信号 $b(t)$ 之间的差，用 $e(t)$ 表示，即

$$e(t) = r(t) - b(t)$$

当时间 $t\to\infty$ 时，此差值就是稳态误差，用 e_{ss} 表示，即

$$e_{ss} = \lim_{t\to\infty}[r(t) - b(t)] \qquad (3-37)$$

对于单位反馈系统，$b(t)=c(t)$，所以稳态误差 e_{ss} 为

$$e_{ss} = \lim_{t\to\infty}[r(t) - c(t)] \qquad (3-38)$$

这种方法定义的误差在实际系统中是可以测量的，具有一定的物理意义。

另一种定义误差的方法是从系统的输出端定义的，即定义为系统输出量的实际值与输出量的希望值之差。这种方法定义的误差，在性能指标提法中经常用到，但在实际系统中有时无法测量，因而只有数学意义。

对于单位反馈系统，两种定义方法的意义相同。

2. 稳态误差的计算

计算响应的终值，可以直接运用拉氏变换的终值定理，而无须解出响应。终值可表达为

$$\lim_{t \to \infty} f(t) = \lim_{s \to 0} sF(s) \qquad (3-39)$$

式中，$F(s)$ 为 $f(t)$ 的拉氏变换。

应用终值定理计算稳态误差，则

$$e_{ss} = \lim_{t \to \infty} e(t) = \lim_{s \to 0} sE(s) \qquad (3-40)$$

终值定理的应用条件是：$e(t)$ 的拉氏变换 $E(s)$ 在 s 右半平面及除原点外的虚轴上没有极点。例如，正弦信号 $\sin\omega t$ 的拉氏变换 $\omega/(s^2+\omega^2)$、指数函数 e^t 的拉氏变换 $1/(s-1)$ 均在虚轴及 s 右半平面有极点，因此不能用终值定理。因为这类函数不存在终值，而代入终值定理却能够求出具体值，所以得出的结论是错误的。不过这里所研究的系统都是稳定的，都满足终值定理的应用条件。

由式 (3-40) 看出，计算 e_{ss} 应首先求出误差的拉氏变换 $E(s)$，对于图 3-23 所示系统，如误差定义为 $e(t) = r(t) - b(t)$，则

$$E(s) = R(s) - B(s)$$

而 $E(s)$ 又可表示为

$$E(s) = G_{Br}(s)R(s) + G_{Bn}(s)N(s) \qquad (3-41)$$

式中，$G_{Br}(s)$ 为系统对输入信号的误差传递函数；$G_{Bn}(s)$ 为系统对干扰的误差传递函数。

故稳态误差的计算式为

$$\begin{aligned}
e_{ss} &= \lim_{s \to 0} sE(s) = \lim_{s \to 0} sG_{Br}(s)R(s) + \lim_{s \to 0} sG_{Bn}(s)N(s) \\
&= \lim_{s \to 0} s\left[\frac{1}{1+G_1(s)G_2(s)H(s)}\right]R(s) + \lim_{s \to 0} s\left[\frac{-G_2(s)H(s)}{1+G_1(s)G_2(s)H(s)}\right]N(s) \\
&= e_{ssr} + e_{ssn}
\end{aligned} \qquad (3-42)$$

其中，e_{ssr} 为 $r(t)$ 引起的系统稳态误差，称为跟随误差；e_{ssn} 为 $n(t)$ 引起的系统稳态误差，称为扰动误差。这里应用了叠加定理，求 e_{ssr} 时，把 $n(t)$ 当零处理，求 e_{ssn} 时，把 $r(t)$ 当零处理。

由式 (3-42) 可以看出，系统的稳态误差不仅与传递函数的结构参数有关，而且与外作用 $r(t)$、$n(t)$ 及它们的形式有关，分析计算时必须具体指明。

【例6】　单位反馈系统的系统结构如图 3-24 所示，参数 K_1、K_2 大于零。设输入信号 $r(t) = 1(t)$，干扰信号 $n(t) = 1(t)$，试求系统的稳态误差 e_{ss}。

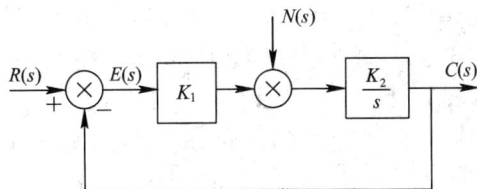

图 3-24　系统结构图

解 （1）判别系统稳定性。

图 3 - 24 所示系统为一阶系统，参数 K_1、K_2 都大于零，因此系统必稳定。

（2）求 $E(s)$。

$$E(s) = G_{Br}(s)R(s) + G_{Bn}(s)N(s)$$

$$= \frac{1}{1 + K_1 K_2/s} \cdot \frac{1}{s} + \frac{-K_2/s}{1 + K_1 K_2/s} \cdot \frac{1}{s}$$

$$= \frac{s}{s + K_1 K_2} \cdot \frac{1}{s} + \frac{-K_2}{s + K_1 K_2} \cdot \frac{1}{s}$$

（3）求 e_{ss}。

$$e_{ss} = e_{ssr} + e_{ssn}$$

$$= \lim_{s \to 0} s\left[\frac{s}{s + K_1 K_2} \cdot \frac{1}{s}\right] + \lim_{s \to 0} s\left[\frac{-K_2}{s + K_1 K_2} \cdot \frac{1}{s}\right]$$

$$= 0 + \left(-\frac{1}{K_1}\right) = -\frac{1}{K_1}$$

系统开环传递函数中的积分环节数称为系统的型别，也叫无差度，用 ν 表示。

（1）$\nu = 0$ 的系统称为 0 型系统。

（2）$\nu = 1$ 的系统称为 Ⅰ 型系统。

（3）$\nu = 2$ 的系统称为 Ⅱ 型系统。

指定了系统的型别，亦即确定了 ν 值。利用型别的特点和规律，对系统的稳态误差进行分析计算会很方便。系统的型别越高，表明系统跟踪典型输入信号的消除误差能力越强，故型别或 ν 值又常称为系统的无差度。实际工业控制系统，Ⅰ、Ⅱ 型较多，高于 Ⅲ 型的系统由于对稳定性极为不利而很难采用。

3. 给定信号作用下的稳态误差

在不考虑扰动信号作用时，有

$$E(s) = G_{Br}(s)R(s) = \frac{1}{1 + G_1(s)G_2(s)H(s)}R(s) \tag{3 - 43}$$

所以

$$e_{ss} = \lim_{s \to 0} \frac{sR(s)}{1 + G_1(s)G_2(s)H(s)}$$

令系统开环传递函数

$$G_K(s) = G_1(s)G_2(s)H(s)$$

则

$$e_{ss} = \lim_{s \to 0} \frac{sR(s)}{1 + G_K(s)} \tag{3 - 44}$$

可见，稳态误差与系统型别 ν、开环放大倍数 K 以及输入信号的形式有关。下面分别介绍在几种典型输入信号作用下，不同类型系统的稳态误差。

1）输入为单位阶跃函数

对单位阶跃函数有 $R(s) = 1/s$，由式（3 - 44）得出稳态误差为

$$e_{ss} = \lim_{s \to 0} \frac{s}{1 + G_K(s)} \cdot \frac{1}{s} = \frac{1}{1 + \lim_{s \to 0} G_K(s)}$$

令

$$K_p = \lim_{s \to 0} G_K(s) \tag{3-45}$$

并称 K_p 为系统的位置误差系数，则稳态误差和位置误差系数的关系为

$$e_{ss} = \frac{1}{1 + K_p} \tag{3-46}$$

根据式（3-45）和式（3-46），可以求得对应不同类型系统的位置误差系数 K_p 及 e_{ss} 为：

（1）0 型系统：$K_p = K$，$e_{ss} = 1/(1+K)$；

（2）Ⅰ型系统：$K_p = \infty$，$e_{ss} = 0$；

（3）Ⅱ型系统：$K_p = \infty$，$e_{ss} = 0$。

由此可知，对于 0 型系统，开环放大倍数越大，单位阶跃函数作用下系统的稳态误差越小；对于Ⅰ型和Ⅱ型系统，其稳态误差为零。稳态误差为零的系统称为无差系统，稳态误差为有限值的系统称为有差系统。

2）输入为单位斜坡函数

对单位斜坡函数有 $R(s) = 1/s^2$，故系统的稳态误差为

$$e_{ss} = \lim_{s \to 0} \frac{s}{1 + G_K(s)} \cdot \frac{1}{s^2} = \frac{1}{\lim_{s \to 0} s \, G_K(s)}$$

令

$$K_v = \lim_{s \to 0} s \, G_K(s) \tag{3-47}$$

称 K_v 为系统的速度误差系数，则系统稳态误差与 K_v 的关系为

$$e_{ss} = \frac{1}{K_v} \tag{3-48}$$

对于不同类型系统，相应的速度误差系数和稳态误差为：

（1）0 型系统：$K_v = 0$，$e_{ss} = \infty$；

（2）Ⅰ型系统：$K_v = K$，$e_{ss} = 1/K$；

（3）Ⅱ型系统：$K_v = \infty$，$e_{ss} = 0$。

由此可知，0 型系统不能实现正常跟踪斜坡函数输入。

3）输入为单位抛物线函数

对单位抛物线函数有 $R(s) = 1/s^3$，令

$$K_a = \lim_{s \to 0} s^2 G_K(s) \tag{3-49}$$

称 K_a 为系统的加速度误差系数。由前述推论可知，系统稳态误差为

$$e_{ss} = \frac{1}{K_a} \tag{3-50}$$

（1）0 型系统：$K_a = 0$，$e_{ss} = \infty$；

（2）Ⅰ型系统：$K_a = 0$，$e_{ss} = \infty$；

（3）Ⅱ型系统：$K_a = K$，$e_{ss} = 1/K$。

可见，抛物线函数输入时，0 型系统和Ⅰ型系统皆无法工作，其稳态误差趋于无穷大。

在对应以上三种典型输入信号作用下，0 型、Ⅰ型和Ⅱ型三种类型系统的稳态误差和误差系数详见表 3-4 所示。

表 3 – 4 典型输入作用下的稳态误差和误差系数表

系统类型	误差系数			典型输入作用下稳态误差		
	K_p	K_v	K_a	单位阶跃 $e_{ss}=1/(1+K_p)$	单位斜坡 $e_{ss}=1/K_v$	单位抛物线 $e_{ss}=1/K_a$
0 型系统	K	0	0	$1/(1+K)$	∞	∞
Ⅰ型系统	∞	K	0	0	$1/K$	∞
Ⅱ型系统	∞	∞	K	0	0	$1/K$

由表 3 – 4 可以看出，在相同输入信号情况下，增大系统型别 ν，可以改善系统的稳态性能；增大开环放大系数 K，可以减少系统的稳态误差。必须指出，增大开环放大系数 K 和系统型别 ν 虽然可改善系统的稳态性能，但往往会导致系统的稳定性变差。

当系统的输入信号 $r(t)=A+Bt+Ct^2/2$ 时，利用叠加原理可得系统的稳态误差为

$$e_{ss}=\frac{A}{1+K_p}+\frac{B}{K_v}+\frac{C}{K_a}$$

4. 干扰信号作用下的稳态误差

如图 3 – 25 所示的系统，讨论其在阶跃干扰下系统的稳态误差 e_{ssn}。

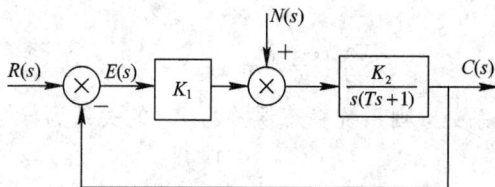

图 3 – 25 随动系统结构图

此时，将输入量当零处理，即 $r(t)=0$，有

$$E_n(s)=0-C(s)$$

$$e_{ss}=\lim_{s\to 0}sE_n(s)=\lim_{s\to 0}sG_{Bn}(s)\cdot N(s) \tag{3-51}$$

设 $n(t)=1(t)$，则 $N(s)=1/s$。图 3 – 25 经结构变换可得

$$G_{Bn}(s)=\frac{\dfrac{-K_2}{s(Ts+1)}}{1+\dfrac{K_1K_2}{s(Ts+1)}}=\frac{-K_2}{s(Ts+1)+K_1K_2}$$

代入式(3 – 51)得

$$e_{ss}=\lim_{s\to 0}s\frac{-K_2}{s(Ts+1)+K_1K_2}\cdot\frac{1}{s}=-\frac{1}{K_1} \tag{3-52}$$

结果表明，虽然原系统 $\nu=1$，系统跟踪阶跃函数输入 $r(t)$ 肯定没有稳态误差，但在阶跃干扰作用下竟出现了稳态误差。另外，误差 e_{ss} 也不完全由开环增益 K_1K_2 决定，而只和一部分元件的增益 K_1 有关。因此，$n(t)$ 和 $r(t)$ 作用下的误差规律是不相同的，必须具体问题具体分析。

下面用一个特定的传递函数 $G_1(s)$ 替换图 3 – 25 所示系统中的 K_1，进而寻找 $e_{ss}=0$ 的条件。

在式 (3 - 52) 中以 $G_1(s)$ 代替 K_1，得

$$e_{ss} = \lim_{s \to 0} s \frac{-K_2}{s(Ts+1) + K_2 G_1(s)} \cdot \frac{1}{s} = \lim_{s \to 0} \frac{-1}{G_1(s)} \qquad (3 - 53)$$

若使 $e_{ss} = 0$，则 $G_1(s)$ 中必须至少有一个 $1/s$ 因子。假设 $G_1(s) = K_1/s$，则由图 3 - 25 可以看出，系统将变得不稳定，这是不允许的。因此，必须设置比例微分因子 $(\tau s + 1)$，故取

$$G_1(s) = \frac{K_1(\tau s + 1)}{s}$$

代入式 (3 - 53)，则

$$e_{ss} = \lim_{s \to 0} \frac{-1}{G_1(s)} = \lim_{s \to 0} \frac{-s}{K_1(\tau s + 1)} = 0$$

同理，当干扰 $n(t)$ 为斜坡作用时，可由式 (3 - 53) 推出，为使系统稳态误差为零，$G_1(s)$ 中至少要配置两个积分环节。考虑到系统稳定性，$G_1(s)$ 应取 $K_1(\tau_1 s + 1)(\tau_2 s + 1)/s^2$ 形式。

上述分析表明，系统在典型干扰作用下的稳态误差 e_{ssn} 与误差信号 e 点到干扰作用点之间的积分环节数目和增益有关，而其他部位的传递函数并不影响 e_{ssn}。

3.7　应用 MATLAB 进行时域分析

利用 MATLAB 程序设计语言可以方便、快捷地对控制系统进行时域分析。由于控制系统的稳定性取决于系统闭环极点的位置，因此欲判断系统的稳定性，只需求出系统的闭环极点的分布情况，利用 MATLAB 命令可以快速求解和绘制出系统的零、极点位置。欲分析系统的动态特性，只要给出系统在某典型输入下的输出响应曲线即可。同样，利用 MATLAB 可以十分方便地求解和绘制出系统的响应曲线。

1. 应用 MATLAB 分析系统的稳定性

在 MATLAB 中，可利用 pzmap 函数绘制连续的零、极点图，也可以利用 tf2zp 函数求出系统的零、极点，从而判断系统的稳定性。

【例 7】　已知连续系统的传递函数为

$$G(s) = \frac{3s^4 + 2s^3 + 5s^2 + 4s + 6}{s^5 + 3s^4 + 4s^3 + 2s^2 + 7s + 2}$$

要求：

(1) 求出该系统的零、极点及增益；

(2) 绘出其零、极点图，判断系统稳定性。

解　可执行如下程序：

```
%This program create a transfer function and then finds/displays its poles, zeros and gain
num = [3, 2, 5, 4, 6];
den = [1, 3, 4, 2, 7, 2];
[z,p,k]=tf2zp(num, den);
disp(z)
```

```
disp(p)
disp(k)
pzmap(num,den);
title('Poles and zeros map');
```

程序执行结果如下：

屏幕显示：

z＝0.4019＋1.1965i	p＝−1.7680＋1.2673i
0.4019−1.1965i	−1.7680−1.2673i
−0.7352＋0.8455i	0.4176＋1.1130i
−0.7352−0.8455i	0.4176−1.1130i
	−0.2991

K＝3

同时，屏幕上显示系统的零、极点分布图，如图 3－26 所示。可以看出，系统在 s 右半平面上有闭环极点，所以系统不稳定。

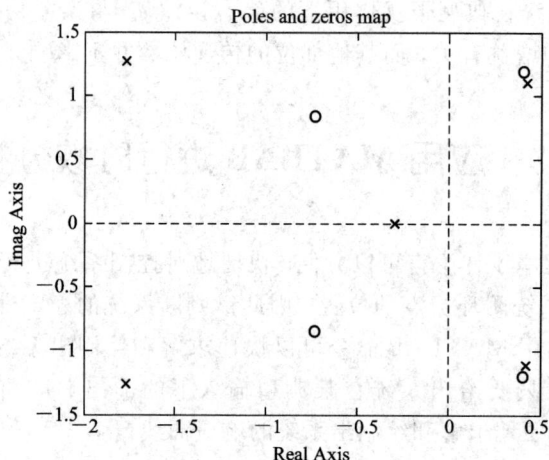

图 3－26　系统零、极点分布图

2. 应用 MATLAB 分析系统的动态特性

在 MATLAB 中，提供了求取连续系统的单位阶跃响应函数 step，以及任意输入下的仿真函数 lsim。

【例 8】　已知典型二阶系统的传递函数为

$$G(s) = \frac{\omega_n^2}{s^2 + 2\zeta\omega_n s + \omega_n^2}$$

其中，$\omega_n＝6$，绘制系统在 $\zeta＝0.1, 0.2, \cdots, 1.0, 2.0$ 时的单位阶跃响应。

解　可执行如下程序：

```
%This program plots a curve of step response
wn=6;
kosi=[0.1,0.2,1.0,2.0];
figure(1)
hold on
```

```
for kos＝kosi
    num＝wn. ^2；
    den＝[1,2 * kos * wn,wn. ^2]；
    step(num,den)；
end；
title('Step Response')；
hold off
```

程序中利用 step 函数计算系统的阶跃响应,该程序执行后单位阶跃响应曲线如图 3－27 所示。从图中可以看出,在过阻尼和临界阻尼曲线中,临界阻尼响应具有最短的上升时间,响应速度最快；在欠阻尼的响应曲线中,阻尼系数越小,超调量越大,上升时间越短。因此,通常取 $\zeta=0.4\sim0.8$ 为宜。

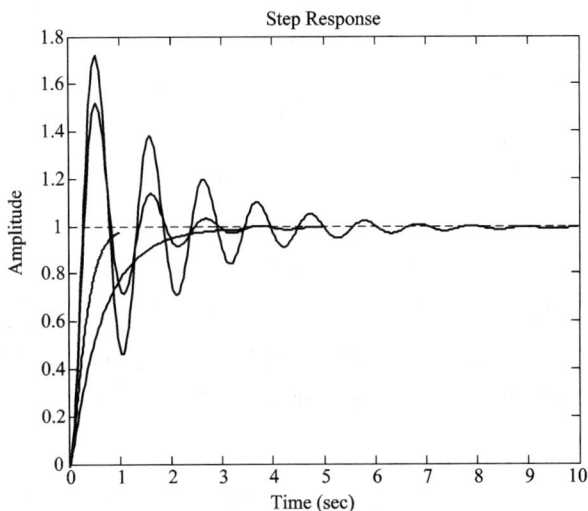

图 3－27 典型二阶系统单位阶跃响应曲线

【例 9】 已知三阶系统的传递函数为

$$G(s)=\frac{100(s+2)}{s^3+1.4s^2+100.44s+100.04}$$

绘制系统的单位阶跃响应曲线。

解 可执行如下程序：

```
％This program plots a curve of step response for three order system
clf
num＝[100, 200]；
den＝[1, 1.4, 100.44, 100.04]；
h＝tf(num, den)；
[y, t, x]＝step(h)；
plot(t,y)；
xlabel('time'), ylabel('amplitude')；
title('step response')；
```

clf 是清屏命令。程序[y，t，x]＝step(h)是计算系统的阶跃响应，并把计算结果分别存于变量 y 和 x 中，对应的时间量存于变量 t。该程序执行后，三阶系统的单位阶跃响应曲线如图 3－28 所示。从图中可以看出，随着时间的推移，系统的响应曲线逐渐趋向于给定值，因此系统是稳定的。

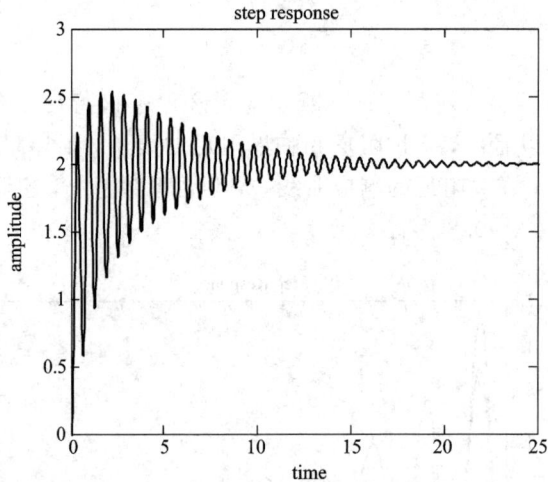

图 3－28　三阶系统单位阶跃响应曲线

MATLAB 中所提供的单位阶跃响应函数 step 和任意输入下的仿真函数 lsim 的输入变量，不仅可以是系统的零、极点形式及传递函数形式，还可以是状态空间模型形式。具体用法可参见 MATLAB 的在线帮助系统或相关参考书。

小　　结

（1）时域分析法中的典型输入信号有阶跃函数、斜坡函数和抛物线函数等。

（2）动态过程又称为过渡过程或瞬态过程，是指系统在典型输入信号作用下，输出量从初始状态到最终状态的响应过程。稳态过程是指系统在典型输入信号作用下，当时间 t 趋于无穷时，输出量的表现形式。

（3）描述稳定的控制系统在单位阶跃函数作用下，动态过程随时间 t 的变化情况的指标，称为动态性能指标，主要有：

上升时间 t_r：对于有振荡的系统，定义为响应曲线从零第一次上升到终值所需的时间。

峰值时间 t_p：指响应曲线超过其终值到达第一个峰值所需的时间。

调节时间 t_s：指响应曲线到达并保持在终值±5％或±2％内所需的最短时间。

超调量 $\sigma\%$：指响应的最大峰值 $c(t_p)$ 与终值 $c(\infty)$ 的差与终值 $c(\infty)$ 比的百分数。

$$t_r = \frac{1}{\omega_d}(\pi - \varphi)$$

$$t_p = \frac{\pi}{\omega_d}$$

$$\sigma\% = \mathrm{e}^{-\frac{\zeta\pi}{\sqrt{1-\zeta^2}}} \times 100\%$$

$$t_\mathrm{s} \approx \frac{3 \sim 4}{\zeta\omega_\mathrm{n}}$$

（4）一阶系统和二阶系统是时域分析法重点分析的两类系统。一般的高阶系统的动态响应是由一些一阶惯性环节和二阶振荡环节的响应函数叠加组成的。某些高阶系统通过合理的简化，可以用低阶系统近似。

（5）系统的稳定性是指系统在受到扰动作用使平衡状态破坏后，经过调节能重新达到平衡状态的性能。系统稳定的充要条件是：系统微分方程的特征方程的所有的根的实部都必须是负数，亦即所有的根都在复平面的左侧。系统的稳定性只取决于系统的结构参数。系统的稳定性可用劳斯-赫尔维茨稳定性判据来判别。

（6）误差等于给定信号 $r(t)$ 与主反馈信号 $b(t)$ 之间的差，用 $e(t)$ 表示。除了首先要保证系统能稳定运行外，其次就是要求系统的稳态误差小于规定的允许值。稳态误差分为由给定信号引起的误差和由扰动信号引起的误差两种。应用终值定理可以计算稳态误差，$e_\mathrm{ss} = \lim\limits_{t\to\infty} e(t) = \lim\limits_{s\to 0} sE(s)$。系统的稳态误差与传递函数结构参数和外作用信号形式有关。系统的型别越高，系统的稳态精度越高。

（7）利用 MATLAB 软件可以方便、快捷地对控制系统进行时域分析。如可以求解和绘制出系统的零、极点分布图，求解和绘制出系统的阶跃响应曲线等。

习　　题

3-1　为什么自动控制系统会产生不稳定现象？开环系统是不是总是稳定的？

3-2　系统的稳定性与系统特征方程的根有怎样的关系？为什么？

3-3　某系统对给定信号为无静差，则对扰动信号是否也是无静差？反之，若对扰动信号为无静差，则对给定信号是否也是无静差？为什么？

3-4　在分析稳态误差时，对调速系统为什么通常以阶跃输入信号为代表？而对随动系统为什么又通常以速度输入信号为代表？

3-5　已知某元部件的传递函数为

$$G(s) = \frac{10}{0.2s+1}$$

欲采用图 3-29 中引入负反馈的办法，将调节时间 t_s 减至原来的 0.1 倍，但总放大系数保持不变，试选择 K_h、K_0 的值。

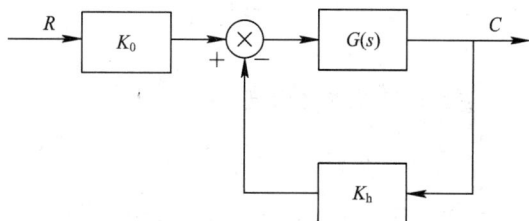

图 3-29　习题 3-5 图

3-6　设系统的单位阶跃响应为

$$c(t) = 8(1 - e^{-0.3t})$$

试求系统的过渡过程时间。

3-7　设某温度计的动态特性可用一惯性环节 $1/(Ts+1)$ 来描述，用该温度计测量容器内的水温，发现一分钟后温度计的示值为实际水温的 98%。若给容器加热，使水温以 $10℃/min$ 的速度线性上升，试计算该温度计的稳态指示误差。

3-8　设一伺服马达的传递函数为

$$\frac{\Omega(s)}{U(s)} = \frac{K}{Ts+1}$$

假定马达以 ω_0 的恒定速度转动，当马达的控制电压 U_0 突然降到 0 时，试求其速度响应方程式。

3-9　两系统的传递函数分别为

$$G_1(s) = \frac{2}{2s+1}$$

$$G_2(s) = \frac{1}{s+1}$$

当输入信号为 $1(t)$ 时，试说明其输出到达各自稳态值的 63.2% 的先后顺序。

3-10　已知单位反馈系统的开环传递函数为

$$G_K(s) = \frac{4}{s(s+5)}$$

求系统的单位阶跃响应。

3-11　设单位反馈系统的开环传递函数为

$$G_K(s) = \frac{1}{s(s+1)}$$

试求系统的单位阶跃响应及上升时间、超调量、调整时间。

3-12　已知系统的单位阶跃响应为 $c(t)=1-1.8e^{-4t}+0.8e^{-9t}$，求：

(1) 系统的闭环传递函数；

(2) 系统的阻尼比和无阻尼自然振荡频率。

3-13　已知单位负反馈二阶系统的单位阶跃响应曲线如图 3-30 所示，试确定系统的开环传递函数。

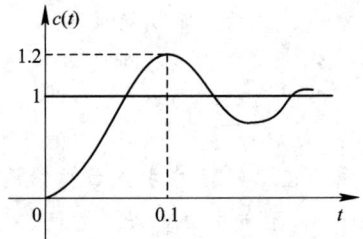

3-14　已知单位负反馈系统的开环传递函数为

$$G_K(s) = \frac{K}{s(Ts+1)}$$

若要求 $\sigma\% \leqslant 16\%$，$t_s = 6\text{ s}$（$\pm 5\%$ 误差带），试确定 K、T 的值。

3-15　单位负反馈系统的开环传递函数为

$$G_K(s) = \frac{K}{s(Ts+1)}$$

其中，$K>0$，$T>0$。放大器增益减少多少方能使系统单位阶跃响应的最大超调由 75% 下降到 25%？

图 3-30　习题 3-13 图

3-16 系统的结构如图 3-31 所示,其中 $G_c(s)=\tau s+1$,试求满足 $\zeta \geqslant 0.707$ 时的 τ 值。

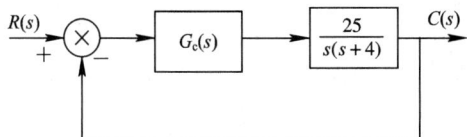

3-17 闭环系统的动态结构如图 3-32 所示,求当 $\sigma\% \leqslant 20\%$,$t_s=1.8\times(1\pm5\%)$ s 时,系统的参数 K 和 τ 的值。

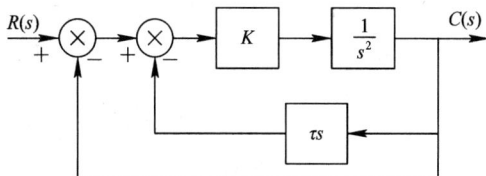

图 3-31 习题 3-16 图   图 3-32 习题 3-17 图

3-18 闭环系统的结构如图 3-33 所示。若要求 $\zeta=0.707$,则参数 τ 应该如何选择?

3-19 试求如图 3-34 所示控制系统的参数为以下两种情况时的阻尼比 ζ,无阻尼自然振荡频率 ω_n,以及单位阶跃响应的过渡过程的超调量 $\sigma\%$、峰值时间 t_p。

(1) $K_m=10 \text{ s}^{-1}$,$T_m=0.1 \text{ s}$;

(2) $K_m=20 \text{ s}^{-1}$,$T_m=0.1 \text{ s}$。

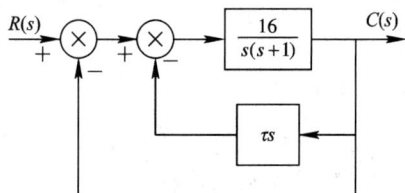

图 3-33 习题 3-18 图   图 3-34 习题 3-19 图

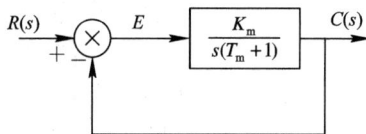

3-20 如图 3-35 所示的系统,证明 $C(s)/R(s)$ 在右半 s 平面上有零点,并求 $r(t)$ 为单位阶跃时的 $c(t)$。

3-21 设一单位反馈系统的开环传递函数为 $10/[s(s+1)]$,该系统的阻尼比为 0.157,无阻尼自然频率为 3.16 rad/s。现将系统改变为如图 3-36 所示,其阻尼比为 0.5,试确定 K_n 值。

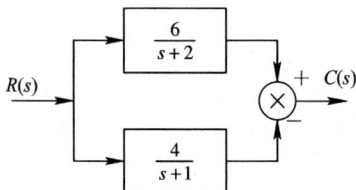

图 3-35 习题 3-20 图   图 3-36 习题 3-21 图

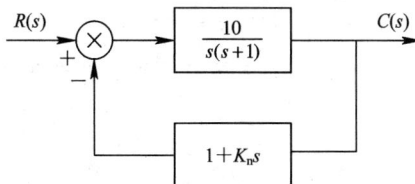

3-22 二阶系统在 s 平面中有一对复数共轭极点,试在 s 平面中画出与下列指标相应的极点可能分布的区域。

(1) $\zeta \geqslant 0.707$,$\omega_n>2 \text{ rad/s}$;

(2) $0 \leqslant \zeta \leqslant 0.707$,$\omega_n \leqslant 2 \text{ rad/s}$;

(3) $0 \leqslant \zeta \leqslant 0.5$,$2 \text{ rad/s} \leqslant \omega_n \leqslant 4 \text{ rad/s}$;

(4) $0.5 \leqslant \zeta \leqslant 0.707$, $\omega_n \leqslant 2$ rad/s。

3-23 闭环系统的特征方程如下, 试用代数判据判断系统的稳定性。

(1) $s^3 + 20s^2 + 9s + 100 = 0$;

(2) $s^4 + 2s^3 + 8s^2 + 4s + 3 = 0$;

(3) $s^5 + 12s^4 + 44s^3 + 48s^2 + 5s + 1 = 0$。

3-24 单位负反馈系统的开环传递函数为

$$G_K(s) = \frac{K(0.5s+1)}{s(s+1)(0.5s^2+s+1)}$$

试确定 K 的稳定范围。

3-25 图 3-37 所示各系统稳定与否? 输入撤除后这些系统是衰减还是发散? 是否振荡?

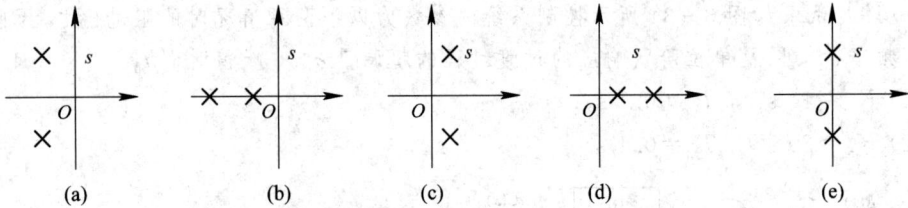

图 3-37 习题 3-25 图

3-26 某高阶系统的闭环极点如图 3-38 所示, 没有零点, 请估计其阶跃响应。

3-27 已知系统结构如图 3-39 所示, 确定系统稳定时 τ 的取值。

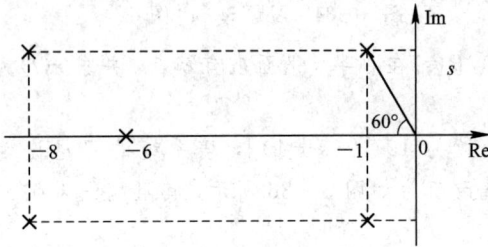

图 3-38 习题 3-26 图

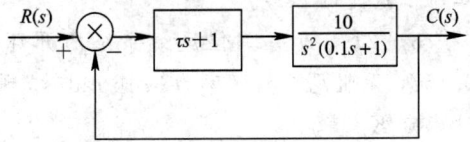

图 3-39 习题 3-27 图

3-28 已知单位负反馈系统的开环传递函数如下:

(1) $G_K(s) = \dfrac{50}{(0.1s+1)(2s+1)}$;

(2) $G_K(s) = \dfrac{7(s+1)}{s(s+4)(s^2+2s+2)}$;

(3) $G_K(s) = \dfrac{5(s+1)}{s^2(0.1s+1)}$。

求当 $r(t) = 2 + 4t + 2t^2$ 时, 系统的稳态误差。

3-29 系统如图 3-40 所示。为了使系统在 $r(t) = t^2$ 时的稳态误差不大于 $1/10$, 同时系统要稳定, 试确定 τ 和 K 的取值。

3-30 系统的结构如图 3-41 所示。欲保证 $\zeta = 0.7$ 和单位斜坡函数输入时稳态误差

$e_{ss}=0.25$，试确定 τ 和 K 的取值。

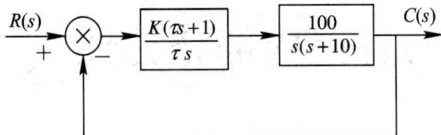

图 3 - 40　习题 3 - 29 图　　　　　　　图 3 - 41　习题 3 - 30 图

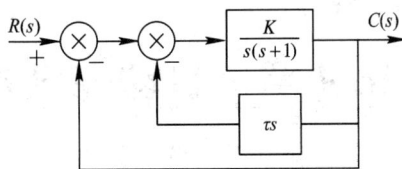

3 - 31　系统的结构如图 3 - 42 所示。求 $r(t)n_1(t)=n_2(t)=1(t)$ 时系统的稳态误差。

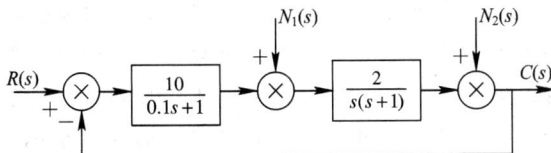

图 3 - 42　习题 3 - 31 图

3 - 32　复合控制系统如图 3 - 43 所示，应怎样选择传递函数 $G_c(s)$，才能使系统的稳态误差为零？

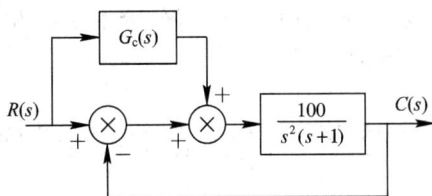

图 3 - 43　习题 3 - 32 图

3 - 33　控制系统方框图如图 3 - 44 所示。已知控制信号 $r(t)=t$，干扰信号 $n(t)=1(t)$，试求系统的稳态误差。

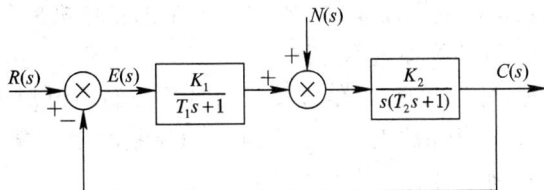

图 3 - 44　习题 3 - 33 图

3 - 34　系统闭环传递函数为

$$\frac{C(s)}{R(s)}=\frac{G(s)}{1+G(s)H(s)}=\frac{b_m s^m+b_{m-1}s^{m-1}+\cdots+b_1 s+b_0}{s^n+a_{n-1}s^{n-1}+\cdots+a_1 s+a_0}\qquad m\leqslant n$$

设系统稳定，且误差 $e(t)$ 定义为 $r(t)-c(t)$。试证：

（1）在阶跃信号作用下，系统稳态误差等于零的条件是 $b_0=a_0$；

（2）在斜坡信号作用下，系统稳态误差等于零的条件是 $b_0=a_0$，$b_1=a_1$。

第4章 自动控制系统的各组成部分特性

【内 容 提 要】

本章从自动控制系统的结构出发，分析了典型控制系统的主要组成部分的特性，叙述了被控对象的动态特性，控制器的原理及基本控制规律，执行器的结构及调节原理，变送器的种类、特点及选购原则，并详细介绍了简单控制系统设计中几种最常用的 PID 控制器参数的工程整定方法及过程控制系统中几种应用较广泛的复杂系统的结构和工作原理。

自动控制系统都是由被控对象和控制器等有机构成的，自动控制系统根据被控对象和具体用途不同，可以有各种不同的结构形式。图 4-1 是一个典型闭环自动控制系统的功能框图，图中每一个方框都代表一个具体的特定功能。该控制系统以被控对象为核心，通常还包括控制器、执行器、变送器等，这些功能部分分别承担相应的职能，共同完成控制任务。

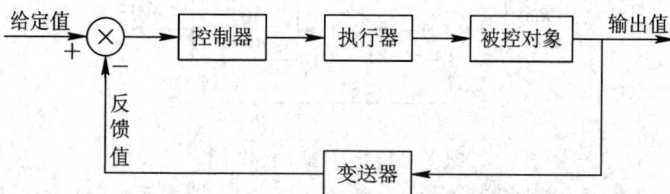

图 4-1　典型闭环控制系统方框图

（1）被控对象：一般是指生产过程中需要进行控制的工作机械和装置。描述被控对象的工作状态并需要进行控制的物理量称为被控量。

（2）变送器：是指把检测到的输出信号转变为可被控制器识别的信号（或将由传感器传送来的非电量转换成电信号并放大，供远方测量和控制的信号源）的转换器，用于检测被控量或输出量，产生反馈信号。

（3）控制器：用于计算被控对象的输出状态与控制期望状态的偏差，并根据偏差，按一定控制规律产生输出控制信号送给执行器，完成某种控制任务的装置。

（4）执行器：用来接收控制器的指令信号，并将指令信号转换成相应的角位移或直线位移去操作调节机构，改变被控对象的输入或输出，以实现过程的自动控制的装置。在任何自动控制系统中，执行器是必不可少的组成部分。

如果把变送器比拟成控制系统的感觉器官，控制器就是控制系统的大脑，而执行器则可比拟为做具体工作的手。

下面对典型控制系统中的这些重要部分将做详细介绍。

4.1　被控对象的动态特性

被控对象的动态特性是指被控对象在某一输入的作用下，其输出随时间变化的特性。了解被控对象的动态特性是设计好一个自动控制系统以及整定控制系统的重要依据，只有将被控对象的各动态性能指标相互匹配适当，才能在控制系统投入运行后获得满意的预期控制效果。另外，研究被控对象的动态特性也是改进系统控制效果，或从控制角度对新设计的设备提出合理要求的一个重要出发点。

在过程控制系统中，被控对象就是工业生产过程中的各种装置和设备，例如换热器、蒸汽锅炉、反应器等。被控量通常是温度、液位、压力、流量、转速等。尽管各种被控对象的具体工作机制和内部运动过程所遵循的物理、化学等规律千差万别，但从控制的观点来看，它们的动态特性类型却是有限的。

应用最多也是最基本的自动控制系统结构框图如图 4-2 所示。

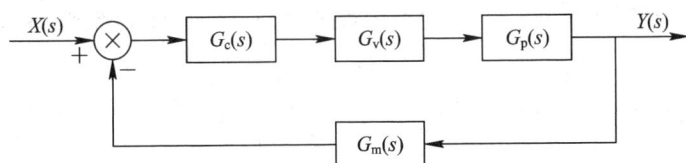

图 4-2　控制系统的结构框图

图 4-2 中，$G_c(s)$ 是控制器的传递函数，$G_v(s)$ 是执行器的传递函数，$G_m(s)$ 是变送器的传递函数，$G_p(s)$ 是被控对象的传递函数，控制器、执行器、变送器都属于自动化仪表，它们都是围绕被控对象工作的。也就是说，任何一个控制系统都是围绕被控对象组成的，被控对象是控制系统的主体。因此，对被控对象的动态特性进行深入了解是控制系统的一个重要任务，只有深入了解被控对象的动态特性和内在规律，以及被控量在各种扰动下的变化情况，才能根据生产工艺的要求，为控制系统制定合理的动态性能指标，为控制系统的设计提供标准。如果性能指标项偏低，可能会对产品的质量、产量造成影响；反之性能指标项过高，可能会造成不必要的投资，产生不必要的运行费用，甚至会影响到设备的寿命。性能指标确定后，设计出合理的控制方案，也离不开对被控对象动态特性的了解。如不考虑被控对象的特点而盲目地进行设计，往往会导致设计的失败，尤其对于一些复杂控制系统方案的设计，不清楚被控对象的特点就无法进行设计。有了正确的控制方案，控制系统中控制器、变送器、执行器等仪表的选择，必须以被控对象的特性为依据。在控制系统组成后，合适的控制参数的确定及控制系统的调整，也完全依赖于对被控对象动态特性的了解。由此可见，在控制工程中，了解被控对象是必须首先做好的一项重要工作。

控制系统中的被控对象设计范围很广，被控对象不一定是指一个具体的设备，很多情况下被控对象是指一个过程。有些过程可能涉及好几种设备，而在有些设备内部可能已经包括了几个过程。

过程控制系统被控对象的内在机制较为复杂，有简单的过程，也有存在严重非线性的过程，还有多变量的过程，甚至有些被控对象的特性随时间或工作条件的变化而变化。对被控对象动态特性的了解，一种方法是通过分析被控对象的工作机制建立被控对象的数学模型，但由于连续生产过程的复杂性，完全从机制上揭示其内在规律，获得精确的数学模型有较大的困难；另一种方法是采用实验法来获得被控对象的数学模型，是工程上经常使用的。这种方法通过测量被控对象的阶跃响应曲线（或称飞升曲线），近似确定被控对象的数学模型来研究被控对象的动态特性。

过程控制系统中大多数被控对象都具有较大的惯性和时间延迟，一般不具有振荡特性，其响应曲线是单调变化的。按照被控对象所含存储元件的多少，被控对象可分为单容对象、双容对象和多容对象；按照被控量受扰动后的变化规律，被控对象可分为有自平衡能力的对象和无自平衡能力的对象。下面来进行详细的说明。

1. 单容对象

单容对象是指只含有一个存储元件的被控对象。

1）有自平衡能力的单容对象

如果被控对象在扰动作用下偏离了原来的平衡状态，在没有外部干预（指没有自动控制或人工控制参与）的情况下，被控量依靠被控对象内部的反馈机制，能自发达到新的平衡状态，我们称这类对象是有自平衡能力的被控对象。具有自平衡能力的单容对象的传递函数为

$$G_p(s) = \frac{K}{Ts + 1} \tag{4-1}$$

这是一个一阶惯性环节。描述这类对象的参数是时间常数 T 和放大系数 K。

图 4-3 是单容水箱的示意图。水箱的传递函数为 $G_p(s) = K/(Ts+1)$，其中 $T = RC$。C 为水箱的横截面积，R 为输出管道阀门的阻力，T 称为水箱的时间常数，K 称为水箱的放大系数，与水槽的进口及出口阻力有关。一阶系统的特性我们已经在时域分析中进行了详细的讨论，所有结论都适用于单容对象。作为过程控制系统的被控对象，单容对象的时间常数往往比较大。

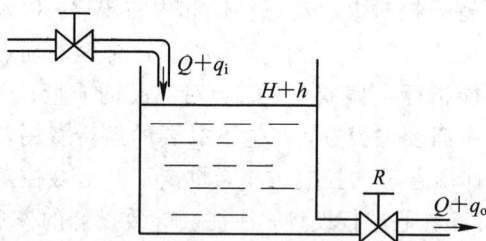

图 4-3 单容水箱

2）无自平衡能力的单容对象

图 4-4 也是一个单容水箱，不同的是水箱的出口侧安装了一台水泵，这样一来，水箱的流出水量就与水位无关，而是保持不变，即流出量的变化量 $q_o = 0$。在静态时，流入水箱的流量与水泵的排水量相同，都为 Q，水箱的水位 H 保持不变。在流入量有一个增量 q_i 时，静态平衡被破坏，但流出量并不变化，水箱的水位变化规律为

$$\frac{dh}{dt} = \frac{1}{C} q_i$$

式中，C 为水箱的横截面积。对上式两端求取拉普拉斯变换，可得水箱的传递函数为

$$G(s) = \frac{H(s)}{Q_i(s)} = \frac{1}{Cs} \tag{4-2}$$

这是一个积分环节。它的单位阶跃响应为

$$H(s) = G(s)\frac{1}{s} = \frac{1}{C}\frac{1}{s^2}$$

$$h(t) = \frac{1}{C}t$$

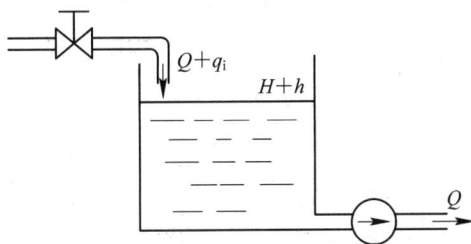

图 4-4　单容积分水箱

图 4-5(a)是具有积分环节的水箱水位变化的曲线。为了比较，我们把具有惯性环节特性的水箱在单位阶跃输入下的水位响应曲线也画出来，如图 4-5(b)所示。很明显，具有惯性环节特性的单容水箱，在输入作用下，水位经过一个动态过程后，可以重新达到一个新的稳定状态，而具有积分环节的水箱在受到同样的扰动之后，水位则无限地上升，永远不会达到一个新的稳定状态，我们称这种水箱为单容积分水箱。

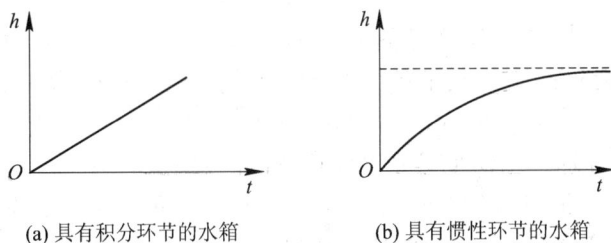

(a) 具有积分环节的水箱　　　　　　　(b) 具有惯性环节的水箱

图 4-5　两种水箱变化的比较

具有积分环节特性的单容对象的传递函数可以表示为

$$G_p(s) = \frac{\varepsilon}{s} \tag{4-3}$$

式中，ε 称为响应速度。其单位阶跃响应为

$$h(t) = \varepsilon t \tag{4-4}$$

这是一个直线方程，其图形如图 4-5(a)所示，ε 是直线的斜率。式(4-4)说明，当被控对象原来的平衡状态被扰动作用破坏后，如果不依靠自动控制或人工控制的外来作用，被控量将一直变化下去，不可能达到新的平衡状态。我们称这类对象为无自平衡能力的对象。

　3）单容对象的特性参数

　　被控对象有无自平衡能力，是被控对象本身固有的特性。图 4-6 给出了两类水箱的方框图。图 4-6(a)是有自平衡能力的单容水箱，从方框图中可以看出，水箱的水位既与流入

量 q_i 有关，也受流出量 q_o 的制约，在被控对象内部形成了一个负反馈机制。当流入量增大时，将引起水位的上升；水位上升，流出量就会增大；流出量的增大又限制了水位的进一步上升；经过一个动态过程后，总能重新找到一个平衡点，使流入量与流出量相等，水位不再变化。图 4-6(b) 是无自平衡能力的单容水箱，在其内部不存在负反馈机制，水位只与流量有关。

具有自平衡能力的被控对象，本身对扰动有一定的克服能力，控制性能较好。而无自平衡能力的被控对象，其传递函数的极点位于虚轴上，是不稳定的，被控量若要按要求的规律变化，必须完全依赖于对象外部的控制系统。

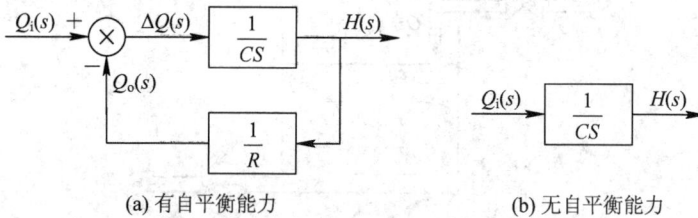

(a) 有自平衡能力　　　　　(b) 无自平衡能力

图 4-6　两种类型的单容水箱

本节中我们看到，有自平衡能力和无自平衡能力的对象都含有存储元件，为什么表现出不同的特性呢？前面我们已经就其内部机制进行了分析，现在我们来看表征其特性的参数的异同。

描述存储元件存储能力的参数称为对象的容量系数。容量系数可定义为

$$C = \frac{\text{被控对象存储的物质或能量的变化量}}{\text{输出的变化量}}$$

容量系数对于不同的被控对象有不同的物理意义，如水箱的横截面积，电容器的电容量，热力系统的热容量等。在我们推导系统或环节的传递函数时，经常遇到以下函数：

$$T = RC$$

T 称为系统或环节的时间常数，它是系统或环节惯性大小的量度；R 称为阻力系数，如电路的电阻、流体流动的液阻、传热过程的热阻等。被控对象的容量系数，表示被控对象抵抗扰动的能力，如水箱的横截面积大，在同样的流入量下，水位上升慢；电路的电容量大，在同样的充电电流下，电压上升。惯性环节具有惯性的根本原因是它具有存储能力，但这并不是决定惯性大小的唯一因素，还有另一个因素是阻力系数，它是对流入存储元件净流入量的制约。在 RC 充电电路中，它限制了流入电容器的电流；在单容水箱中，它限制了水箱的净进水量。惯性环节因为具备自平衡能力，其动态参数用时间常数来表示，而单容积分环节不存在阻力系数，只用容量系数就可以表征其特性。

描述有自平衡能力单容被控对象的参数包括放大系数 K 和时间常数 T，称为被控对象的特性参数。放大系数 K 表示输入信号通过被控对象后稳态输出时是输入的 K 倍。对于同样的输入信号，放大系数越大，对应的输出信号就越大。K 表示被控对象的稳态放大能力，是被控对象的稳态参数。T 是描述被控对象惯性大小的参数，时间常数 T 越大，被控对象在输入作用下的输出变化越慢。T 是单容被控对象的动态参数，无自平衡能力的被控对象在输入作用下不会达到新的稳定状态，因此描述其性能的参数只有响应速度 ε 一个动态参数。

2. 双容对象和多容对象

双容对象是指含有两个存储元件的被控对象。有自平衡能力的双容对象，若两个存储元件之间无负载效应，则可以认为是两个单容对象的串联，其传递函数为

$$G_p(s) = \frac{K}{(T_1 s + 1)(T_2 s + 1)} \qquad (4-5)$$

式中，T_1、T_2 是被控对象两个部分的时间常数，K 为被控对象的放大系数。若两个存储元件之间有关联，则传递函数为

$$G_p(s) = \frac{K}{(T_1 s + 1)(T_2 s + 1) + T_3 s} \qquad (4-6)$$

式中，T_3 是表示存储元件关联关系的时间常数。

含有两个以上存储元件的被控对象称为多容对象。有自平衡能力的多容对象的传递函数一般有以下两种形式

$$G_p(s) = \frac{K}{(T_1 s + 1)(T_2 s + 1) \cdots (T_n s + 1)} \qquad (4-7)$$

$$G_p(s) = \frac{K}{(T s + 1)^n} \qquad (4-8)$$

图 4-7 是多容对象的阶跃响应曲线，其中，$n=1$ 是单容对象的阶跃响应曲线。从图中可以看出，从 $n \geqslant 2$ 开始的阶跃响应曲线与 $n=1$ 的阶跃响应曲线有明显不同的特点。当 $t=0$ 时，单容对象的阶跃响应曲线的切线斜率最大，之后随时间的增大逐渐减小直到为零，曲线在动态的初始阶段变化最快，之后逐渐变慢。双容对象和多容对象在 $t=0$ 时，阶跃响应曲线的斜率是零，随着时间增大，斜率逐渐变大，曲线在斜率最大处有一个拐点，当达到拐点后，又开始逐渐减小，直到减小到零。双容对象和多容对象在动态过程的初始阶段变化非常缓慢，在中间阶段变化较快，但其变化速度仍不及单容对象，且容量元件越多，变化速度越慢。所以，多容对象表现出的特点就是惯性大、响应慢。

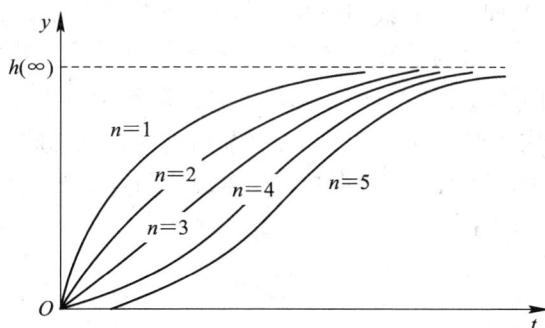

图 4-7　多容对象的阶跃响应

无自平衡能力的多容对象的传递函数一般具有如下两种形式

$$G_p(s) = \frac{K}{T_i s (T_1 s + 1)(T_2 s + 1) \cdots (T_{n-1} s + 1)} \qquad (4-9)$$

$$G_p(s) = \frac{K}{T_i s (T s + 1)^{n-1}} \qquad (4-10)$$

式中，T_i 称为被控对象的积分时间常数。

3. 多容对象传递函数的近似

建立控制系统多容被控对象的数学模型是一项困难的工作，控制工程中常根据被控对象的实验曲线来近似拟合被控对象的传递函数。

控制系统在阶跃输入下多容被控对象的典型响应曲线如图 4-8 所示。

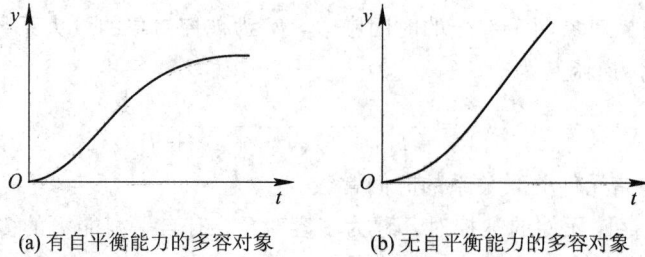

(a) 有自平衡能力的多容对象 (b) 无自平衡能力的多容对象

图 4-8 多容对象的阶跃响应

图 4-8(a)所示的是有自平衡能力多容对象的传递函数，常常被近似为一阶惯性环节与延时环节组合的形式，即

$$G_p(s) = \frac{K}{Ts+1}e^{-\tau_c s} \tag{4-11}$$

式(4-11)表示的被控对象包括时间常数 T、放大系数 K 和容量延迟时间 τ_c 三个参数，可以通过作图法在实验曲线上求得。图 4-9 是求取被控对象特性参数用的示意图，图中被控对象阶跃响应曲线的拐点 D 处的曲线斜率最大。在 D 点作曲线的切线，与时间轴交于 B 点，与表示阶跃响应稳态值的水平线交于 A 点，原点到 B 点的距离即为容量延迟时间 τ_c，直线段 BA 在时间轴上的投影 BC 即为一阶惯性环节的时间

图 4-9 有自平衡能力多容对象的近似

常数 T。放大系数 K 则可以通过输出的稳态值与输入阶跃函数之比求得。式中的 τ_c 并不代表真正的时间延迟，它是对多容对象在动态初始阶段缓慢变化的一种近似，称为容量延迟时间。如果多容对象的阶跃响应曲线本身就具有纯时间延迟 τ_0，如图 4-10 所示，则总的延迟时间为

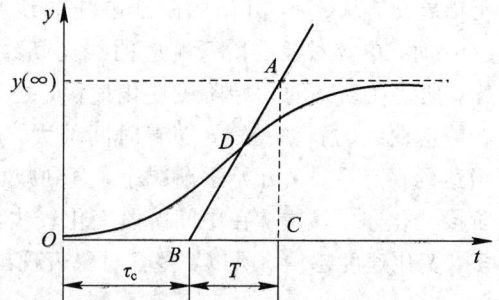

$$\tau = \tau_0 + \tau_c \tag{4-12}$$

式(4-11)就变为

$$G_p(s) = \frac{K}{Ts+1}e^{-\tau s} \tag{4-13}$$

对于图 4-8(b)所示的无自平衡能力的多容对象，也可以采用类似的方法求取。图 4-11 是求取被控对象特性参数的示意图。作阶跃响应曲线的渐近线，与时间轴交于 A 点，渐近线与时间轴的夹角为 β。从原点到 A 点的距离即为被控对象的容量延迟时间 τ_c，而 $\varepsilon = \tan\beta$，被控对象

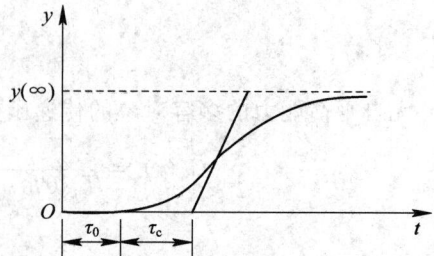

图 4-10 有纯时间延迟的阶跃响应

的传递函数可以表示为

$$G_p(s) = \frac{\varepsilon}{s} e^{-\tau_c s} \qquad (4-14)$$

与其他类型的工业控制相比，在过程控制系统
中得到被控对象的数学模型，准确了解被控对象的
动态特性，始终是一个难题，一方面研究动态特性
需要精确的数学模型；另一方面，连续生产过程中
的被控对象的复杂性难以完全从机制上揭示其内在
规律。近年来，适应这种情况的一些新的控制方法在过程控制中逐渐获得了应用，如模糊
逻辑控制、神经网络控制等。

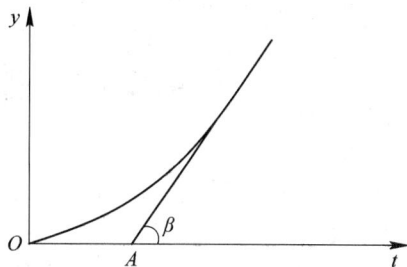

图 4-11　无自平衡能力多容对象的近似

【例 1】　某加热炉投料量从 2.5 t/h 阶跃增加到 2.89 t/h，加热炉出口烟气温度的变化
曲线如图 4-12 所示。试求加热炉的传递函数（设加热炉是一阶环节与延迟环节串联）。

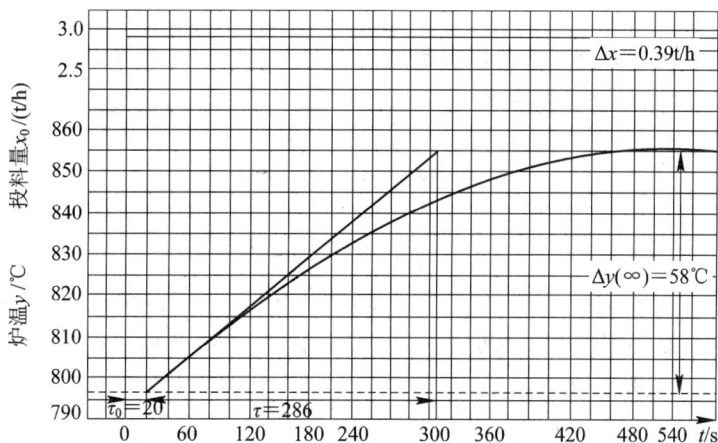

图 4-12　加热炉的试验曲线

解　在曲线开始变化处作实验曲线的切线。根据曲线可以确定加热炉的稳态值
$y(\infty)$ 为

$$y(\infty) = 855 - 797 = 58℃$$

阶跃函数幅值为

$$x_0 = 2.89 - 2.5 = 0.39 \text{ t/h}$$

从图上测得纯延迟时间为

$$\tau_0 = 20 \text{ s}$$

因为控制对象为单容对象，从切线与稳态值交点对应的时间可计算出时间常数 T 为

$$T = 286 \text{ s}$$

对象的放大系数为

$$K = \frac{y(\infty)}{x_0} = \frac{58℃}{0.39 \text{ t/h}} = 148℃$$

由以上可得加热炉的传递函数为

$$G_p(s) = \frac{148}{286s + 1} e^{-20s}$$

4.2　控制器及其基本控制规律

控制器就是代替人完成某种生产任务或实现某种过程，或代替人进行某项事务管理工作的机器设备或系统。严格地说，自动控制器就是指在没有人的直接参与下，通过自动检测、信息处理和分析判断自动地实现预期目标的机器设备。

控制器根据变送器检测到的指令信息、外界变化信息以及被控对象的状态信息计算出被控对象的当前状态（称为被控量，或系统的输出量）与所期望的状态（称为输入量）的偏差，并将这一偏差（称为误差信号）按照一定的控制规律产生控制信号，然后将其放大，送给执行器。执行器驱动被控对象运动，直到它达到所期望的状态为止。这种把系统的输出量或另外一些被控量和系统的输入量作比较后，按设定的控制策略生成输出信号的控制称为闭环控制或反馈控制。

在反馈控制系统中，控制器的作用就是接收由给定值和反馈信号之间形成的偏差信号 $e(t)$，按一定的控制规律产生控制信号 $u(t)$，如图 4 - 13 所示。

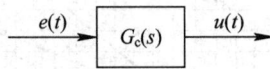

图 4 - 13　控制器的作用

当系统控制方案确定后，控制器起着决定性作用。控制系统的动态品质和稳态精度能否满足要求，完全取决于能否正确地选择控制器的控制规律及确定控制器的控制参数。

1. 控制器的基本控制规律

控制器的基本控制规律有 4 种：位式控制、比例控制、积分控制和微分控制。

1）位式控制

位式控制又称为开关控制，是一种最简单的控制方式。图 4 - 14 表示位式控制的特性。位式控制的输出只有 2 个值，不是最大值，就是最小值，对应的控制器不是开就是关。按图 4 - 14 所示的特性，位式控制器是不能工作的。当偏差 $e(t)$ 在零附近波动时，会引起执行器的频繁动作，容易造成运动部件的损坏，而执行器的输出（称为操作量）反复高频率地变化也没有必要。实际应用的位式控制器特性如图 4 - 15 所示。控制器在偏差较小时有一个中间不灵敏区，使开和关的转换不在偏差的同一值上，避免了执行器开关的频繁动作。

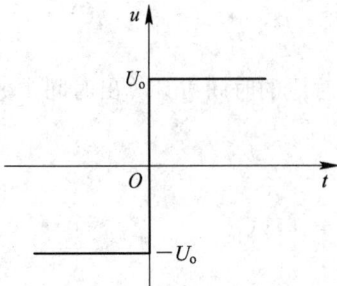

图 4 - 14　位式控制特性　　　　　　　　图 4 - 15　改进的位式控制特性

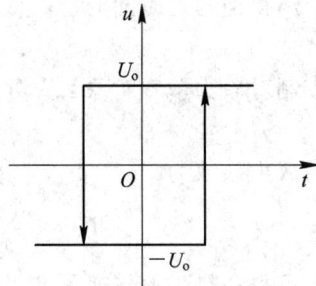

位式控制易于实现且控制器结构简单，在控制过程中，主要用于设备的启动或停止以及不重要的设备控制等。位式控制不是连续控制，在控制品质要求较高的连续信号控制的场合不使用这种控制方式。

2）比例控制

比例控制的输出与输入是同步变化的，没有惯性和时间上的延迟。响应快，输出与输入成比例变化，这是比例控制最突出的优点。正是由于这一特点，比例控制成为一种最重要的基本控制规律。所有的工业控制器都包含有比例控制，比例控制也可以单独构成控制器。

比例控制作用为

$$u(t) = K_\mathrm{p} e(t) \tag{4-15}$$

传递函数为

$$G_\mathrm{c}(s) = \frac{U(s)}{E(s)} = K_\mathrm{p} \tag{4-16}$$

式中，K_p 称为比例放大系数。比例控制简称 P（Proportional）控制。比例控制的单位阶跃响应如图 4-16 所示。

式（4-15）中的 $u(t)$、$e(t)$ 是指控制器输出控制信号的变化量和输入偏差信号的变化量，即在原有稳态基础上的增量，当 $e(t)=0$ 时，控制器的输出实际上是 u_0，即工作点的值，而不是没有输出。

比例放大系数 K_p 是比例控制器唯一的特性参数，它表示比例作用的强弱。实际上工业控制器并不使用 K_p，而是采用另一个参数——比例度（或称比例带）δ 来代表比例作用强弱。对于标准化的控制器，有

图 4-16　比例控制的阶跃响应

$$\delta = \frac{1}{K_\mathrm{p}} \times 100\% \tag{4-17}$$

比例控制规律为

$$u(t) = \frac{1}{\delta} e(t) \tag{4-18}$$

比例度是表示调节阀开度的百分比与被控量偏差变化的百分比的比值。实际使用中常用被控量仪表量程的百分数来表示比例度。例如，温度测量仪表的量程为 100℃，若要使被控量有 40℃ 的控制范围，则比例度 $\delta = 40\%$。也就是说，若被控量偏离工作点的范围在 0～40℃ 之间，则流量调节阀可以从全关到全开按比例对温度进行控制；被控量一旦超出 40℃ 的范围，控制器的输入与输出就不再保持比例关系。

比例控制还有另外一个显著的规律就是有差控制。这是因为控制器的输出与输入之间是一一对应的关系，要使控制器有输出，偏差就不能为零。比例控制的稳态误差大小与比例度的大小有关。根据关系式

$$u(t) = \frac{1}{\delta} e(t)$$

若要获得相同的控制作用，比例度大（即比例放大系数 K_p 小），$e(t)$ 就必须大，因而稳态误差也大；比例度小（即 K_p 大），稳态误差就小。可以通过增大比例放大系数 K_p 的办法（即

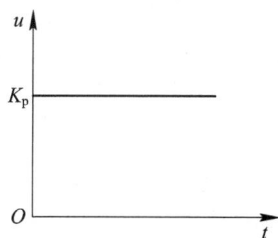

减小比例带)来减小稳态误差。但若一味地增大 K_p，就意味着要加大执行器的动作幅度，容易引起被控量的较大波动。当比例放大系数增大到某一个值时，系统就会出现等幅振荡，我们把这个值称为临界比例放大系数或临界比例度，此时系统临界稳定。若继续加大 K_p（减小 δ），系统就不稳定了。如果比例放大系数太小（比例度太大），比例控制的作用就弱，被控量变化较缓，且会造成较大的稳态误差。图 4-17 给出了比例度对动态过程的影响情况，从图中可以看出，只有选择适中的比例度（即比例放大系数），才能获得较满意的动态过程和稳态精度。

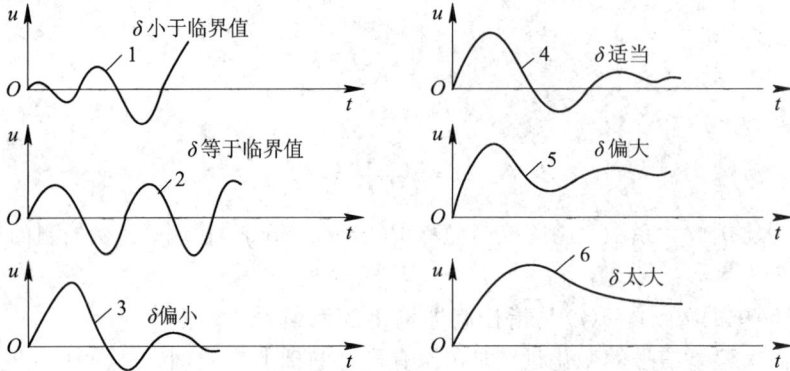

图 4-17　比例度对系统动态过程的影响

3) 积分控制

积分控制简称 I(Integral)控制。积分控制器的输入 $e(t)$ 与输出 $u(t)$ 的关系为

$$u(t) = \frac{1}{T_i} \int e(t) \mathrm{d}t \qquad (4-19)$$

式中，T_i 为积分时间常数。

积分控制的传递函数为

$$G_c(s) = \frac{1}{T_i s} \qquad (4-20)$$

在单位阶跃输入信号作用下，积分控制的输出为

$$u(t) = \frac{1}{T_i} t \qquad (4-21)$$

图 4-18 是积分控制的阶跃响应曲线。积分控制与比例控制不同，积分控制作用的输出不仅与输入的偏差信号的大小有关，而且还与偏差信号作用的时间长短有关。即使偏差信号很小，只要作用的时间足够长，输出仍可能较大。

对式(4-19)求导数，可得到

$$\frac{\mathrm{d}u(t)}{\mathrm{d}t} = \frac{1}{T_i} e(t) \qquad (4-22)$$

可以看出，积分控制输出的变化率与偏差成比例。只要偏差不为零，积分控制的输出就不会停止变化。只有当偏差为零时，积分控制的输出才会停止变化，所以，在控制系统达到稳定状态后，积分控制作用下的稳态误差总是等于零。积分控制有消除稳态误

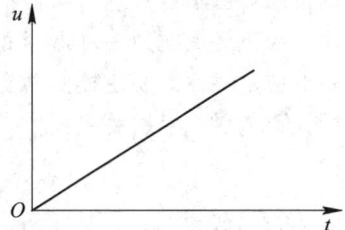

图 4-18　积分控制的阶跃响应

差的能力，这是积分控制最显著的优点。在控制系统中采用积分控制，目的就是为了消除稳态误差，从而提高系统的稳态精度。

式(4 - 19)表明，积分控制的输出是偏差累积的结果，某一时刻积分控制的输出值 $u(t)$，不仅与该时刻的偏差 $e(t)$ 有关，还与该时刻前所有的偏差有关。这就是说，积分控制的输出不可能快速地跟随当前的瞬时偏差变化，输出信号 $u(t)$ 总是落后于偏差信号 $e(t)$。由于这一原因，在使用积分控制时经常会遇到这种情况：偏差已经在减小，但积分控制的输出还很大，仍然按偏差变化的相反方向向执行器发出控制信号，造成控制过度，从而引起被控量较大波动，不易稳定且控制过程长。加入积分控制，会使系统动态过程变长，稳定性变差，这是积分控制的一个缺点。鉴于此种现象，一般不单独使用积分控制规律构成控制器。

积分控制的强弱可以通过积分时间常数 T_i 来调整。T_i 越小，积分控制作用就越强。但 T_i 过小，将会破坏系统的稳定，出现发散振荡；T_i 越大，积分控制作用就越弱。图 4 - 19 是同一被控对象分别应用比例控制和积分控制，按相同的衰减率调整的动态过程曲线。从图中可以看出，比例控制超调小，变化平稳，调节时间短，但有稳态误差；积分控制振荡强烈，超调大，调节时间长，但稳态误差为零。

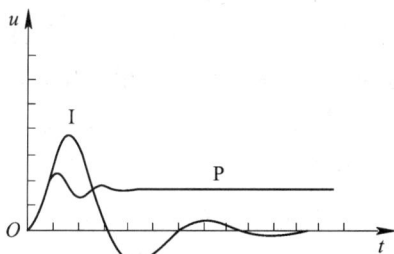

图 4 - 19　积分控制与比例控制的比较

4) 微分控制

微分控制又称为 D(Derivative)控制。微分控制规律的输入 $e(t)$ 与输出 $u(t)$ 的关系为

$$u(t) = T_d \frac{de(t)}{dt} \tag{4 - 23}$$

微分控制作用的传递函数为

$$G_c(s) = T_d s \tag{4 - 24}$$

式中，T_d 称为微分时间常数，简称微分时间。

微分控制的输出反映了偏差变化的速度，这可以使偏差在只有变化倾向而未产生实际的变化时就产生控制作用，从而阻止被控量进一步变化，加快控制系统的响应。微分控制作用的强弱，可以通过改变微分时间常数 T_d 来调整。微分控制的这种特性又被称为超前控制，这种控制规律特别适合于惯性较大的被控对象。

式(4 - 23)所表示的微分控制规律在物理上是不能实现的，称为理想的微分控制。实际上使用的是带有惯性环节的微分控制，其传递函数为

$$G_c(s) = \frac{T_d s}{\dfrac{T_d}{K_d} s + 1} \tag{4 - 25}$$

式中，K_d 称为微分放大系数。

微分控制对于恒定不变的偏差没有控制作用。对于变化缓慢的偏差，也不会产生有效的控制作用。所以，一般不单独应用微分控制规律构成控制器。

2. 控制器的控制规律

控制器的控制规律是由比例控制规律、积分控制规律、微分控制规律这 3 种基本控制规律组合而成的。按照这 3 种基本控制规律进行的控制，在控制系统中习惯称为 PID 控制。下面我们将对由这 3 种规律的不同组合所构成的不同类型的控制器做详细介绍。

1）比例微分（PD）控制器

根据比例控制规律和微分控制规律可知，比例微分（PD）控制器的输入与输出的关系为

$$u(t) = K_p \left[e(t) + T_d \frac{\mathrm{d}e(t)}{\mathrm{d}t} \right] \tag{4-26}$$

比例微分控制器的传递函数为

$$G_c(s) = K_p(1 + T_d s) \tag{4-27}$$

式中，K_p 为 PD 控制器的放大系数，T_d 为微分时间常数。式（4-26）说明，PD 控制器的输出是比例控制作用的输出与微分控制作用的输出之和。

PD 控制器有放大系数 K_p（或比例带 δ）和微分时间常数 T_d 两个特性参数，改变 K_p 和 T_d，可以调整比例作用和微分作用的强弱。比例作用的强弱是由 K_p（或 δ）决定的，而微分作用的强弱是由 K_p 和 T_d 共同决定的。

实际的 PD 控制器的传递函数为

$$G_c(s) = K_p \frac{T_d s}{\frac{T_d}{K_d}s + 1} \tag{4-28}$$

这是带有惯性环节的比例微分控制，它的单位阶跃响应为

$$U = K_p \left[1 + (K_d - 1) \mathrm{e}^{-\frac{t}{T}} \right] \tag{4-29}$$

式中，$T = \dfrac{T_d}{K_d}$。

图 4-20 是 PD 控制器的单位阶跃响应曲线。PD 控制器和比例控制器一样，都属于有差控制。PD 控

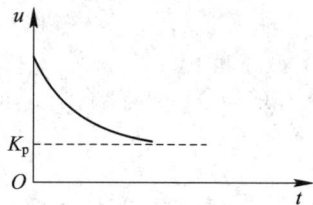

图 4-20 PD 控制器的单位阶跃响应

制响应速度快，能增加系统的稳定性，有超前控制作用，适用于被控对象惯性较大、允许有稳态误差的场合。

2）比例积分控制器

根据比例控制规律和积分控制规律可知，比例积分（PI）控制器的输入与输出的关系为

$$u(t) = K_p \left[e(t) + \frac{1}{T_i} \int e(t) \mathrm{d}t \right] \tag{4-30}$$

PI 控制器的传递函数为

$$G_c(s) = K_p \left(1 + \frac{1}{T_i s} \right) \tag{4-31}$$

式中，K_p 为 PI 控制器的放大系数，T_i 为积分时间常数，简称积分时间。PI 控制器的单位

阶跃响应如图 4-21 所示。

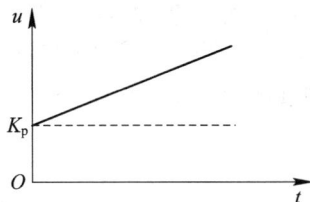

图 4-21　PI 控制器的单位阶跃响应

比例作用响应快，但是有稳态误差，在控制过程的初期起比较重要的作用；积分作用响应慢，但可以消除稳态误差，两种基本控制规律的结合，发挥了各自的优点，抑制了双方的缺点。由于 PI 控制响应较快，又具有消除稳态误差的能力，因而是一种应用最广泛的控制器。过程控制系统中遇到的大多数控制器都是 PI 控制器。

当 PI 控制器的输入 $e(t)$ 由于某种原因长时间存在且方向不变时，积分器的输出就会达到最大并进入深度饱和。这时，若偏差 $e(t)$ 发生反方向的变化，必须经过一段时间，使积分器逐渐从饱和状态中退出，才能产生控制作用，这将使控制质量变差，这种现象称为积分饱和现象。凡具有积分控制作用的控制器，在特定条件下都可能产生积分饱和现象。防止积分饱和的措施读者可以参阅有关书籍，做更深入的了解。

在 PI 控制器中，有两个特性参数：K_p（或 δ）和 T_i，这两个参数都是可以调整的。积分时间常数越小，积分作用越强；积分时间常数越大，积分作用越弱。当 T_i 为无穷大时，PI 控制器没有积分作用，成为比例控制器。积分时间常数 T_i 对控制系统动态过程的影响是两方面的：积分作用强，消除稳态误差的能力也强，但同时会使动态过程振荡加剧，稳定性降低；积分作用弱，则稳态误差消除得慢，调节时间长。也就是说，降低稳态精度和改善动态品质之间是有矛盾的，只有当 T_i 选择合适时，才能兼顾两方面的要求。T_i 对控制系统动态过程的影响如图 4-22 所示。

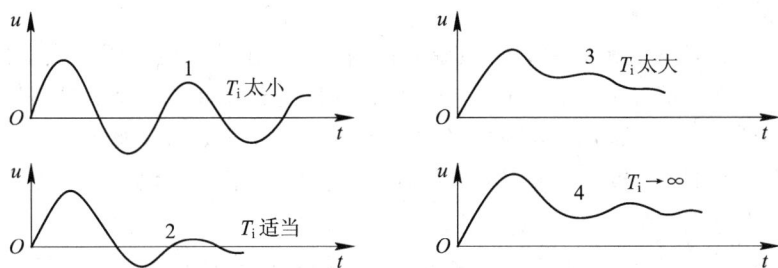

图 4-22　积分时间常数对控制系统动态过程的影响

3）比例积分微分控制器

比例积分微分（PID）控制器是结合了 3 种基本控制规律的控制器。它的控制规律为

$$u(t) = K_p\left[e(t) + \frac{1}{T_i}\int e(t)\mathrm{d}t + T_d\frac{\mathrm{d}e(t)}{\mathrm{d}t}\right] \tag{4-32}$$

PID 控制器的传递函数为

$$G_c(s) = K_p\left(1 + \frac{1}{T_i s} + T_d s\right) \tag{4-33}$$

式中，K_p 为 PID 控制器的放大系数，T_i 为积分时间常数，T_d 为微分时间常数。

当 PID 控制器的输入为单位阶跃信号时，其输出如图 4-23(d) 所示。图 4-23 中还给出了比例、积分、微分三个控制单独作用时的响应曲线。

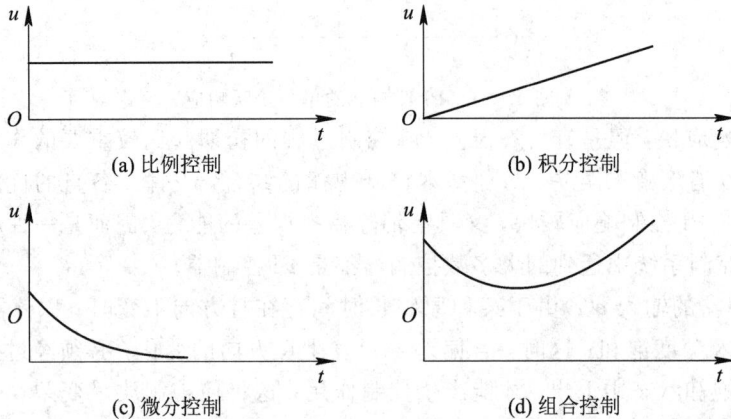

图 4-23　不同控制器的单位阶跃响应

从图中可以看出，在单位阶跃输入信号作用下，在控制系统动态过程的初始阶段，微分控制作用的输出很大，产生了一个大幅度的超前控制作用，加快了系统的响应速度。微分控制作用随后逐渐减小，积分控制作用则逐步加强，直到稳态误差完全消失。而比例控制作用则始终存在。在 PID 控制中，比例控制是基本控制作用，而微分和积分则是叠加在比例控制上的，在控制系统动态过程进行的不同阶段发挥不同的作用。动态过程初期，要求响应速度快，这时，发挥比例控制无时间延迟和微分控制有较大超前控制作用的特点；动态过程后期，要求控制精度高，这时，发挥比例控制与偏差成比例和积分控制能消除稳态误差的特点。

由于 PID 控制器吸收了 3 种基本控制规律的特点，在被控对象惯性大、容量延迟大、控制精度要求较高的情况下，采用 PID 控制器往往能得到较好的控制效果。但 PID 控制器有三个特性参数 K_p、T_i 和 T_d，合理选择这三个参数也并非易事，如果选择得不适合，控制效果将会受到影响。所以，若采用 PI 控制或其他控制规律可以满足控制要求，就不必采用 PID 控制。

选择控制器是否合理，对控制品质影响较大。若控制器选择不当，再精心调整控制器的参数也不会达到满意的控制效果。选择控制器需要考虑被控对象的动态特性，被控对象负荷的变化大小，主要扰动的影响及对控制品质的要求等。这里以工业上常见的被控对象传递函数为例来说明。若传递函数为

$$G_p(s) = \frac{K}{Ts+1}e^{-\tau s}$$

可按照延迟时间 τ 和常数 T 的比值来选择。这个比值称为被控对象的可控比。

(1) 当 $\dfrac{\tau}{T} < 0.2$ 时，选比例控制或比例积分控制；

（2）当 $0.2 < \dfrac{\tau}{T} < 1.0$ 时，选比例积分或比例积分微分控制；

（3）当 $\dfrac{\tau}{T} > 1.0$ 时，则必须考虑使用复杂控制系统。

若不能得到被控对象的传递函数，也可根据被控对象的大致特性来选择：当被控对象惯性大，容量延迟大时，可采用微分控制作用，如 PD 控制或 PID 控制；当被控对象惯性不大或不太大，负荷变化也不大时，可采用 P 控制或 PI 控制；当被控对象惯性很大或容量延迟很大时，应设计复杂控制系统来实现。

3. 工业控制器

工业控制器是指成为系列化、标准化产品的控制器，它是自动化仪表的一个品种类型。当前控制系统的主要任务是维持生产的稳定，所以很多控制系统都是为保持某些参数的恒定而设计的，这种控制系统称为恒值系统，而在过程控制中常称为调节系统。因此，调节系统中使用的控制器也习惯上称为调节器。以比例、积分、微分 3 种基本控制作用组合而成的控制器都称为调节器。

控制器按其使用的能源来分，可分为自力式控制器和间接作用控制器。自力式控制器不需要外加能源，它利用的是被控介质的能源，其结构简单，适用于要求不太高的控制。如常见的浮子杠杆式水位控制器就属于这一类。间接作用控制器需要外加能源，根据所加能源的不同，分为电动式、气动式、液动式等。

自动化仪表在其发展过程中逐步标准化、系列化，并出现了单元组合仪表，电动式单元组合仪表是应用最广泛的自动化仪表。所谓单元组合，就是把自动化仪表按功能分成若干独立单元独立构成仪表，各单元之间使用统一的标准信号形式，应用时按要求将不同的单元组合在一起，构成一个完整的控制系统。调节器、运算器、变送器、执行器、记录仪、显示器等都是单元组合仪表的一个单元，电动式单元组合仪表的调节器是电子式调节器。我国电动单元仪表从 20 世纪 50 年代以来，经历了采用电子管的 DDZ-Ⅰ型，采用晶体管分立元件的 DDZ-Ⅱ型和采用集成电路的 DDZ-Ⅲ型等发展阶段。特别是 DDZ-Ⅱ型自动化仪表，在过程控制系统中得到了广泛的应用。随着控制技术、微电子技术、计算机技术、通信技术的发展，新型自动化仪表不断涌现，在结构和原理上发生了根本的变化。新型自动化仪表最显著的特点是数字化、智能化。DDZ 系列仪表的功能是靠硬件来实现的，其功能单一，组成控制系统后仪表多、体积大、结构复杂；新型自动化仪表的大多数功能是由软件实现的，一台数字化、智能化仪表可以具有几十种功能，可以取代几种，甚至十几种单元仪表，而其外部尺寸仅相当于一台单元仪表。数字化、智能化仪表使控制系统结构简单且功能多样，其优点是显而易见的。

随着我国对外开放，先进技术、先进产品不断被引进，自动化仪表的产品技术含量越来越高，产品种类越来越多，而且更新换代的速度进一步加快。这里我们仅选常见的可编程控制器等做简单介绍。

1）可编程控制器

可编程控制器是以微处理器为核心，通过编程实现控制功能的新型控制仪表。

可编程控制器也有人称为单回路控制器，因为相当多的可编程控制器只能控制一个回路。这个概念现在早已被突破，新型可编程控制器可以同时控制若干个回路。国内常见的可编程控制器种类很多，我们以 KMM 为例，介绍一下可编程控制器的原理。

KMM 可编程控制器是一个系列化产品，其硬件构成原理如图 4-24 所示。

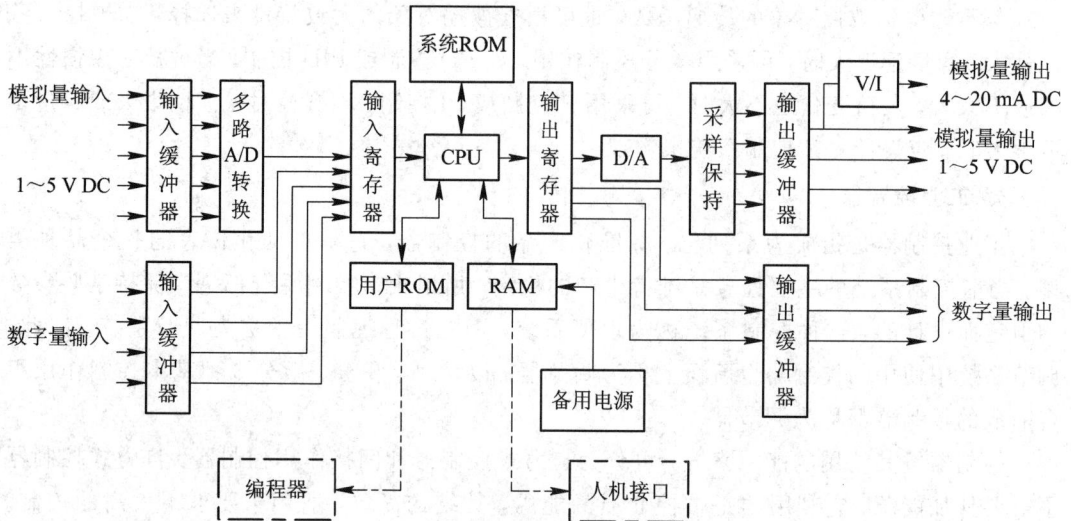

图 4-24 KMM 可编程控制器的硬件构成原理

KMM 可编程控制器的核心部件是 CPU(中央处理器)，它通过内部总线与其他部分相连。CPU 由运算器、时钟发生器、内部控制器组成；由制造厂商编制的系统程序固化在只读存储器系统 ROM 中；可擦写可编程存储器 ROM 用来存放用户编写的程序；随机存储器 RAM 用来存放运行过程中的中间数据及可修改参数等；输入输出接口(I/O 接口)、A/D 转换(模数转换)和 D/A 转换(数模转换)用来完成模拟量、数字量的输入与输出；另外，可编程控制器还可配置通信接口，与上位机进行通信。

KMM 可编程控制器的工作特点是：变送器送来的模拟信号进入输入缓冲器，经过滤波、多路转换开关和 A/D 转换后变为数字信号，该信号存储于输入寄存器中；数字量输入信号经输入缓冲器滤波、整形后直接进入输入寄存器；CPU 按照用户程序，从系统 ROM 中读出各种运算子程序，从用户 ROM 和 RAM 中读出各种控制数据，对输入信号进行运算；运算结果存入输出寄存器，再经 D/A 转换、输出保持电路和电压电流转换，以 4~20 mA 的标准直流信号输出到控制系统的执行器。输出信号也可不转换成电流，而直接以 1~5 V 直流电压的形式输出，给其他设备提供信号。数字量则直接由输出寄存器、输出缓冲器输出。

可编程控制器最突出的特点就在于其系统程序中编制了能完成 PID 运算、算术运算、函数运算、逻辑运算等的子程序模块。用户只需将这些模块按照规定的编程方法进行软连接(称为组态)，就能完成复杂的控制功能，而不必像单元仪表那样要由多台仪表进行硬连接。因此，可编程控制器的功能非常丰富，通用性强，这是模拟仪表无法比拟的。表 4-1 列出了 KMM 可编程控制器的运算功能。

表 4 - 1　KMM 运算模块表

编号	运算式名称	名称	内　　容
1	加法	ADD	$U = P_1 H_1 + P_2 H_2$
2	减法	SUB	$U = P_1 H_1 - P_2 H_2$
3	乘法	MUL	$U = H_1 H_2$
4	除法	DVD	$U = H_1 / H_2 + P_1$
5	绝对值	ABS	$U = |H_1|$
6	开平方	SQR	$H_1 > P_1$ 时，$U = \sqrt{H_1}$；$H_1 \leqslant P_1$ 时，$U = 0$
7	最大值	MAX	$U = $ 最大值(H_1, H_2, P_1, P_2)
8	最小值	MIN	$U = $ 最小值(H_1, H_2, P_1, P_2)
9	四点加法	SGN	$U = H_1 + H_2 + P_1 + P_2$
10	高选	HSE	$H_1 \geqslant H_2$ 时，$U = H_1$；$H_2 > H_1$ 时，$U = H_2$
11	低限	LLM	$H_1 \geqslant H_2$ 时，$U = H_1$；$H_2 > H_1$ 时，$U = H_2$
12	低选	LSE	$H_1 \geqslant H_2$ 时，$U = H_2$；$H_2 > H_1$ 时，$U = H_1$
13	高限	HLM	$H_1 \geqslant H_2$ 时，$U = H_2$；$H_2 > H_1$ 时，$U = H_1$
14	高值监视	HMS	$H_1 \geqslant H_2$ 时，$U = $ ON；$H_1 < (H_2 - P_2)$时，$U = $ OFF
15	低值监视	LMS	$H_1 < H_2$ 时，$U = $ ON；$H_1 \geqslant (H_2 + P_2)$时，$U = $ OFF
16	偏差监视	DMS	若 $|H_1 - H_2| \geqslant P_1$，$U = $ ON；若 $|H_1 - H_2| < (P_1 - P_2)$，$U = $ OFF
17	变化率限制	DRL	把 H_1 的变化率限制在$(+H_2, -P_1)$/分之内，$U = $ ON
18	变化率限制	DRM	把 H_1 的变化率限制在$(+H_2, -P_1)$/分之外，$U = $ ON
19	手操输出	MAN	手动输出操作单元
20	1♯控制	PID1	第一个 PID 控制
21	2♯控制	PID2	第二个 PID 控制
22	纯滞后时间	DED	$U = e^{-P_1 s} H_1$，P_1 为纯滞后时间
23	超前/滞后环节	L/L	$U = (1 + P_1 s)/(1 + P_2 s) \cdot H_1$，$P_1$ 为超前时间，P_2 为滞后时间
24	微分	LED	$U = [P_1 s/(1 + P_2 s)] \cdot H_1$，$P_1$ 为超前时间，P_2 为滞后时间
25	移动平均	MAV	$U = \dfrac{1}{16} \displaystyle\sum_{i=1}^{16} H_i \left(\dfrac{1}{16} P_i\right)$，$H_i \left(\dfrac{1}{16} P_i\right)$ 为 i 时刻的输入
26	双稳态	RS	双稳态触发
27	和	AND	$U = H_1 \wedge H_2$
28	或	OR	$U = H_1 \vee H_2$
29	异或	XOR	$U = H_1 \oplus H_2$
30	非	NOT	$U = \overline{H_1}$

编号	运算式名称	名称	内　容
31	两点切换开关	SW	$P_1=$ OFF 时，$U=H_1$；$P_1=$ ON 时，$U=H_2$
32	无扰动切换	SFT	$P_1=$ OFF 时，$U=H_1$；$P_1=$ ON 时，$U=H_2$，但每次切换时，采样按 P_2 变化
33	计时脉冲	TIM	$H_1=$ ON 时，定时器开始计数，在每个 P_1 时间里发出一个脉冲
34	计算脉冲输出	CPO	$H_1=$ OFF 时，$U=$ OFF；$H_1=$ ON 时，脉冲输出为 $0.1P_1H_2$（脉冲/时）
35	斜坡信号	RMP	输出以一定速度增加
36	脉冲宽度调制	PWM	在周期 P_1 内输出脉冲宽度比与输入 H_1 成比例
37	1♯折线表	TBL1	用 10 个折点的折线近似
38	2♯折线表	TBL2	用 10 个折点的折线近似
39	3♯折线表	TBL3	用 10 个折点的折线近似
40	1♯反折线表	TBR1	TBL1 折线近似的反函数
41	2♯反折线表	TBR2	TBL2 折线近似的反函数
42	3♯反折线表	TBR3	TBL3 折线近似的反函数
43	1♯控制参数	PMD1	对 PID1 控制参数更改
44	2♯控制参数	PMD2	对 PID2 控制参数更改
45	控制方式切换	MOD	手动、自动、串级、跟踪方式切换

KMM 可编程控制器共有 45 种运算子程序。为了使用方便，采用硬件形式来表示 KMM 的软件功能，即把每一种运算功能看作是一个模块，每一个模块有四个输入端和一个输出端。图 4-25 是 KMM 的功能模块图。H_1、H_2、P_1、P_2 为输入端，$U_。$ 为输出端。输入、输出的数据可以是百分型数据、开关型数据和时间型数据。一个用户程序中最多只能有 30 个模块。一个模块可以放置任何一种运算式。模块和模块之间可以用线连接，就像电路连接线一样。模块实际上是不存在的，模块的输入、输出端子称为软端子，模块之间的连接称为软连接。根据控制系统的功能画出模块连接图，称为模块组态图。根据组态图填写规定的数据表格，然后用编程器输入到 KMM 的用户 ROM 中去，即完成了编程过程。

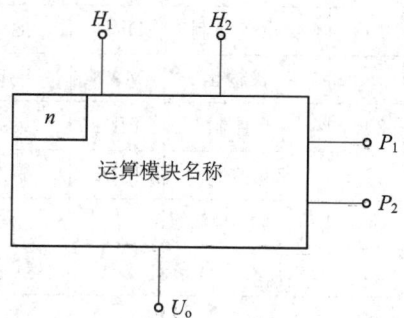

图 4-25　KMM 的功能模块

通过对功能模块的灵活组态，可以对输入信号进行数字滤波、温度压力补偿、线性化处理等；可以完成 PID 运算、算术运算、绝对值运算、最大最小值运算等；可以完成高值选择、低值选择、高值限幅、低值限幅、逻辑运算等；可实现逻辑判断和某些人工智能。这些运算不会像模拟仪表那样容易受环境干扰，因而精度高，性能稳定。

可编程控制器具有通信接口，可以与操作站或上位机交换信息。可编程控制器在硬件上采用了大规模集成电路、备用电源等措施，在软件方面具有自诊断功能，能自行进行故障检测并采取相应措施，从而大大提高了可编程控制器的安全性和可靠性。

另外，可编程控制器在编程上不需要专门的软件知识，易于掌握；在外形上采用国际标准尺寸，便于安装；输入、输出信号采用统一的 $1\sim5$ V 直流电压信号和 $4\sim20$ mA 直流电流信号，可与模拟仪表兼容；操作面板采用数字与模拟相结合的显示方式，人机界面良好，操作方便。

可编程控制器的这些优点和它的灵活性及通用性，使它在过程控制中发挥了巨大的作用，已经基本取代了模拟控制器。

2）智能化变送器和智能化执行器

变送器和执行器是控制系统的重要组成部分，它们的功能与控制器不同，不能互相替代。但在控制技术、计算机网络技术和仪表工业技术相结合后，出现了新一代的控制系统，即现场总线控制系统，与此相适应地出现了智能变送器、智能执行器，变送器和执行器不能互相替代的概念将发生变化。图 4-26 是智能变送器的工作原理图。

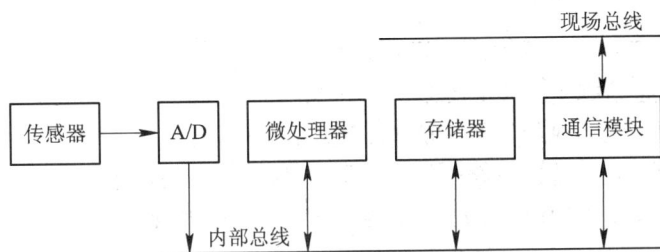

图 4-26　智能变送器的工作原理图

与传统的变送器相比，智能变送器增加了微处理器和通信模块。在智能变送器的存储器中存储有运算、控制模块可以进行 PID 运算，控制信号可直接通过通信模块送到执行器完成控制功能。同样，智能执行器除了传统的执行部件外，也含有以微处理器为核心的控制器、双向通信模块和相应的软件。

这两种智能化现场仪表都具有高精度的系统控制功能，可按给定值进行 PID 控制，可控制流量、压力、温度等多种生产过程变量。控制任务由传统的控制器转移到了智能变送器或智能执行器上，由它们的微处理器来完成。作为控制系统自动化仪表核心的控制器在物理设备上已不复存在。控制系统的结构图因此变为图 4-27(a) 和(b) 的形式。因这两种仪表都安装在生产现场，我们称之为现场智能仪表。

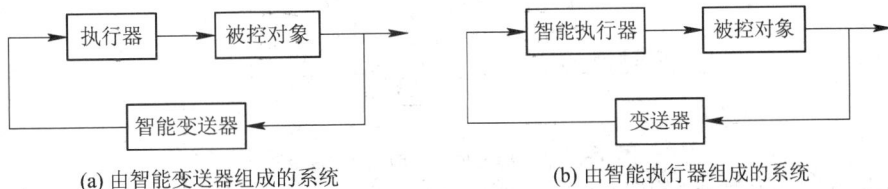

(a) 由智能变送器组成的系统　　　　(b) 由智能执行器组成的系统

图 4-27　由智能化现场仪表组成的控制系统

4.3 执 行 器

执行器是自动控制系统中的执行机构和控制阀的组合体，是控制系统中极其重要的装置。执行器的作用是接收控制器的输出信号，直接调节生产过程中相关介质的输送量，从而使温度、压力、流量等被控量控制在生产过程所要求的范围内。在控制系统的设计中，执行器选择不当会直接影响到系统的控制品质。

执行器由执行机构和调节机构两部分组成。执行机构是执行器的推动部分，接收来自控制器的控制信号并把它转换为驱动调节机构的输出（如角位移或直线位移，力或力矩等），它也采用了适当的执行元件，但要求与调节机构不同。调节机构通过执行元件直接改变生产过程的参数，使生产过程满足预定的要求。调节机构最常见的就是控制阀，又称调节阀。执行器直接安装在生产现场，在工作条件严苛时，能否保持正常工作将直接影响自动控制系统的安全性和可靠性。

按所使用的能源不同，执行器可分为气动、电动和液动三种类型。气动执行器以压缩空气为动力源，通常情况下，气动压力信号的范围为 $0.02\sim0.1$ MPa。气动执行机构有薄膜式和活塞式两种。气动执行器结构简单、紧凑，价格较低，工作可靠，维护方便，在过程控制系统中应用最广泛，特别适合于防火、防爆的场合。其缺点是必须配置压缩空气供应系统。电动执行器采用工频电源，信号传输速度快，传输距离长，动作灵敏，精度高，安全性好。其缺点是体积较大、结构复杂、成本较高、维护麻烦。液动执行器的特点是推力大，一般要配置压力油系统，适用于特殊场合。过程控制中最常用的执行器是气动执行器和电动执行器。

1. 执行器的执行结构

电动执行器的执行结构将来自控制器的 $4\sim20$ mA 的直流控制信号转换成相应的位移或转角，去驱动执行器的调节结构（控制阀）。图 4-28 是电动执行器执行机构的工作原理方框图。

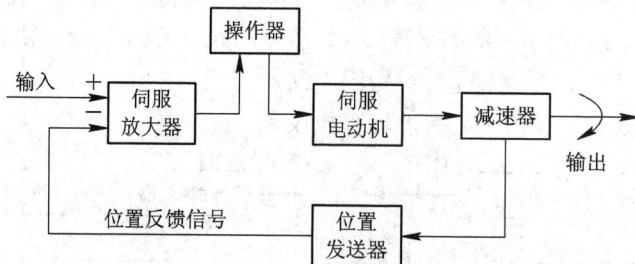

图 4-28　电动执行机构的工作原理

图中的执行机构是角行程电动执行机构，由伺服放大器、伺服电动机、减速器、位置发送器、操作器等部件组成。伺服放大器接收来自控制器的输出控制信号，与执行机构的位置反馈信号相比较，其差值经放大后供给伺服电动机。当比较后的偏差输入信号为零时，放大器无输出，电动机不转动；当输入信号与位置反馈信号产生的偏差不为零时，将使放大器输出相应的功率,驱动伺服电动机正转或反转,减速器的输出轴也相应转动,这时,输出轴的转角又经位置发送器转换成电流信号,送到伺服放大器的输入端。当位置反馈信号与控制器信号相等时,伺服电动机停止转动。这时,输出轴就停在控制信号要求的位置上。一旦电动执行机构断电,输出轴就停在断电的位置上,不会使生产中断,这也是电动执行机构的优点之一。电动执行机构还可以通过操作器接收来自控制室的远距离信号,实现远距离手动控制。当操作器的切换开关切换到手动位置时,可通过手动遥控操作直接控制伺服电动机。执行机构还配有手轮,在必要时可由人工操作。角行程执行机构输出的角位移是 $0°\sim90°$。直线行程的电动执行机构输出的是直线位移,其工作原理与角行程电动执行机构完全相同,仅仅是减速器的结构不同。

电动执行机构与其调节机构(控制阀)连接的方式较多,可以分开安装,用机械装置把两者连起来,也可以固定安装在一起。有些电动执行器产品在出厂时执行机构与控制阀就连为一体。

气动执行器往往由执行机构和调节机构形成一个整体。图 4-29 是气动执行器的结构示意图。气动执行器的执行机构由膜片、阀杆和平衡弹簧组成。代表控制信号的压力 p 由气动调节阀的顶部引入,作用在膜片上产生向下的推动力,固定在膜片上的阀杆向下移动,压缩平衡弹簧。当阀杆的推力与平衡弹簧的作用力相等时,阀杆停止移动,阀芯停留在需要的位置上。图 4-29 所示的气动执行器在气源中断时,阀门是全开的。控制信号从 $0.02\sim0.1$ MPa 逐渐变化时,阀门从全开到全关逐渐变化。无控制信号时阀关闭,有控制信号时阀打开,称为气开式气动执行器,反之为气关式气动执行器。在进行控制系统设计时,选择气开式还是气关式气动执行器,主要从工艺要求、设备和操作人员的安全来考虑。在气源中断、控制信号中断、气动膜片破裂等情况下,执行器所处的位置应是安全的。如石化工业中的加热炉,当气源中断时,应切断燃料来源,避免燃烧不受控制引起事故,这时,应选用气开型气动执行器,无输入信号时其阀门是关闭的。

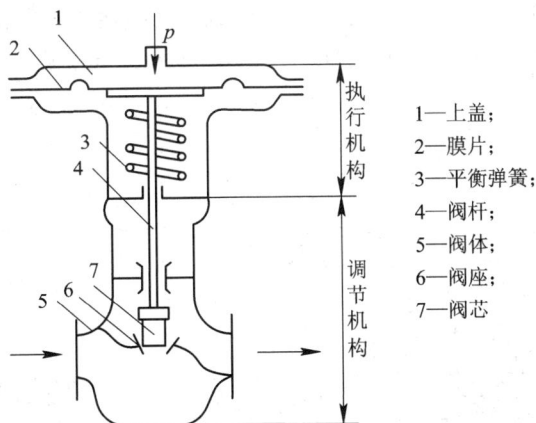

图 4-29　气动执行器的结构

气动信号的优点如防火、防爆等,电信号的优点如可远距离传输等。在控制系统的很多设计中控制器等采用电信号,执行器采用气动信号。以计算机控制为核心的现代控制系统,只能对电信号进行处理,所以,与执行器、变送器相配合的还有气/电或电/气转换器,它们的作用是将气动信号转换成相应的电信号或将电信号转换成相应的气动信号。

比较电动执行器和气动执行器的原理就会发现,电动执行机构是一个反馈控制系统,它的位置反馈保证了电动执行器的定位精度。而气动执行器则没有内部的反馈回路,由于被控介质压力、温度等的变化,阀杆的摩擦力的变化等因素,很难保证阀门的开度与控制信号完全一致,所以,气动执行器还有一种辅助装置,称为阀门定位器。阀门定位器与气动执行器的连接示意图如图4-30所示。

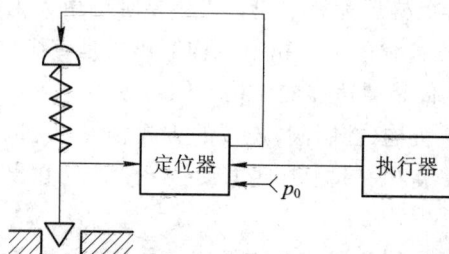

图4-30　阀门定位器与气动执行器连接图

从图4-30可见,控制器输出的控制信号进入阀门定位器,阀门定位器接收阀杆的反馈信号,并将其与控制信号进行比较,再由阀门定位器输出一个与控制信号成比例的气动信号到气动调节阀。由此可见,气动阀门定位器和气动执行器配合构成了一个反馈系统,它可以很好地降低各种扰动对阀门开度的影响,提高气动执行器的定位精度和灵敏度。对于一些响应较慢的控制过程,阀门定位器可以提高执行器的响应速度。阀门定位器还可以用来改变执行器的特性,组成特殊的控制系统。

2. 执行器的调节机构

在过程控制系统中,执行器的调节机构就是调节阀,也称为控制阀。

1）调节阀的分类

调节阀通过改变阀芯的行程,即改变阀芯与阀座之间通流面积的大小,从而改变阀的局部阻力来调节流量。调节阀根据其内部结构的不同可以分为很多类,图4-31是几种常见的结构形式。

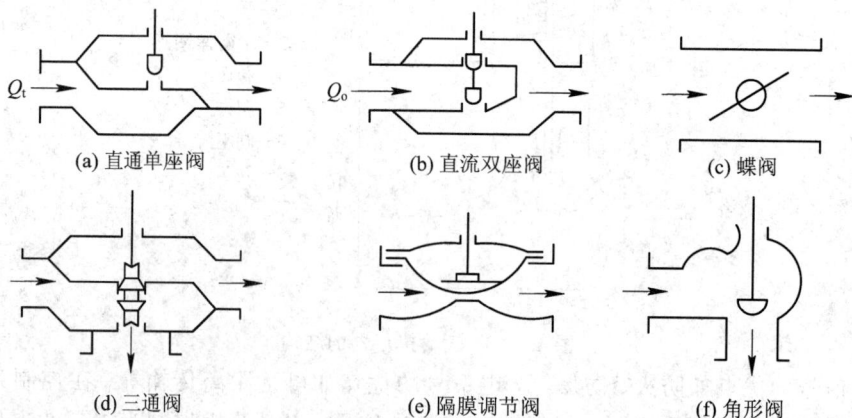

(a) 直通单座阀　　　　(b) 直流双座阀　　　　(c) 蝶阀

(d) 三通阀　　　　(e) 隔膜调节阀　　　　(f) 角形阀

图4-31　调节阀的主要结构形式

（1）直通单座阀只有一个阀座和一个阀芯，结构简单，全关时泄漏量小，适用于阀两端压差不大、管径较小的场合。

（2）直通双座阀有两个阀芯和两个阀座，通流能力较大，允许阀两端的压差大，应用比较广泛。

（3）蝶阀，又名挡板阀，结构简单，流阻极小，但泄漏量大，适用于大流量、低压差的场合。

（4）三通阀有两种形式：一种是将同一介质分成两路的分流形式；另一种是将不同介质合成一路的合流形式，其作用与直流阀类似。

（5）隔膜阀依靠隔膜上下移动改变通流面积。由于隔膜把流动介质与外界隔离，因此隔膜阀适用于强腐蚀性介质的调节。

（6）角形阀可以改变流向，阻力较小，不易堵塞。

2）调节阀的流量特性

调节阀的流量特性是指流过阀门的流量与阀门开度之间的函数关系，一般用相对流量和阀门的相对开度表示

$$\frac{Q}{Q_{\max}} = f\left(\frac{l}{L}\right) \tag{4-34}$$

式中，$\frac{Q}{Q_{\max}}$ 为相对流量，其值为调节阀在某一开度 l 下的流量与全开时的开度 L 下的流量之比；$\frac{l}{L}$ 为相对开度，即调节阀某一开度 l 与全开时的开度 L 之比，这里 l 和 L 都是指阀芯的行程。

在调节阀前后压差保持不变的条件下得到的流量特性称为调节阀的理想流量特性。调节阀的理想流量特性有快开、直线、等百分比和抛物线 4 种。典型的理想流量特性曲线如图 4-32 所示。

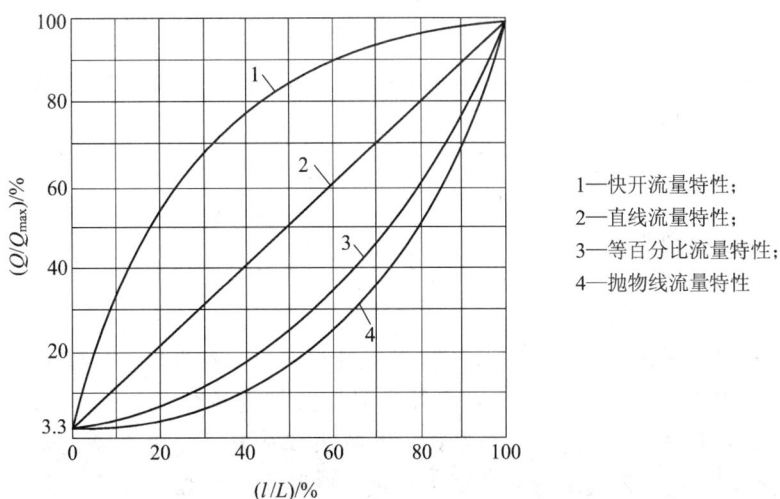

1—快开流量特性；
2—直线流量特性；
3—等百分比流量特性；
4—抛物线流量特性

图 4-32 调节阀的理想流量特性

（1）快开流量特性的调节阀在开度较小时就有较大流量，而且流量很快就能达到最大，适用于快速开关的场合。其流量特性可表示为

$$q = 1 - \left(1 - \frac{1}{R}\right)\left(1 - \frac{l}{L}\right)^2 \tag{4-35}$$

（2）直线流量特性的相对流量与相对开度的关系为

$$q = \frac{1}{R} + \left(1 - \frac{1}{R}\right)\frac{l}{L} \tag{4-36}$$

式中，$q = \dfrac{Q}{Q_{max}}$ 为相对流量，R 称为调节阀的可调范围或可调比，它是调节阀所能控制的最大流量 Q_{max} 与最小流量 Q_{min} 之比。Q_{min} 一般是全开流量 Q_{max} 的 $2\% \sim 4\%$。国产调节阀的理想可调范围 $R = 30$。具有直线流量特性的调节阀，其相对流量的变化与阀门开度变化呈线性关系。

【例 2】 假定某调节阀的直线流量特性为

$$q = \frac{l}{L}$$

设阀门全开时的流量为 $Q_{max} = 100 \text{ m}^3/\text{h}$，求阀门开度从 10% 变化到 20% 和从 80% 变化到 90% 时，阀门流量的变化。

解 阀门相对开度为 10% 时的流量

$$Q_1 = Q_{max} \frac{1}{R} = 10 \text{ m}^3/\text{h}$$

阀门相对开度为 20% 时的流量

$$Q_2 = Q_{max} \frac{1}{R} = 20 \text{ m}^3/\text{h}$$

由此可得

$$\frac{Q_2}{Q_1} = \frac{20}{10} = 2$$

流量的相对变化值为

$$\frac{Q_2 - Q_1}{Q_1} = \frac{20 - 10}{10} = 100\%$$

同样可以计算出阀门相对开度从 80% 变化到 90% 时的流量是从 $Q_3 = 80 \text{ m}^3/\text{h}$ 变化到 $Q_4 = 90 \text{ m}^3/\text{h}$，由此可得

$$\frac{Q_4}{Q_3} = \frac{90}{80} = 1.125$$

流量的相对变化值为

$$\frac{Q_4 - Q_3}{Q_3} = \frac{90 - 80}{80} = 12.5\%$$

从这个例子可以看出，在阀门相对开度变化量相同时，若流量小，则流量变化的相对值比流量大时大得多。这说明在调节阀小开度时调节作用较强，在大开度时调节作用较弱。从控制的要求来看，系统处于小负荷时，希望调节阀流量变化不要太大，控制作用不要太强；在负荷较大时，希望流量变化要大一些，控制作用要强一些，以便于克服干扰的影响。直线流量特性不能满足这个要求。

（3）等百分比流量特性的相对流量与调节阀相对开度的关系为

$$q = R^{\frac{l}{L}-1} \tag{4-37}$$

等百分比流量特性又称为对数流量特性。它是一条对数曲线，曲线斜率随相对开度的增大而增大。在同样开度变化下，流量变化小，如果负荷增大，流量变化也增大，因而控制特性好，有利于控制系统工作。

（4）抛物线流量特性介于直线流量特性与等百分比流量特性之间。其流量特性可表示为

$$q = \frac{1}{R}\left[1 + (R^{\frac{1}{2}} - 1)\frac{l}{L}\right]^2 \tag{4-38}$$

调节阀的流量特性取决于阀芯的形状。图 4-33 是与四种流量特性相对应的阀芯的形状。

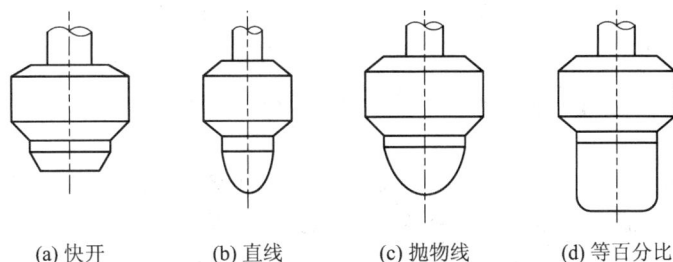

(a) 快开　　　(b) 直线　　　(c) 抛物线　　　(d) 等百分比

图 4-33　调节阀芯的形状

调节阀在实际应用中，阀门的流量与阀门开度之间的关系称为调节阀的工作流量特性。由于调节阀在实际工作中两端的压差不可能不变，管路系统的总阻力也会影响到阀的流量特性，所以调节阀的工作流量特性与理想流量特性是有差别的。在实际工作条件下，理想流量特性会发生畸变。

调节阀流量特性的选择一般是从保证控制系统控制质量来考虑的。为了保持控制系统的控制品质不变，希望控制系统总的放大系数能保持不变。在控制系统中，变送器、控制器的放大系数通常是不变的，被控对象的放大系数会随负荷变化，因此，我们往往通过选择调节阀的流量特性来补偿被控对象的放大系数的变化，其选择的原则是使被控对象的放大系数 K_0 和调节阀的放大系数 K_v 的乘积为常数，即

$$K_0 K_v = 常数 \tag{4-39}$$

图 4-34 是式(4-39)的示意图。对于放大系数随负荷增大而减小的被控对象，就应选择放大系数随流量增加而增大的流量特性，如等百分比流量特性。

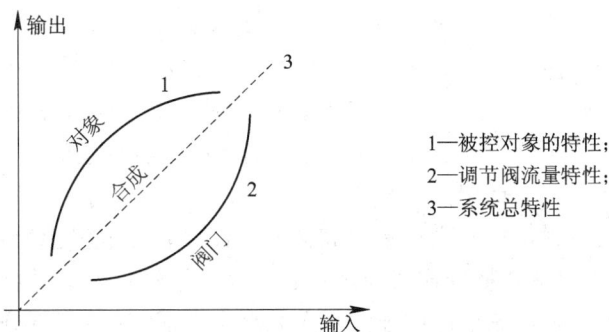

1—被控对象的特性；
2—调节阀流量特性；
3—系统总特性

图 4-34　调节阀流量特性的选择

4.4 变 送 器

变送器是把传感器测得的被控对象输出信号转变为可被控制器识别的信号（或将传感器输入的非电量转换成电信号并放大，供远方测量和控制）的转换器。变送器和传感器共同构成了自动控制的反馈回路，完成对控制系统输出量监测的任务。不同的物理量需要不同的传感器和相应的变送器。由于现代多数传感器的输出信号已经是通用的标准信号，可以不经过变送器的转换直接为控制器所识别，因此在工业应用现场，人们常把能输出标准信号的传感器称为变送器。变送器在仪器、仪表和工业控制领域中起着举足轻重的作用。与传感器不同，变送器除了能将非电量转换成可测量的电量外，一般还具有一定的放大作用。

变送器的种类有很多，常用在工业控制仪表上的变送器主要有温度变送器、压力变送器、流量变送器、电流变送器、电压变送器等。近年来，随着科学技术的发展，还出现了超声波变送器、电导变送器、智能变送器。下面就对常用的几种典型的变送器做简要介绍。

1. 变送器的种类及特点

1）压力变送器

压力变送器主要由测压元件传感器、模块电路、显示表头、表壳和过程连接件等组成，其实物如图 4-35 所示。它能将接收到的气体、液体等压力信号转变成标准的电流、电压信号，以供给指示报警器、记录仪、控制器等二次仪表进行测量、指示和过程调节。

图 4-35 压力变送器实物图

压力变送器的测量原理是：流量压力和参考压力分别作用于集成硅压力敏感元件的两端，其压差使硅片变形（位移很小，仅在微米级），以使硅片上用半导体技术制成的全动态惠斯通电桥在外部电流源的驱动下输出正比于压力的毫伏级电压信号。由于硅材料的强性极佳，所以输出信号的线性度及变差指标均很高。工作时，压力变送器将被测物理量转换成毫伏级的电压信号，并送往放大倍数很高而又可以互相抵消温度漂移的差动式放大器。放大后的信号经电压/电流转换变成相应的电流信号，再经过非线性校正，最后产生与输入压力呈线性关系的标准电流电压信号。压力变送器根据测压范围可分成一般压力变送器（0.001～20 MPa）和微差压变送器（0～30 kPa）两种。

2）一体化温度变送器

一体化温度变送器一般由测温探头（热电偶或热电阻传感器）和两线制固体电子单元组成，它采用固体模块形式将测温探头直接安装在接线盒内，从而形成一体化的结构。一体化温度变送器一般分为热电阻温度变送器和热电偶温度变送器两种类型。

热电阻温度变送器是由测温热电阻（RT）、基准单元、R/V 转换单元、线性电路、反接限流保护电路、V/I 转换单元等组成，其原理如图 4 - 36 所示。测温热电阻信号经转换放大后，再由线性电路对温度与电阻的非线性关系进行补偿，经 V/I 转换单元后输出一个与被测温度呈线性关系的 4～20 mA 的标准直流信号。

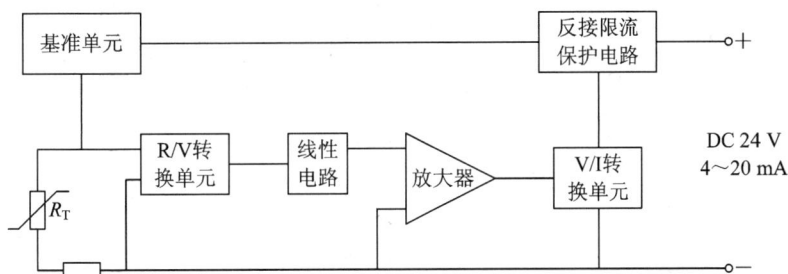

图 4 - 36　热电阻温度变送器原理图

热电偶温度变送器一般由基准源、冷端补偿、放大器、线性化处理、断偶处理、反接限流保护电路、V/I 转换单元等组成，其原理如图 4 - 37 所示。首先将热电偶产生的热电势经冷端补偿、放大后，再经线性化处理，以消除热电势与温度的非线性误差，最后由 V/I 转换单元转换为 4～20 mA 的标准电流信号输出。为防止热电偶在测量中由于电偶断丝而使控温失效造成事故，变送器中还设有断电保护电路，当热电偶断丝或接触不良时，变送器会输出最大值（28 mA），以使仪表切断电源。

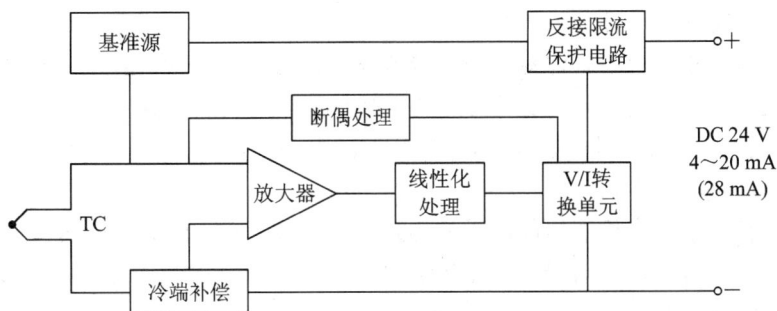

图 4 - 37　热电偶温度变送器原理图

一体化温度变送器具有结构简单、节省引线、输出信号大、抗干扰能力强、线性度好、显示内容清晰易懂、固体模块抗震防潮、有反接保护和限流保护、工作可靠等优点。一体化温度变送器的输出为统一的 4～20 mA 标准信号，可与微机系统或其他常规仪表匹配使用，也可根据用户要求做成防爆型或防火型测量仪表。

3）液位变送器

（1）浮球式液位变送器。

浮球式液位变送器适用于工业和民用建筑水塔、水池、水箱、集水坑和工业槽罐等测量各种介质的液位，广泛应用于化工、冶金、电力、造纸、食品及工业污水处理等部门。

浮球式液位变送器主要由磁性浮球、测量导管、信号单元、电子单元、接线盒及安装件组成，其结构、原理分别如图 4-38 和图 4-39 所示。

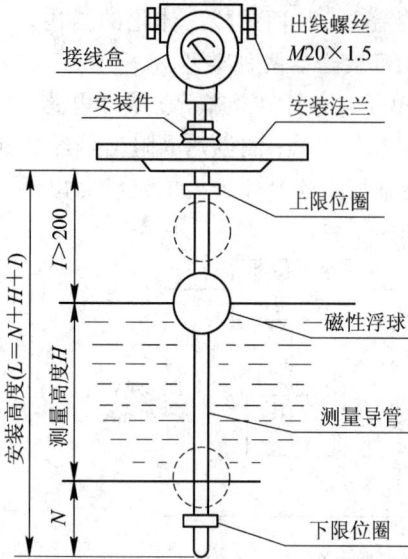

图 4-38　浮球式液位变送器结构图　　　　　图 4-39　浮球式液位变送器原理图

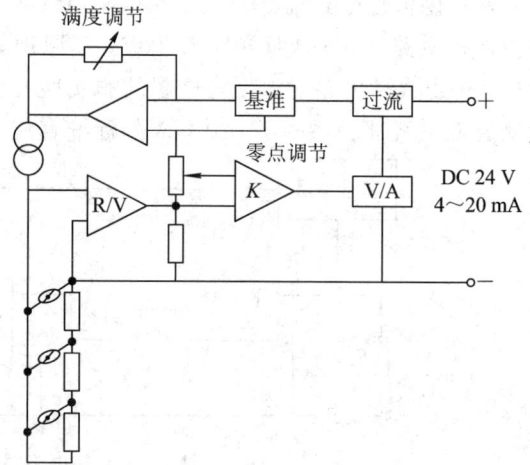

一般磁性浮球的比重小于 0.5，可漂浮于液面之上并沿测量导管上下移动。导管内装有测量元件，它可以在外磁作用下将被测液位信号转换成正比于液位变化的电阻信号（由信号单元转换），此电阻信号由电子单元转换成 4~20 mA 或其他标准信号输出。该变送器为模块电路，具有耐酸、防潮、防震、防腐蚀等优点，电路内部含有恒流反馈电路和内保护电路，可使输出最大电流不超过 28 mA，因而能够可靠地保护电源并使二次仪表不被损坏。

（2）浮筒式液位变送器。

浮筒式液位变送器只是将浮球式液位变送器中的磁性浮球改为浮筒，它是根据阿基米德浮力原理设计的。浮筒式液位变送器是利用微小的金属膜应变传感技术来测量液体的液位、界位或密度的。它在工作时可以通过现场按键来进行常规的设定操作。

（3）静压式液位变送器。

静压式液位变送器利用液体静压力的测量原理工作。它一般选用硅压力测压传感器将测量到的压力信号转换成电信号，再经放大电路放大和补偿电路补偿，最后以 4~20 mA 或 0~10 mA 的电流方式输出。

4）超声波变送器

超声波变送器分为一般超声波变送器（无表头）和一体化超声波变送器两类，其中后者较为常用。

一体化超声波变送器由表头（如 LCD 显示器）和探头两部分组成，这种直接输出 4~20 mA 信号的变送器将小型化的敏感元件（探头）和电子电路组装在一起，从而使其体积更小，重量更轻，价格更便宜。超声波变送器可用于液位、物位的测量和开渠、明渠等流量测量，并可用于距离测量。

5）智能变送器

智能变送器是由传感器和微处理器（微机）相结合而成的。它充分利用了微处理器的运算和存储能力，可对传感器的数据进行处理，包括对测量信号的调理（如滤波、放大、A/D转换等）、数据显示、自动校正和自动补偿等。

微处理器是智能变送器的核心，它不但可以对测量数据进行计算、存储和处理，还可以通过反馈回路对传感器进行调节，以使采集数据达到最佳。由于微处理器具有各种软件和硬件功能，因而它可以完成传统变送器难以完成的任务。智能变送器降低了传感器的制造难度，并在很大程度上提高了传感器的性能。智能变送器具有以下特点：

（1）具有自动补偿能力：可通过软件对传感器的非线性、温漂、时漂等进行自动补偿。

（2）可自诊断：通电后可对传感器进行自检，以检查传感器各部分是否正常，并作出判断。

（3）数据处理方便准确：可根据内部程序自动处理数据，如进行统计处理，去除异常数值等。

（4）具有双向通信功能：其微处理器不但可以接收和处理传感器数据，还可将信息反馈至传感器，从而对测量过程进行调节和控制。

（5）可进行信息存储和记忆：能存储传感器的特征数据、组态信息和补偿特性等。

（6）具有数字量接口输出功能：可将输出的数字信号方便地和计算机或现场总线等连接。

2. 变送器的发展趋势

1）压力变送器的发展趋势

压力、差压变送器是过程控制变送器中最重要的一类，其应用范围广泛，除了可用于压力、压差测量之外，还可用于流量、液位、比重等其他参数的测量。一条 5000 t/d 的水泥生产线，在工艺流程各关键部位，如窑头、窑尾、各级预热器的顶部和底部、各处风管和冷却机各室等位置必须设置压力变送器，以监控工艺是否正常运行。据统计，一条新型干法水泥生产线共需设置约 80 台压力变送器。

压力变送器按测量机制来分，最常用的有电容式、电感式、扩散硅和振弦式等。除了用于测量窑头负压的 DR 型微差压变送器的精确度是 0.5% 以外，其余大多是 0.25%。第一代模拟式变送器的特点是采用 4～20 mA 传输的模拟仪表，就地显示表头为指针式，量程比在 6∶1 左右，稳定性为 6 个月。第二代产品是智能变送器，传感器和变送器是由微处理器驱动的，并且具有通信与自我诊断的能力。智能压力变送器除了有高精确度（0.1%～0.075%）、大量程比（最大可到 100∶1）和高稳定性（1～5 年）外，一般还带有 HART 协议或生产公司的协议，后期的产品还带有符合现场总线国际标准的 FF 或 PROFIBUS-PA协议，就地显示表头改为数字式，还可用手操器或在控制系统远程组态，实现远程设定或远程修改变送器组态数据。

进入 21 世纪，第三代变送器——数字智能式变送器逐步进入人们的视野。第三代变送器采用了先进的检测技术，消除了湿气、粉尘及其他现场恶劣环境对变送器测量的影响，精确度更高，它的精确度均优于 0.05%；量程分档更细，量程比扩大到 200∶1；稳定性在5 年以上；通信协议更全，新的变送器还通过了安全认证，能保证在工艺条件超过临界值时安全停机。随着科学技术的发展和制作成本的降低，在不久的将来，第三代变送器最终将会替代第二代变送器在控制系统中得到广泛的应用。

2）智能温度变送器的发展趋势

温度控制是过程控制系统中很重要的一类控制，它是测量流量、密度及其他过程变量的基本要素之一。基于温度测量的技术目前已取得了巨大进步，相应地，过程控制工业领域中温度变送器的精确度、可靠性和重复性也得到了很大的提高，同时也为过程控制质量的不断提升做出了贡献。

所谓智能温度变送器，指的是将温度传感器和附加的电子部件结合在一起的一种温度变送器，它可以实现远程设定或远程修改组态数据。纵观当前的温度变送器市场，主要有三大类不同的智能温度变送器产品。

（1）防风雨型温度变送器。这类温度变送器通常装在对变送器性能有很高要求的应用场合，如窑尾、分解炉、五级预热器等。这类温度变送器被封装在密封的壳体内（这种壳体通常由不锈钢制成），其特点是精确度高，可靠性高，安全性好，防风雨，主要缺点是价格较高。它通常都带有现场表头，可现场监视、调整和组态。

（2）DIN 导轨安装、仪表盘安装型温度变送器。这类温度变送器可以采用 DIN 导轨安装，通常在控制室内安装使用。它的价格便宜，安装和维护简单，可以通过改变组态来匹配不同类型的温度传感器。由于同远程安装的传感器之间的连接导线较长，因此测量精确度较低。

（3）一体化温度变送器。这类温度变送器可以直接安装在温度传感器的 DIN 连接头上，它的优点是安装费用低廉，体积小巧，兼容各种类型的温度传感器。由于这种温度变送器直接安装在温度传感器的接头上，所以电气连接和传感器接线都非常简单。

从应用和成本的角度来看，每一类智能温度变送器都有其优点和不足之处。随着科学技术的发展，变送器的主要发展趋势是无线通信、更小的外形尺寸及多变量测量。对于一个大型的控制系统，需要测量的对象很多，必须由多种类型的数目众多的变送器来完成。对于一些工艺测量的位置难于安装、测量点空间狭小和测量点环境十分恶劣的情况，用传统的硬连线安装器件成本高，如果能消除变送器和控制电路之间的连接，改用无线通信实现，将大大减少配线，节约安装、维护费用，降低能耗。

3. 变送器的选型原则

在诸类仪表中，变送器的应用最广泛、最普遍。最常用的变送器有压力变送器和差压变送器。压力变送器和差压变送器单从名词上讲测量的是压力和两个压力的差，但它们间接测量的参数有很多，如变送器常用来测量压力、压差、真空、液位、流量和密度等。

变送器的选型通常根据安装条件、环境条件、仪表性能、经济性和应用介质等方面来考虑。实际运用中，变送器按其测量方式可分为直接测量和间接测量，主要用于过程测量、过程控制和装置联锁等。常见的变送器有普通压力变送器、差压变送器、单法兰变送器、双法兰变送器、插入式法兰变送器等。

1）压力变送器的选型原则

选用压力变送器的主要依据为：以被测介质的性质指标为准，以节约资金、便于安装和维护为参考。如被测介质为高黏度易结晶强腐蚀的场合，则必须选用隔离型变送器。压力变送器的选型应考虑如下几点：

（1）要考虑被测量介质对膜盒金属的腐蚀，一定要选好膜盒材质，否则使用很短时间就会将外膜片腐蚀坏，法兰也会被腐蚀坏，造成设备和人身事故，所以材质选择非常重要。

变送器的膜盒材质有普通不锈钢、304 不锈钢、316L 不锈钢、钽膜盒材质等。

（2）要考虑被测介质的温度，如果温度达到 200～400℃时，要选用高温型，否则硅油会产生气化膨胀，使测量不准确。

（3）要考虑设备的工作压力等级，变送器的压力等级必须与应用场合相符合。

（4）隔离型压力变送器最好选用螺纹连接形式的，这样既节约资金又方便安装。

（5）从经济角度考虑，只要不是易结晶介质，都可以选用普通型变送器，而且对于低压易结晶介质，也可以加吹扫介质来间接测量（只要工艺允许用吹扫液或气）。应用普通型变送器要求维护人员多进行定时检查，包括各种导压管是否泄漏，吹扫介质是否正常，保温是否良好等。只要维护良好，大量使用普通型变送器会大幅节约成本。

（6）从测量范围考虑，一般的变送器都具有一定的量程可调范围，最好将使用的量程范围设在量程的 1/4～3/4 段，这样可以保证测量精度，尤其是微差压变送器。实践中有些应用场合（液位测量）需要对变送器的测量范围迁移，这时需要根据现场安装位置计算出测量范围和迁移量（迁移有正迁移和负迁移之分）。

2）差压变送器的选型原则

差压变送器应根据以下几点选型：

（1）测量范围、需要的精度及测量功能。

（2）测量仪表所处的环境，如石油化工的工业环境、存在可燃（有毒）和爆炸危险气体的环境、温度较高的环境等。

（3）被测介质的物理化学性质和状态，如强酸、强碱、黏稠、易凝固结晶和汽化等。

（4）操作条件的变化，如介质温度、压力、浓度的变化。有时还要考虑到从开机到参数达到正常生产时，气箱和液箱的浓度与密度的变化。

（5）被测对象容器的结构、形状、尺寸、容器内的设备附件及各种进出口料管口都要考虑，如塔、溶液槽、反应器、锅炉汽包、立罐、球罐等。

（6）实际的工艺情况，如槽、罐类的容积大小（容积较小，测量范围不会太大；容积较大，测量范围可能较大），介质的物化性质及洁净程度等。

综上所述，变送器的选型要有统一的考虑，要求尽可能地减少品种规格和备品备件，以利于管理，同时从技术上要可行，经济上要合理，管理上要方便。

4.5　控制系统的设计

1. 概述

连续生产过程是一个非常复杂的工业过程，离开自动控制系统，生产就无法进行。合理地设计每一个控制系统，对稳定生产、提高产品质量和产量、降低能耗和保护环境是十分重要的。

一个合理的控制系统首先应该是稳定的，而且要有一定的稳定裕量；其次，控制系统要有较好的动态性能。一般情况下，都希望动态过程具有衰减振荡特性，因为这样的系统响应快，调节时间短。绝大多数控制系统都是恒值控制系统，其给定值很少变动，系统的主要任务是快速消除各种干扰的影响，维持被控量与给定值一致，所以，描述动态过程的动态性能指标主要是衰减率 ψ（或衰减比）和调节时间 t_s。系统在达到稳态后则要求有较小的稳态误差，以满足生产要求的控制精度。

设计一个控制系统大体上要经过以下几个步骤：

（1）建立被控对象的数学模型。这个步骤可以通过理论法或实验法来完成。

（2）选择正确的控制方案。要选择正确的控制方案，必须对被控对象的特性、生产工艺的技术要求、被控对象将会受到的主要扰动、被控对象在整个生产过程中的地位及与其他系统的关系等进行深入的了解，以确定合理的控制指标及实现这些指标的合适的控制方式。

（3）按选定的控制方案进行工程设计。这一步骤主要是根据已确定的控制方案，进行仪表选型、控制器设计等。

（4）对已设计的系统进行分析。这是对所设计的控制系统进行的检验。分析分为两个方面：对控制系统进行理论分析，以确定系统的各项性能指标；进行实验验证，检验设计的正确性，若不能满足要求，则必须重新进行设计。

在控制系统的设计中，有两个最重要的环节，即控制方案的设计和控制器的整定。控制方案选择得不好，即使采用再先进的仪表，都不可能完成预定的控制任务。在控制系统确定之后，控制器参数的整定（即求取能达到控制性能指标要求的控制器的参数的过程）就成为决定控制质量的决定因素。在整个控制系统设计过程中，要注意把握好这两个重要环节。

2. 简单控制系统的设计

简单控制系统又称为单回路控制系统，它是最简单的反馈控制系统，也是过程控制系统中应用最广泛的控制系统。图 4-1 所示的控制系统就是简单控制系统。例如，在某些石油化工生产过程控制中，单回路控制系统占所有控制系统的比例达到 60%，有些甚至超过 80%。

我们已经对控制系统的控制规律、执行器和控制器的特点、被控对象的动态特性等进行了较详细的介绍，这些内容都是单回路控制系统中的重要问题。下面我们将着重研究控制系统升级的另外两个重要问题。

1）PID 控制器参数的工程整定方法

控制器参数的整定是自动控制系统中相当重要的问题。在控制方案已经确定，仪表及调节阀等选定并安装好之后，被控对象的特性也就确定了，此时控制系统的品质主要取决于控制器的参数。因此，控制器参数整定的任务就是对已选定的控制系统，求得在最好的控制质量时控制器的参数值，即求取控制器的最佳值，也就是确定最合适的比例度、积分时间常数和微分时间常数。

把参数整定工作放在怎样的位置，存在以下两种片面的看法：

一种看法是过分地强调参数整定的作用，把控制器参数整定看作自动控制理论的核心，这是错误的。因为控制器参数只能在一定范围内起作用，如果方案合理，工况改变或仪表、调节阀故障，则无论怎样调整比例度、积分时间常数和微分时间常数，都不能达到预定的控制质量要求。同时，控制器参数在目前很难单纯依靠计算的方法求取，因为计算法存在两大困难：一是缺乏足够的被控对象的动态特性资料，实验测试也不容易；二是计算方法烦琐，工作量大，且被控对象往往有非线性或改变工艺参数的情况，所以费力计算出来的结果仍不可靠。

另一种看法是过分地贬低参数整定的作用。我们会遇到三类不同的系统。第一类是较容易调节的系统，其比例度、积分时间常数和微分时间常数可以放在很宽的范围内，控制质量都能满足。第二类是方案选择不当的系统，即无论怎样去整定参数，系统都不能良好地运行。以上两种情况会产生不必重视控制器参数整定的错觉。实际上有相当多的系统介于这两种极端情况之间，可以说是第三类系统，它们在整定参数选择得当的时候，可以运行得很好，反之，在整定参数不合适时，控制质量就达不到要求。不可将它们与第二类系统混同起来，错当成不能投入运行的系统。第一类系统也有进一步完善控制质量的要求。

因此，我们应当重视控制器参数整定工作，而不要片面地看问题。

控制器参数的整定对 PID 控制规律来说，就是恰当地选择比例度 δ（或比例放大系数 K_p）、积分时间常数 T_i 和微分时间常数 T_d 的值。控制器参数整定的方法有两类：一类是理论计算法，另一类是工程整定法。

对能较准确建立被控对象数学模型的系统，可以应用理论计算法。用传统的时域法、频率法、根轨迹法都可以进行整定，利用计算机进行参数整定和优化的方法也很多。通常不能建立系统的精确数学模型，理论计算得到的数据的精度不高，但计算得出的数据可以为工程整定法提供指导。工程整定法易于掌握，是比较实用的方法。

工程上参数整定的方法很多，下面介绍几种工程上最常用的方法。

（1）临界比例度法。

临界比例度法又称为稳定边界法，是目前使用较广的一种方法，具体流程如下：

① 在纯比例作用下（把积分时间常数放到最大，微分时间常数放到零），在闭合的控制系统中，从大到小地改变控制器的比例度，得到一个临界振荡过程，如图 4-40 所示。

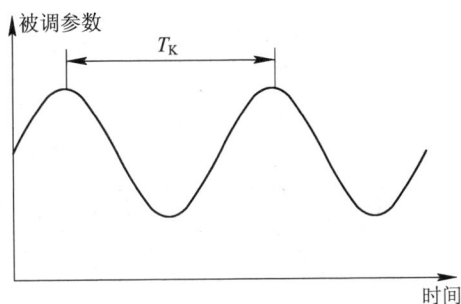

图 4-40　临界振荡示意图

这时的比例度叫临界比例度 δ_K，周期为临界振荡周期 T_K。

② 记下 δ_K 和 T_K，按表 4-2 的经验公式来确定控制器的各参数值。

表 4-2　临界比例度法数据表

调节作用	比例度 $\delta/\%$	积分时间 $T_i/\min$	微分时间 $T_d/\min$
比例	$2\delta_K$		
比例积分	$2.2\delta_K$	$0.85T_K$	
比例微分	$1.8\delta_K$		$0.1T_K$
比例积分微分	$1.7\delta_K$	$0.5T_K$	$0.125T_K$

这种方法在下面两种情况下不宜采用：

① 临界比例度过小。因为此时调节阀很容易处于全开或全关位置，这对于工艺生产不利。举例来说，对于一个用燃料油（或瓦斯）加热的炉子，如 δ_K 很小（接近双位控制），则炉子一会儿熄火，一会儿烟囱浓烟直冲。

② 工艺上约束条件较严格。因为此时如果达到等幅振荡，将影响生产的安全运行。

【例 3】 某过程控制系统，采用稳定边界法测得 $\delta_K = 15\%$，$T_K = 1\ \text{min}$，若控制器为 PI 控制器，试确定其参数。

解 按表 4-2 的计算公式，PI 控制器的参数为

$$\delta = 2.2\delta_K = 2.2 \times 15\% = 33\%$$

$$T_i = 0.85T_K = 0.85\ \text{min}$$

（2）衰减曲线法。

临界比例度法要求系统等幅振荡，且要多次试凑，而采用衰减曲线法比较简单。衰减曲线法一般有以下两种方法。

① 4：1 衰减曲线法。首先使系统处于纯比例作用下，在达到稳定时，用改变给定值的办法加入阶跃干扰，观察记录曲线的衰减比；然后逐渐从大到小改变比例度，直到出现 4：1 的衰减比为止，如图 4-41 所示，记下此时的比例度 δ_K；再按表 4-3 的经验公式来确定 PID 参数。

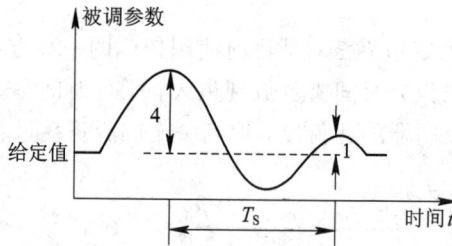

图 4-41 4：1 衰减曲线示意图

表 4-3 4：1 衰减曲线法数据表

调节作用	比例度 $\delta/\%$	积分时间 T_i/min	微分时间 T_d/min
比例	δ_s		
比例积分	$1.2\delta_s$	$0.5T_s$	
比例积分微分	$0.8\delta_s$	$0.3T_s$	$0.1T_s$

② 10：1 衰减曲线法。对于有的过程，采用 4：1 衰减曲线法仍嫌振荡过强，此时可采用 10：1 衰减曲线法。方法同上，得到 10：1 衰减曲线，记下此时的比例度 δ_s' 和上升时间 T_s'。再按表 4-4 的经验公式来确定 PID 参数。衰减曲线如图 4-42 所示。

表 4-4 10：1 衰减曲线法数据表

调节作用	比例度 $\delta/\%$	积分时间 T_i/min	微分时间 T_d/min
比例	δ_s'		
比例积分	$1.2\delta_s'$	$2T_s'$	
比例积分微分	$0.8\delta_s'$	$1.2T_s'$	$0.4T_s'$

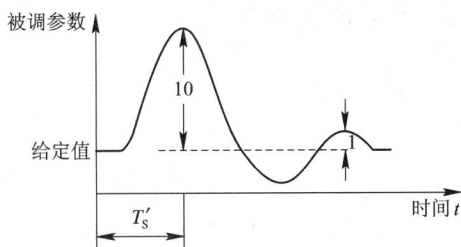

图 4-42 10∶1 衰减曲线示意图

采用衰减曲线法时必须注意几点：

① 给定干扰不能太大，要根据生产操作要求来定，一般在 5% 左右。

② 必须在工艺参数稳定的情况下加给定干扰，否则得不到正确的 δ_{s}、T_{s} 或 δ_{s}'、T_{s}'。

③ 对于反应快的系统，如流量系统、管道压力系统和小容量的液位控制系统等，要在记录纸上严格得到 4∶1 衰减曲线较困难，一般在被控参数来回波动两次达到稳定时，就近似地认为达到 4∶1 衰减过程了。

【例 4】 在某塔顶温度控制系统中，被控参数是塔顶温度，工艺允许波动为 $\pm 4\ ^{\circ}\mathrm{C}$，控制参数是回流量，试确定其参数。

解 在整定过程中，考虑到被控对象滞后较大，反应较慢，δ 的选择从 50% 开始凑试，此时在单位阶跃信号作用下（给定值降低 2%）的过渡过程曲线见图 4-43(a)，此时调节时间长，无振荡，于是将比例度减少。$\delta = 30\%$、20% 和 10% 时的曲线见 (b)、(c)、(d)。显然，20% 的情况最好，衰减比接近 4∶1，$T_{\mathrm{s}} = 10$ min。

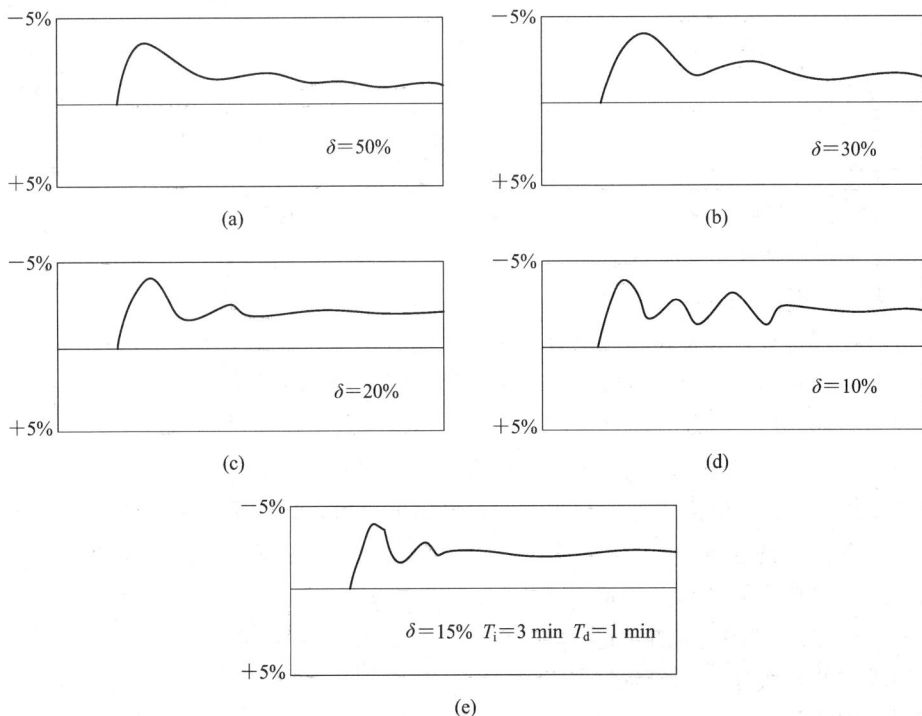

图 4-43 用衰减曲线法现场整定

按 4∶1 衰减曲线法数据表定出整定参数：

$\delta=0.8$，$\delta_S=15\%$；

$T_i=0.3$，$T_S=3$ min；

$T_d=0.1$，$T_S=1$ min。

投运时，先将 δ 放在较大的数值，把 T_i 从大减小到 3 min，把 T_d 从小到大逐步放大到 1 min，然后把 δ 拉到 15%（如果在 $\delta=15\%$ 的条件下很快把 T_d 放大到 1 min，则控制器的输出会剧烈变化），再对系统加 2% 的给定值变化，此时仍产生 4∶1 衰减过程，见图（e）所示，但控制质量显著改善，超调量小于 1℃，调节时间为 6.5 min。

（3）经验试凑法。

这是在生产实践中所总结出来的方法，目前应用最为广泛，其步骤简述如下：

① 根据不同控制系统的特点，先把 P、I、D 参数放在基本合适的数值上，这些数值是由大量实践经验总结得出的（按 4∶1 衰减），其大致范围如表 4-5 所示，但也有特殊情况超出列表的范围，例如有的温度控制系统积分时间长达 15 分钟以上，有的流量系统的比例度可达到 200% 等。

表 4-5　各控制系统 PID 参数经验数据表

调节系统	比例度 $\delta/\%$	积分时间 T_i/min	微分时间 T_d/min	说　明
流量	40～100	0.1～1		对象时间常数小，并有杂散扰动，δ 应大，T_i 较短，不必用微分
压力	30～70	0.4～3		对象滞后一般不大，δ 略小，T_i 略大，不用微分
液位	20～80	1～5		δ 小，T_i 较大，要求不高时可不用积分，不用微分
温度	20～60	3～10	0.5～3	对象容量滞后较大。δ 小，T_i 大，加微分作用

② 看曲线，调参数。根据操作经验，看曲线的形状，直接在闭合的控制系统中逐步反复试凑，一直到得到满意数据为止。

在实践中，把具体整定的方法总结了几段顺口溜：

参数整定找最佳，从大到小顺次查，先是比例后积分，最后才把微分加；

曲线振荡很频繁，比例度值要放大，曲线漂浮绕大弯，比例度值应减小；

曲线偏离回复慢，积分时间往下降，曲线振荡周期长，积分时间再加长；

曲线振荡频率快，先把微分降下来，动差大来波动慢，微分时间应加长；

理想曲线两个波，前高后低四比一，一看二调多分析，调节质量不会低。

第一段讲的是整定顺序，δ 和 T_i 都是从大到小逐步加上去的，微分是最后才考虑的。

第二段讲的是比例度如何整定。

第三段讲的是积分时间如何整定。

第四段讲的是微分时间如何整定。

第五段讲的是标准。

上面这种方法的步骤是先加 δ，再加 T_i，最后才加 T_d，应用中比较稳妥。

　　另一种方法是先从列表范围内取 T_i 的某个数值，如果需要微分，则取 $T_d = (1/3 \sim 1/4)T_i$，然后对 δ 进行试凑，也能较快地达到要求。

　　实践证明，在一定范围内适当地组合 δ 和 T_i 的数值，可以得到同样衰减比的曲线。也就是说，δ 的减少，可以用增加 T_i 的办法来补偿，而基本上不影响控制过程的质量。所以，这种先确定 T_i、T_d，再确定 δ 的顺序也是可以的，而且可能更快些。如果曲线仍然不理想，可对 T_i、T_d 再加以适当的调整。另外，将所在装置控制系统的 PID 参数记录下来，是一个很好的做法。

　　③ 在不熟悉的生产过程中，应先进行手动控制。进入自动控制时，应确定比例度、积分时间常数、微分时间常数。在控制输出有较小变化而影响测量值有较大变化的场合，考虑到系统的稳定性，应加大比例度；反之，则应减小比例度。当控制器的输出变化时，在生产过程中希望测量值跟踪时间较短，则应该缩短积分时间；恢复时间长的生产过程则应该有较长的微分时间。

　　• 比例、积分调节。

　　a. 积分时间置于最大。

　　b. 微分时间切除。

　　c. 寻求比例度的最佳值。把比例度从较大数值逐渐往下降（例如 100% → 50% → 20%），这时仔细观察各个比例度情况下的调节过程，直至开始产生周期性振荡（测量值以给定值为中心作有规则的振荡）。在产生周期性振荡的情况下，把比例度逐渐加大直至系统充分稳定。

　　d. 把积分时间逐渐缩短。一般减少积分时间即缩短了测量值跟踪给定值的时间，但是由于过程有延迟，积分时间缩短时，仍可能会产生振荡，此时，表示积分时间过短，应把积分时间稍加延长，直至振荡停止。

　　• 比例、积分、微分调节。

　　a. 积分时间置于最大。

　　b. 微分时间置于最小。

　　c. 和前面的比例、积分调节作用一样改变比例度，求起振点。

　　d. 加大微分时间使振荡停止，然后把比例度调得稍小一些，使振荡再次产生，加大微分时间，使振荡再停止，来回这样操作，直至虽加大微分时间，但不能使振荡停止，以求得微分时间的最佳值，此时把比例度调得稍大一些直至振荡停止。

　　e. 把积分时间调成和微分时间相同的数值，一般情况下是没有什么问题的，如果又产生振荡则加大积分时间直至振荡停止。

　　以上方法依据的是经验试凑法，实际应用过程中可根据需要和习惯选用其中一种。

　　（4）响应曲线法。

　　响应曲线是表达被控对象特性的方法之一。响应曲线法需要预先测量响应曲线，通过被控对象的动态特性数据定出整定参数。响应曲线法与以上几种方法不同，以上几种方法都是在闭环系统下进行的，而响应曲线法则要测出系统的开环阶跃响应，把控制系统从控制器输出点断开，在控制器上加一个阶跃输入，测量变送器的输出作为响应曲线。响应曲线的一般形式如图 4 - 44 所示。根据响应曲线可近似求出如下传递函数

$$G(s) = \frac{K}{Ts+1} e^{-\tau s}$$

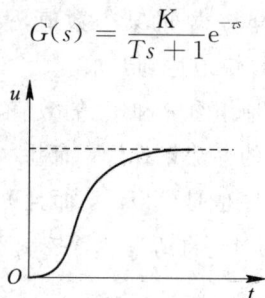

图 4-44　系统的开环阶跃响应

根据求出的 K、T 和 τ 值，按表 4-6 计算。

表 4-6　响应曲线计算表（衰减率为 75%）

被控对象	$\frac{\tau}{T} < 0.2$			$0.2 \leqslant \frac{\tau}{T} \leqslant 1.5$		
控制规律	$\delta/\%$	T_i/min	T_d/min	$\delta/\%$	T_i/min	T_d/min
P	$K\dfrac{\tau}{T}$			$2.6K\dfrac{\dfrac{\tau}{T}-0.08}{\dfrac{\tau}{T}+0.7}$		
PI	$1.1K\dfrac{\tau}{T}$	3.3τ		$2.6K\dfrac{\dfrac{\tau}{T}-0.08}{\dfrac{\tau}{T}+0.6}$	$0.8T$	
PID	$0.85K\dfrac{\tau}{T}$	2τ	0.5τ	$2.6K\dfrac{\dfrac{\tau}{T}-0.08}{\dfrac{\tau}{T}+0.88}$	$0.81T+0.19\tau$	$0.25T_i$

【例 5】 已知某控制系统测得开环阶跃响应的参数后得到的近似传递函数为

$$G(s) = \frac{1}{100s+1} e^{-21s}$$

求采用 PID 控制时控制器的参数。

解
$$\frac{\tau}{T} = \frac{21}{100} = 0.21$$

根据 $\dfrac{\tau}{T}$ 查表 4-6 有

$$\delta = 2.6K\frac{\dfrac{\tau}{T}-0.08}{\dfrac{\tau}{T}+0.88} = 2.6 \times \frac{0.21-0.08}{0.21+0.88} = 0.31 = 31\%$$

$$T_i = 0.81T + 0.19\tau = 0.81 \times 1.67 + 0.19 \times 0.35 = 1.42 \text{ min}$$

$$T_d = 0.25T_i = 0.36 \text{ min}$$

在实际的参数整定过程中，不论采取什么样的整定方法，理想曲线与实际曲线都存在着差别，下面介绍几种实践总结出来的曲线与判断结果，供参数整定时参考。

图 4-45(a)出现这些现象的原因如下：

（1）a 曲线：积分时间过小，振荡周期长，输出变化到指示变化时间长。

（2）b 曲线：比例度过小，振荡周期短，输出变化到指示变化时间短。

（3）c 曲线：微分时间过长，振荡周期最短，输出变化到指示变化时间最短。

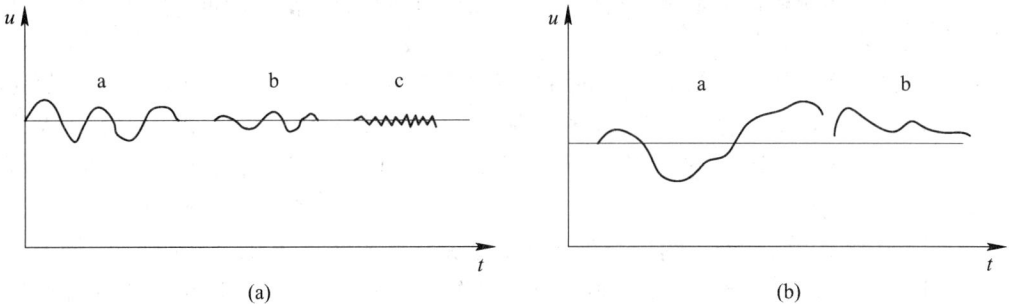

图 4 - 45　PID 曲线实践总结曲线

图（b）出现这些现象的原因如下：

① a 曲线：比例度过大，曲线漂浮绕大弯。

② b 曲线：积分时间过长，曲线偏离恢复慢。

由于 PID 参数工程整定法采用的是经验公式，所以对同一系统应用不同方法整定出的参数不可能一致。它们的实际控制性能指标也将会有差别。

在工业生产过程中，被控对象的特性并不是不变的。当被控对象特性发生变化后，原整定的 PID 控制参数就不是最合适的参数了，必须重新整定，这将给连续化的生产带来不利的影响。有一种控制系统，能根据被控对象特性的变化或其他条件的变化，自动调整控制系统的控制规律和控制器的控制参数，使控制系统始终处于最佳状态，我们称这种控制系统为自适应控制系统。能对控制器参数进行自动整定的自适应控制系统称为自校正系统或自整定系统。

图 4 - 46 为自校正系统的工作原理图。

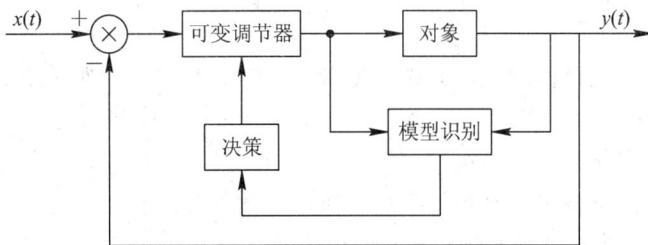

图 4 - 46　自校正系统的工作原理

自校正系统与一般控制系统相比，增加了两项功能：一是根据控制器输出和被控对象输出分析被控对象的特性，即对对象进行识别；二是根据识别结果计算并改变控制器参数，称为决策。假定被控对象的模型为

$$G_{\text{p}}(s) = \frac{K}{Ts+1}\text{e}^{-\tau s}$$

对象识别环节就是根据测量的值对 K，T 和 τ 进行估计；决策环节则是根据估算出来的对象参数，按规定的整定规则计算出控制器参数，并对控制器参数进行修改。参数自整

定的方法较多，各有一定的适应范围和优缺点。有关这方面的详细知识，请参考有关书籍和文献。

2）控制器的正反作用

为了保证控制系统能正常工作，必须有一个负反馈控制系统，因此，必须正确选择各环节的正反作用。

控制器的正反作用是根据被控量的测量值和控制器输出之间的关系确定的。被控量测量值增加时，若控制器的输出也增加，则控制器为正作用控制器，并规定其稳态放大系数 K_c 为负；被控对象的测量值增加时，若控制器的输出值减小，则控制器为反作用控制器，并规定其稳态放大系数 K_c 为正。

被控对象的输出与调节阀内的介质流量变化决定了被控对象的正反作用。介质流量增加，若被控对象的输出也增加，则被控对象为正作用，规定其放大系数 K_0 为正；介质流量增加时，若被控对象输出减小，则被控对象为反作用，规定其放大系数 K_0 为负。

执行器气开式为正作用，气关式为反作用，并规定正作用调节阀的放大系数 K_v 为正，反作用的 K_v 为负。变送器一般都是正作用的，其放大系数 K_m 为正。

要保证系统是负反馈系统，组成系统的各环节的正反作用的乘积必须为正。这可用各环节的放大系数来表示，即 $K_c K_v K_0 K_m$ 为正。这里的相乘只取正符号计算，不必计算放大系数的具体数值。

选择控制器的正反作用的步骤是：先根据工艺及安全要求确定调节阀的正反作用，而被控对象的正反作用是固有的特性，测量变送器一般是正作用，所以往往可以排除在外，然后再选择控制器的正反作用，使 $K_c K_v K_0$ 的乘积为正。

3. 复杂控制系统的设计

当被控对象的惯性和时间延迟很大时，单回路控制系统无法满足控制质量的要求，这时必须采用复杂控制系统。复杂控制系统是指比单回路控制系统复杂的多回路系统，特殊应用的控制系统以及具有复合控制方式的控制系统。最常见的复杂控制系统有串级控制系统、前馈控制系统、比值控制系统等。

1）串级控制系统

串级控制系统是在单回路控制系统的基础上发展起来的，对改善控制系统的控制品质非常有效，在过程控制中应用相当广泛，是一种典型的复杂控制系统。

我们通过一个实例来说明串级控制系统的工作原理。图 4-47 是夹套式反应釜温度控制系统的原理图。反应釜中的放热化学反应所产生的热量必须被传输出去，以保证化学反应的温度条件。冷却水通过夹套把反应釜传输出来的热量带走。图 4-47(a) 是一个单回路控制系统。TT 表示温度测量变送器，TC 表示温度控制器。这个控制系统的结构图如图 4-48 所示。影响反应釜中温度的因素有反应物料和冷却水两个方面，用 D_1 表示物料方面的扰动，用 D_2 表示冷却水方面的扰动。因为这两个扰动的作用点不同，所以对反应釜温度 θ 的影响也不一样。若冷却水发生扰动，如冷却水入口水温突然升高或冷却水流量突然减小，则这个扰动经过夹套、反应釜的槽壁、反应釜(反应槽)才能对 θ 产生影响，由于被控对象热容量大，热传递过程的惯性很大，因此只有在 θ 发生变化后，控制器才能开大冷却水进水调节阀，加大流量，但这会影响到 θ 又要经过一个热传递过程。这将使反应釜的温度 θ 发生较大的偏差。可见单回路系统不能满足控制性能指标要求。

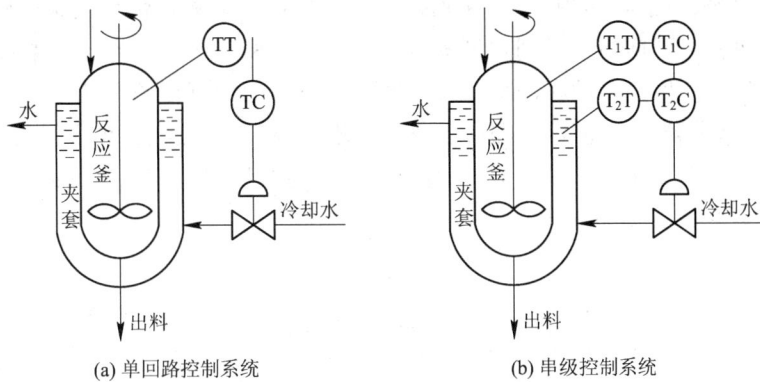

图 4-47　夹套式反应釜温度控制系统原理图

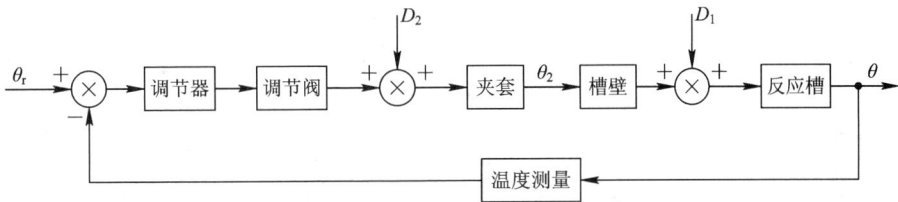

图 4-48　夹套反应釜单回路温度控制系统

冷却水方面的扰动会很快影响到夹套温度 θ_2，如果把单回路控制系统改变成图 4-47 (b)的形式，即增加一个夹套温度控制回路，则当冷却水扰动发生时，这个控制回路会立即产生控制作用，稳定 θ_2。由于这个控制回路惯性小，反应快，因此 θ_2 很快会被稳定下来，基本上不受 D_2 扰动的影响，控制质量得到大大的改善。图 4-49 为这个系统的结构图。

图 4-49 所示的控制系统为串级控制系统。当被控对象具有较大的惯性和容量延迟时，被控对象可以分为两部分，即过程控制 Ⅰ 和过程控制 Ⅱ，如图 4-50 所示。过程 Ⅱ 的输出是过程 Ⅰ 的输入，且对被控量产生重大影响。一般情况下，过程 Ⅱ 的惯性较小，过程 Ⅰ 的惯性较大。对于这种情况，若采用单回路控制方案，则对发生在过程 Ⅱ 上的扰动控制效果很差，若采用串级控制方式，则能收到较为满意的控制效果。

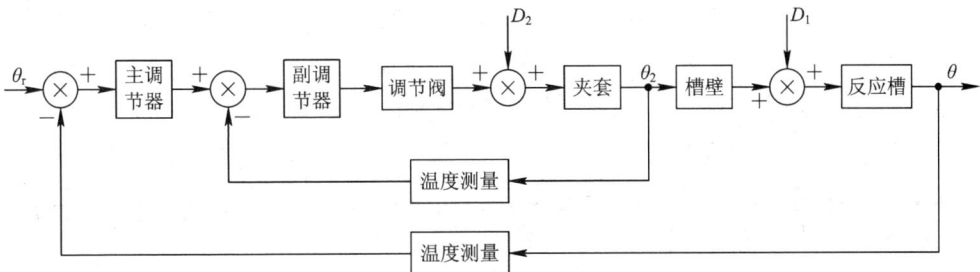

图 4-49　夹套反应釜串级温度控制系统

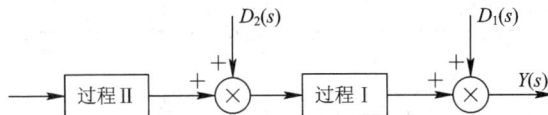

图 4-50　被控对象

串级控制系统的结构图如图 4-51 所示。串级控制系统共有两个控制回路，内部的反馈回路称为副回路。副回路包括副控制器（副调节器）、调节阀、副被控对象（即过程Ⅱ）和副变送器。发生在副回路内的扰动称为二次扰动。外部的控制回路称为主回路，主回路包括主控制器（主调节器）、整个副回路、主被控对象（过程Ⅰ）和主变送器。发生在主被控对象上的扰动称为一次扰动。把整个副回路当成一个等效环节串联在主回路的前向通道上，这就是串级控制系统名称的由来。

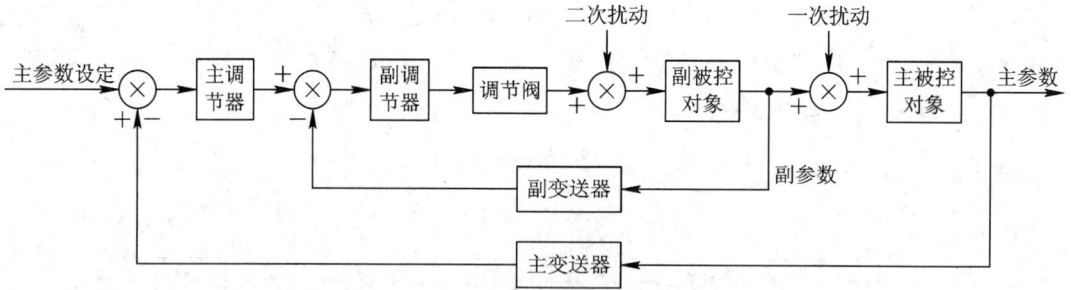

图 4-51　串级控制系统的结构图

串级控制系统在结构上有两个特点：

（1）串级控制虽然有两个控制器、两个变送器和两个测量参数，但仍然是一个单输入单输出控制系统，系统只有一个输入为设定的给定值，只有一个控制量（即副控制器输出），一个执行机构，因而也只能有一个被控量，这一点和单回路控制系统极其相似。

（2）主控制器和副控制器串联在回路中，主控制器的输出是副控制器的给定值，主控制器接收设定的给定值，所以整个串级控制系统是一个定值调节系统，副控制器的给定值是主控制器的输出，因为这个输出要随着扰动而变化，所以副回路是一个随动系统。

过程控制中还会经常遇到具有两个回路的控制系统，只要不符合以上两个特征，就不是串级控制系统。

串级控制系统在控制品质上也有两个最显著的特点。图 4-52 是某个串级控制系统的结构图，图中标明了各环节的传递函数，为了比较控制效果，给出了同一被控对象的单回路控制结构图，如图 4-53 所示。

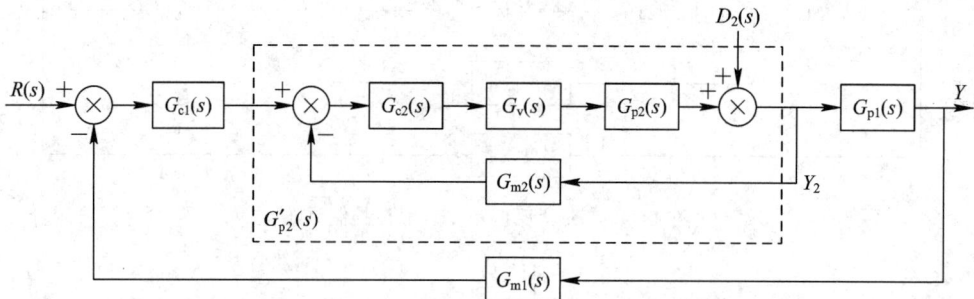

图 4-52　串级控制系统结构图

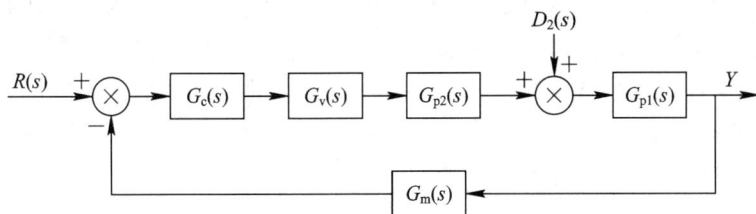

图 4-53　单回路控制系统结构图

在串级控制系统中，当二次扰动进入副回路后，二次扰动 $D_2(s)$ 至控制系统输出 Y（称为主参数）的传递函数为

$$\frac{Y(s)}{D_2(s)} = \frac{G_{p1}(s)}{1 + G_{c2}(s)G_v(s)G_{p2}(s)G_{m2}(s) + G_{c1}(s)G_{c2}(s)G_{m1}(s)G_v(s)G_{p2}(s)G_{p1}(s)}$$

在单回路系统中，$D_2(s)$ 至主参数 Y 的传递函数为

$$\frac{Y(s)}{D_2(s)} = \frac{G_{p1}(s)}{1 + G_c(s)G_v(s)G_m(s)G_{p1}(s)G_{p2}(s)}$$

比较两式，串级控制系统的传递函数分母比单回路控制系统大得多。这说明，串级控制系统使二次扰动对主参数的增益明显减小，与单回路相比，二次扰动的影响可以减小为原来的 $1/10 \sim 1/100$。从作用原理上分析，二次扰动首先影响副被控对象的输出（称为副参数），副控制器立即产生控制作用，由于副被控对象（或副过程）惯性较小，所以扰动的影响很快得到克服，不会对被控变量产生大的影响。

串级控制系统的副回路对进入副回路的干扰有很强的克服能力，这是串级控制系统一个显著的特点。在设计串级控制系统时，一定要把被控对象的主要扰动包括在副回路内，这是设计串级控制系统的根本原则。对于一次扰动，是不经过副回路的，但副回路的存在却可以使副回路的等效传递函数的惯性大大减小，从而改善系统的动态特性，加快系统的响应速度，这是串级控制系统的另一个显著特点。

在串级控制中，副回路主要是为了抑制二次扰动，并不是要将二次扰动完全消除，所以精度要求并不高，副控制器选比例控制就可以。主回路的任务是保证系统输出与给定值一致，控制精度要求高，所以主控制器应选择比例积分（PI）或比例积分微分（PID）控制器。副回路起"粗调"作用，要求响应快，主回路起"细调"作用，要求精度高，这是选用主副控制器的原则。

串级控制系统主副控制器的参数整定有多种方法。当主副被控对象惯性相差不大，且主副回路相互影响时，可采用逐步逼近法，即先断开主回路整定副控制器参数，然后再整定主回路控制器参数，接着再次在闭环下整定副回路控制器参数。先副后主，逐步逼近，直到控制性能指标达到要求为止。二步整定法适用于主副被控对象时间常数相差较大的情况，在系统闭合时先整定副回路参数，然后把副回路当成一个环节，再整定主回路参数，这种方法应用较为广泛。

2）前馈控制及前馈-反馈控制系统

图 4-54 是一个换热器的反馈控制原理图，这是一个普通的单回路反馈控制系统。不论什么干扰，只要引起被控量的变化，控制系统都能产生控制作用，对被控量进行控制。但是，按照反馈控制原理，被控量在偏离给定值以后控制系统才能产生控制作用，也就是

说，当扰动已经产生影响后才能加以控制。这种控制方式是不及时的，是以被控量发生偏差为代价的。另外，像换热器这样的多容对象，由于热容量大，传热过程较慢，因而惯性大，响应速度慢，控制质量难以提高。如果换热器的扰动来自被加热物料的进料流量，可以在物料进入容器前，先测出物料流量，然后根据控制规律事先启动调节阀，按图 4-55 那样的方式进行控制。我们称这种控制为前馈控制方式。

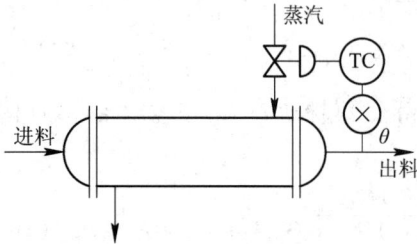

图 4-54　换热器的反馈控制　　　　图 4-55　换热器的前馈控制

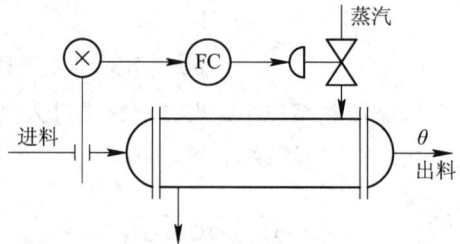

前馈控制的原理如图 4-56 所示。图中，$G_{pd}(s)$ 是被控对象扰动通道的传递函数，$G_{pc}(s)$ 是被控对象控制通道的传递函数。当扰动 $D(s)$ 作用于系统时，将使系统的被控量发生变化，如图 4-57 中的虚线所示。如果我们同时测量扰动，让扰动通过一个传递函数为 $G_{ff}(s)$ 的前馈控制器，并通过被控对象的控制通道使被控量也产生一个变化，如图 4-57 中实线所示。当两个控制器输出的变化量大小相等、方向相反时，被控量将不发生任何变化，好像与扰动无关。这就是前馈控制的不变性原理。

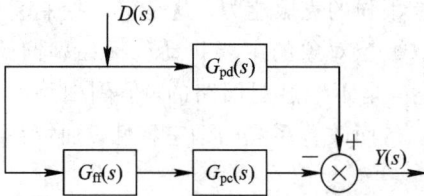

图 4-56　前馈控制系统的结构图　　　　图 4-57　前馈控制的响应曲线

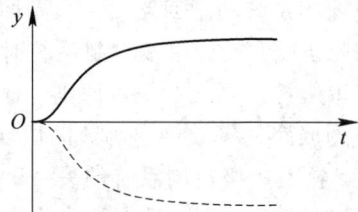

前馈控制和反馈控制在原理上完全不同。反馈控制是按偏差进行控制的，而前馈控制则是按扰动进行控制的。在前馈控制系统中，前馈控制器只接收扰动信号，被控量不参与控制，因此，前馈控制是开环控制。

按照不变性原理，从图 4-56 中可得到前馈控制器的传递函数为

$$G_{pd}(s)D(s) + G_{ff}(s)G_{pc}(s)D(s) = 0$$

$$G_{ff}(s) = -\frac{G_{pd}(s)}{G_{pc}(s)} \qquad (4-40)$$

式(4-40)说明，PID 控制规律不适合前馈控制器。前馈控制器的控制规律完全取决于被控对象的特性。

设计理想的前馈控制系统要求对 $G_{pd}(s)$ 和 $G_{pc}(s)$ 有完全的了解，实际上这是不可能的。如果只要求系统在达到稳态时能对扰动进行完全补偿，不考虑动态过程，则式(4-40)就变为

$$G_{ff}(s) = -\frac{K_d}{K_p} = K \qquad (4-41)$$

式中，K_d 为被控对象扰动通道的放大系数，K_p 为被控对象控制通道的放大系数。按此方法设计的前馈控制器产生的控制作用，称为静态前馈。静态前馈控制器是个比例环节。按式(4-40)的前馈控制器产生的控制作用称为动态前馈。由于这种控制器难以实现，实际中使用的是一种简单的动态前馈控制器，它的传递函数为

$$G_{ff}(s) = -\frac{\tau_1 s + 1}{\tau_2 s + 1} \qquad (4-42)$$

这是一个超前-滞后环节。在单位阶跃输入下，该环节的输出 $m(t)$ 为

$$m(t) = 1 + \frac{\tau_1 - \tau_2}{\tau_2} e^{-\frac{t}{\tau_2}} \qquad (4-43)$$

图 4-58 是其阶跃响应。通过调整 τ_1 和 τ_2 的关系，可以得到不同的超前或滞后动态过程。因为过程控制系统的被控对象具有惯性大、一般无振荡特性的

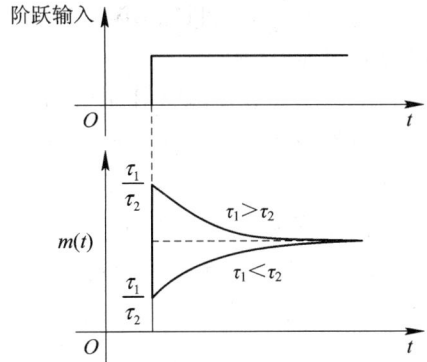

图 4-58　超前-滞后环节的阶跃响应

特点，超前-滞后动态补偿比较符合这个特点，虽不能对扰动完全动态补偿，但可以取得令人相当满意的控制效果。

前馈控制虽然有较明显的优点，但由于实际的工业对象往往存在不止一个扰动，为了对这些扰动进行补偿，必须设计多个前馈控制器。如果扰动无法测量，前馈控制就不能应用，所以，单独应用前馈控制系统并不能取得很好的控制效果。工程上常将前馈与反馈结合起来，构成前馈-反馈复合控制系统。图 4-59 是前馈-反馈控制系统的结构图。

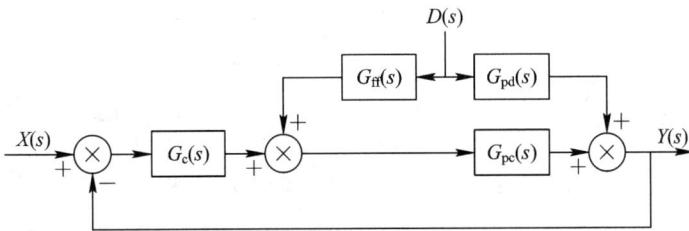

图 4-59　前馈-反馈控制系统

前馈-反馈控制系统是扰动控制与偏差控制相结合、开环控制与闭环控制相结合的复合控制系统。对系统的主要扰动，采用前馈控制方式，对其他扰动，采用反馈控制方式，这样既能在主要扰动发生时使系统快速克服扰动的影响，又能在其他扰动发生时，使被控量最终与给定值保持一致。前馈-反馈控制既发挥了前馈控制响应快的优点，又保持了反馈控制能克服各种扰动的特长。这两种控制方式的结合，互相弥补了对方的缺点，取长补短，是过程控制系统中经常用到的控制方案。

前馈-反馈控制系统的参数整定，可以分开独立进行。前馈按前馈控制规律进行整定，反馈按反馈控制的 PID 参数进行整定。由于反馈控制有消除偏差的能力，因此前馈控制在复合控制系统中仅起粗调作用，不要求一定要补偿主要扰动的影响。前馈控制把主要扰动的影响降低到一定程度后，余下的部分可以通过反馈的"细调"作用来消除，这就大大降低了对前馈控制器的要求。

前馈控制还可以和串级控制组成复合控制系统，完成更复杂的控制任务。

3）比值控制系统

比值控制是一种特定形式的控制方式，主要用来控制两种物料之间的流量之比。例如使进入化学反应器的两种反应物之间保持比例关系，使燃烧中燃料和空气保持一定比值等。

常见的比值控制有单闭环比值控制、双闭环比值控制和变比值控制等。

图 4-60 是单闭环比值控制系统的结构图。图中 Q_1 是不加控制的流量，称为主动流或自由流。Q_2 是要求与 Q_1 保持比例关系的流量，称为从动流，是被控制的流量。两个流量都需要被测量，Q_1 的测量值通过比值计算器 G_1 为 G_2 流量控制系统提供给定值，G_2 流量控制系统则是一个普通的单回路控制系统，这是一个随动控制系统。

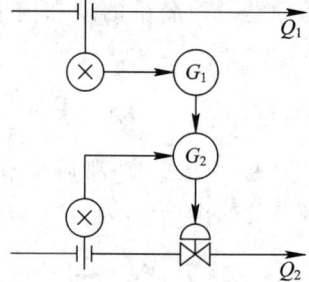

图 4-60　单闭环比值控制系统

图 4-61 是一个双闭环比值控制系统及其结构图。双闭环比值控制系统在控制过程中不仅需要两种物料保持一定的比例关系，还要求两种物料能克服干扰，保持流量稳定。这种控制方式适用于负荷变化而比值精度要求高的场合。

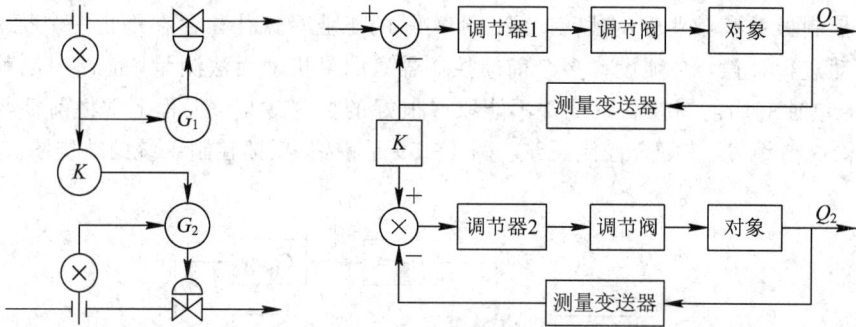

图 4-61　双闭环比值控制系统及其结构图

在有些情况下，比值控制系统中两种物料的比值不是一个常数，而是随某个参数的变化按事先设计的控制规律变化。这种按其变化规律设计的比值控制器（或称比值计算器），可以提供变化的比值，这种比值控制方式称为变比值控制。

4）其他控制系统

在过程控制系统中，还会应用到另外一些控制系统，如分程控制系统、选择控制系统等。

分程控制系统的原理结构图如图 4-62 所示。分程控制系统只有一个被控量，一个被测量参数。控制信号被划分成若干区段，每一区段有对应的执行机构，可以按不同的条件对被控对象的输出加以控制。在化工、能源工程中都可见到分程控制的例子。

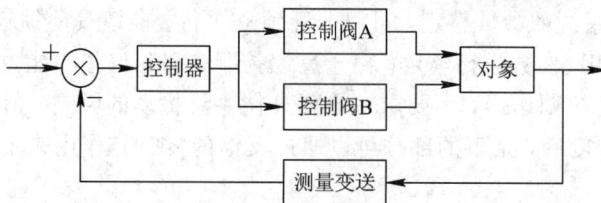

图 4-62　分程控制系统

图 4 - 63 是选择性控制系统的结构图。选择性控制系统的特点是系统中有一个选择器，可以对来自不同控制器或来自不同变送器的信号进行选择，以使系统在不同条件下按不同方式运行。

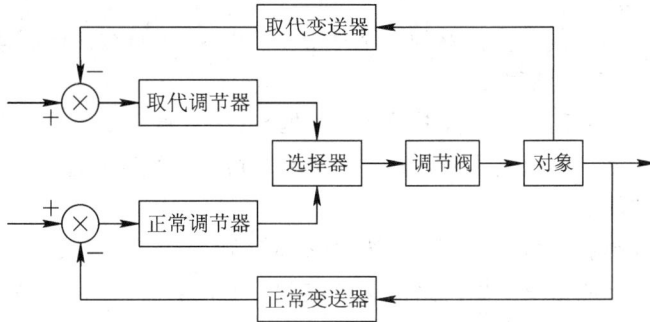

图 4 - 63　选择性控制系统

在工业生产过程中，遇到生产异常情况时，常采用紧急停车的手段，防止事故发生，这就是系统的硬限控制。这种方式有时是不必要的，会对生产和企业的经济效益产生较大的影响。选择性控制则可在一定条件下适应这种情况。当生产异常时，另一个控制系统取代正常系统，降低要求，维持生产，并保证有关参数不越限，待生产恢复正常后，再通过选择器使正常的控制器恢复工作。这种控制方式是对生产过程的一种软保护，称为软限控制。具有这种功能的选择性控制系统称为取代控制系统或超驰控制系统。超驰控制仅是选择性控制的一种应用。

本节讨论了简单控制系统和几种过程控制中常用的复杂控制系统。这些控制系统基本上是按 PID 控制规律工作的，称为常规控制方式。

随着科学技术的发展，现代生产过程中的新技术、新工艺以及新型的生产设备对自动控制提出了更高的要求。在新的控制理论指导下，许多高级、先进的控制方式正在逐步获得应用，例如，最优控制系统，自适应控制系统，预测控制系统，智能控制系统等。但常规的 PID 控制已被证明是一种简单且行之有效的控制方式，在过程控制系统中仍起主流作用。与此同时，实现过程控制各种控制方式的硬件设备——自动化仪表，早已进入计算机时代。新型的自动化仪表产品层出不穷。以计算机为核心的自动控制系统相关产品，从原理、功能甚至外观形状，都突破了传统仪表的概念，以至于出现了以软件为基础的"虚拟"控制器、变送器等仪表，控制系统所有的信息都可以由计算机来收集、处理和存储，因此出现了以微处理器为核心适应先进控制方式的数字式 PID 控制器，并且已有比较成熟的产品，如智能化自整定 PID 控制器等。在后续的章节中我们将会做详细的介绍。

5）复杂控制系统的参数整定

下面以串级控制系统为例来说明复杂控制系统的参数整定方法。由于串级控制系统中有主、副两组参数，各通道及回路间存在着相互联系和影响，改变主、副回路的任一参数，对整个系统都有影响，特别是主、副回路被控对象的时间常数相差不大时，动态联系密切，参数整定的工作尤其困难。

在整定参数前，先要明确串级控制系统的设计目的。如果主要是保证主参数的控制质量，对副参数要求不高，则整定工作就比较容易；如果主、副参数要求都高，整定工作就比较复杂。下面介绍"先副后主"两步参数整定法。

第一步：在工况稳定情况下，将主回路闭合，把主控制器比例度调为 100%，积分时间调到最大，微分时间调为零；再用 $4:1$ 衰减曲线法整定副回路，求出副回路的比例度 δ_{2S} 和振荡周期 T_{2S}。

第二步：把副回路看成是主回路的一个环节，使用 $4:1$ 衰减曲线法整定主回路，求得主控制器的比例度 δ_{1S} 和振荡周期 T_{1S}。

根据 δ_{1S}、δ_{2S}、T_{1S} 和 T_{2S} 的取值，按表 $4-3$ 的经验公式算出串级控制系统主、副回路参数。先调整副回路参数，再调整主回路参数，如果得到满意的过渡过程，则整定工作结束，否则还需进行适当调整。

如果主、副回路被控对象的时间常数相差不大，则按 $4:1$ 衰减曲线法整定可能出现"共振"危险，这时，可适当减少副回路比例度或积分时间，以达到减少副回路振荡周期的目的。同理，加大主回路比例度或积分时间，以期望增大主回路振荡周期，使主、副回路振荡周期之比增大，从而避免"共振"。这样做会降低控制系统的控制质量。如果主、副回路被控对象特性太相近，则说明采用的方法欠妥当，此时就不能完全依靠参数整定来提高控制质量了。

小　结

（1）一个典型闭环自动控制系统通常由被控对象、控制器、执行器、变送器等部分组成。

（2）被控对象是指生产过程中需要进行控制的工作机械和装置。描述被控对象工作状态并需要进行控制的物理量就是被控量。

（3）具有自平衡能力的单容被控对象的传递函数为

$$G_p(s) = \frac{K}{Ts+1}$$

（4）无自平衡能力而具有积分环节的单容被控对象的传递函数为

$$G_p(s) = \frac{\varepsilon}{s}$$

（5）具有自平衡能力的单容被控对象的特征参数有两个：放大系数 K 和时间常数 T，其中，K 是单容被控对象的稳态参数，T 是单容被控对象的动态参数。

（6）无自平衡能力的被控对象在输入作用下不会达到新的稳定状态，描述其性能的参数只有一个动态参数：响应速度 ε。

（7）具有关联的双容被控对象的传递函数为

$$G_p(s) = \frac{K}{(T_1 s+1)(T_2 s+1) + T_3 s}$$

（8）控制器是指用于计算被控对象的输出状态与控制期望状态的偏差，并根据偏差，按一定控制规律产生输出控制信号，送给执行器，完成某种控制任务的装置。

（9）控制器的基本控制规律有 4 种：位式控制、比例控制、积分控制和微分控制。

（10）由基本控制规律组成的控制器有：比例微分（PD）控制器、比例积分（PI）控制器、比例积分微分(PID)控制器。

(11) 执行器的作用是接收来自控制器的输出信号,直接调节生产过程中相关介质的输送量,从而使温度、压力、流量等被控变量控制在生产过程所要求的范围内。执行器由执行机构和调节机构两部分组成。

(12) 变送器用于检测被控量或输出量,产生反馈信号,把检测到的输出信号转变为可被控制器识别的信号的转换器。

(13) 变送器的种类有压力变送器、一体化温度变送器、液位变送器、超声波变送器、智能变送器等。

(14) 简单控制系统中的 PID 控制器参数的工程整定方法有:临界比例度法、衰减曲线法、经验试凑法、响应曲线法等。

(15) 过程控制系统中常用的复杂控制系统有:串级控制系统、前馈控制及前馈-反馈控制系统、比值控制系统、分程控制系统、选择控制系统等。

(16) 复杂控制系统的参数整定遵循"先副后主"两步参数整定法,步骤如下:

① 将主回路闭合,用 4∶1 衰减曲线法整定副回路,求出副回路的比例度 δ_{2s} 和振荡周期 T_{2s};

② 把副回路看成是主回路的一个环节,使用 4∶1 衰减曲线法整定主回路,求得主控制器的比例度 δ_{1s} 和振荡周期 T_{1s}。

习 题

4-1 典型的闭环控制系统主要由哪几部分组成?各组成部分的作用是什么?

4-2 按照被控对象所含存储元件的多少,被控对象动态特性的类型有哪几种?用传递函数近似描述它们的动态特性。

4-3 什么是比例控制规律、积分控制规律和微分控制规律?它们有什么特点?

4-4 什么是比例度、积分时间常数和微分时间常数?它们对控制系统的过渡过程有什么影响?

4-5 什么是控制器的控制规律?工业上有哪几种控制器?

4-6 执行器在控制系统中有何作用?

4-7 调节阀有哪几种流量特性?选择调节阀流量特性的原则是什么?

4-8 工业上常用的变送器的种类有哪些?它们各自的特点是什么?

4-9 简单控制系统的定义是什么?画出简单控制系统的典型结构图。

4-10 简单控制系统中的 PID 控制器参数的工程整定方法有哪几种?简要描述整定步骤。

4-11 与简单控制系统相比,复杂控制系统有什么特点?

4-12 什么是串级控制系统?画出串级控制系统的典型结构图。

4-13 在串级控制系统中,如何选择主、副控制器的控制规律,即如何整定主、副控制器的参数?

第 5 章　计算机控制系统概述

【内 容 提 要】

本章主要介绍了以计算机为控制核心的计算机控制系统或过程控制系统，主要叙述了计算机控制系统的硬件、软件组成，计算机控制系统的特点，计算机控制系统的主要结构类型，计算机控制系统的发展。

计算机控制系统是以计算机为控制核心的自动控制系统或过程控制系统。计算机控制系统不但实现了被控参数的数字采集、数字显示和数字记录等功能，而且信息的分析、控制量的计算以及系统的管理等均实现了软件化。计算机控制技术是一门集控制理论与技术、计算机科学与技术、电子科学与技术和网络通信技术等于一体的综合型应用学科，已普及于工业生产过程、智能家电、智能仪器仪表、机器人、航空航天、智能医疗设备等诸多领域。计算机控制系统已成为当今自动控制的主流系统，基本取代传统的模拟检测、调节、显示、记录、控制等仪器设备和大部分人工操作管理，并且可以采用较复杂的计算方法和处理方法，使被控对象的动态过程按规定方式和技术要求运行，以完成各种过程控制、操作管理等任务。

1946 年世界上第一台电子计算机在美国问世，在科学技术上引起了一场深刻的革命。特别是近年来，半导体电路的高度集成化，运行速度和工作可靠性的提高，成本的不断降低，使得计算机控制系统广泛应用于自动控制生产现场乃至各职能部门，并深入各行业的许多领域。由于微型计算机具有成本低、体积小、功耗少、可靠性高和使用灵活等特点，为实现分级计算机控制创造了良好的条件，其控制对象已从单一的工艺流程扩展到企业生产过程的管理和控制。随着微型计算机的推广使用，可以实现信息自动化与过程控制相结合的分级分布式计算机控制，组成大规模的工业自动化系统，使计算机控制技术的水平发展达到一个崭新的阶段。

计算机控制技术是计算机、控制、网络通信等多学科内容的集成。计算机控制系统的输入/输出接口、人机接口、控制器的设计及使用、抗干扰技术、可靠性技术等均属于计算机控制技术范畴。如果计算机的计算结果直接改变常规控制器的给定值或直接送往执行器去控制生产过程，此种控制方法称为在线控制；如果计算结果仅供生产管理人员作为指导生产的参考，而生产的控制仍在人的指挥下进行，此种控制方法称为离线控制。

本章将主要介绍计算机控制系统的工作原理和特点，计算机控制系统的基本组成、特点、分类及其应用和发展。

5.1　计算机控制系统的组成

在工业领域中,自动控制技术已获得了广泛的应用。计算机控制系统是由计算机和被控对象两大部分组成的。

图 5-1(a)是按偏差进行控制的闭环控制系统的原理框图。测量元件对被控对象的被控参数(如温度、压力、流量、转速、位移等)进行测量;变送单元将被测参数变成电压(或电流)信号,反馈给控制器;控制器将反馈回来的信号与给定值进行比较,得到偏差;控制器就根据偏差产生控制信号驱动执行机构工作,使被控参数的值达到预定的要求。

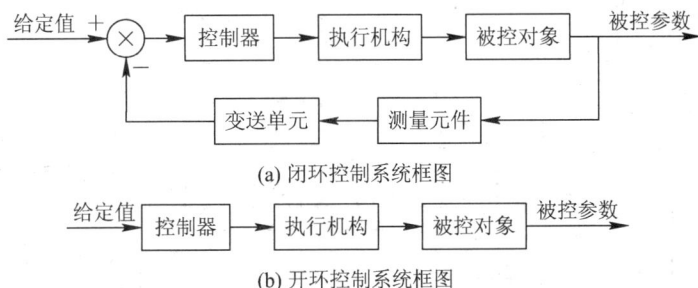

(a) 闭环控制系统框图

(b) 开环控制系统框图

图 5-1　典型闭环、开环控制系统方框图

图 5-1(b)是开环控制系统的原理框图。与闭环控制系统不同的是,开环控制系统的控制器直接根据给定值去控制被控对象工作,被控参数在整个控制过程中对控制量不产生影响。与闭环控制系统相比,开环控制系统没有反馈环节,结构相对简单,但控制性能要差一些。开环控制系统和闭环控制系统根据控制对象和控制要求的不同,分别用于不同的应用场合。

由图 5-1 可以看出,自动控制系统的基本功能是信号的传递、加工和比较。这些功能是由测量元件、变送单元、控制器和执行机构来完成的。控制器是控制系统中最重要的部分,它决定了控制系统的性能和应用范围。

如果把图 5-1 中的控制器用计算机来代替,这样就构成了计算机控制系统,其基本框图如图 5-2 所示。如果计算机是微型计算机,就组成了微型计算机控制系统。在微型计算机控制系统中,只要运用各种指令,就能设计出符合某种控制规律的程序。微处理器执行这样的程序,就能实现对被控参数的控制。在计算机控制系统中,由于计算机的输入和输出信号都是数字信号,而大部分被控对象的被控参数和控制量是模拟信号,因此在计算机控制系统中,需要有将模拟信号转换为数字信号的 A/D 转换器,以及将数字信号转换为模拟信号的 D/A 转换器。

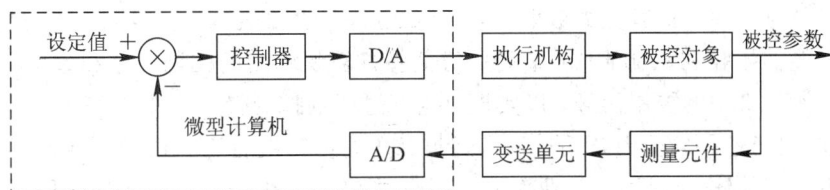

图 5-2　计算机控制系统方框图

计算机控制系统的控制过程可归结为以下两个步骤：

（1）数据采集：对被控参数的瞬时值进行检测，并将数据传送给计算机。

（2）控制：对采集的被控参数的状态量进行分析，并按已定的控制规律决定控制过程，适时地对控制器发出控制信号。

不断重复上述过程，使整个系统能够按照一定的性能指标进行工作，并且对被控参数和设备本身出现的异常状态及时监督并作出迅速处理。

工业生产过程是连续进行的。应用于工业控制的微型计算机系统通常是一个实时控制系统，包括硬件和软件两部分。

1. 计算机控制系统的硬件组成

计算机控制系统的硬件一般由主机、输入/输出通道、外部设备、检测与执行机构和被控对象等组成，如图 5-3 所示。

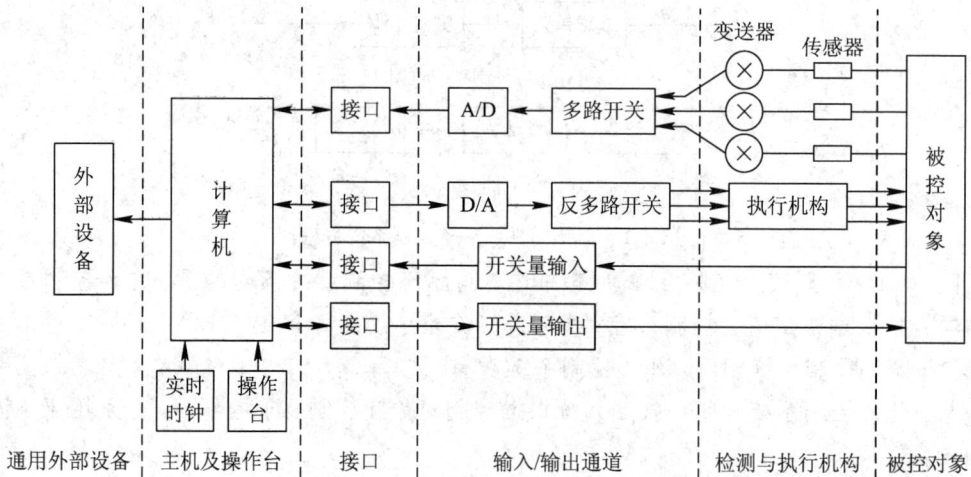

图 5-3 计算机控制系统的基本组成

1）主机

主机是计算机控制系统的核心，它可以通过接口向系统的各个部分发出各种命令，同时对被控对象的被控参数进行实时检测及处理。主机的主要功能是：控制整个生产过程，按控制规律进行各种控制运算（如 PID 调节规律运算、最优化计算等）和操作，根据运算结果作出控制决策；对生产过程进行监督，使之处于最优工作状态；对事故进行预测和报警；编制生产技术报告和打印制表等。

2）输入/输出通道

输入/输出通道是计算机和生产过程之间传递和变换信息的连接通道，它的作用是：一方面将工业对象的生产过程参数取出，经传感器（一次仪表）、变送器、A/D 转换器等变换成计算机能够接收和识别的代码；另一方面将计算机输出的控制命令和数据，经过变换后作为操作执行机构的控制信号，以实现对生产过程的控制。

输入/输出通道一般分为开关量输入通道、开关量输出通道和模拟量输入通道和模拟量输出通道。输入/输出通道与工业对象通过各种仪表发生联系。这些仪表则包括测量元件、检测仪表、显示仪表、调节仪表、执行机构等。

3）外部设备

外部设备是计算机和外界进行信息交换的设备(简称外设)。外部设备包括人机联络设备(操作台)、输入/输出设备和外存储器等。

(1) 操作台应具备显示功能，即根据操作人员的要求能立即显示所要求的内容，还应具有按钮，以完成系统的启停等功能，还要保证即使操作错误也不会造成恶劣后果。

(2) 输入设备主要用来输入程序和数据。常用的输入设备有键盘、鼠标、扫描仪等。

(3) 输出设备主要用来把各种信息和数据提供给操作人员，以便操作人员及时了解控制过程的情况。常用的输出设备有打印机、显示器(数码显示器或 CRT 显示器)、记录仪、绘图仪等。

(4) 外存储器(简称外存，如磁带装置、磁盘装置)兼有输入、输出功能，主要用于存储系统程序和数据。

4）检测与执行机构

(1) 变送单元。在计算机控制系统中，为了收集和测量各种参数，采用了各种检测元件和变送器，其主要功能是将被检测参数的非电量转换成电量。例如，热电偶把温度转换成电压信号；压力变送器把压力转换为电信号，这些信号经变送器转换成统一的标准电平信号后，再输入计算机。

(2) 执行机构。要控制生产过程，必须有执行机构，它是计算机控制系统中的重要部件，其功能是根据计算机输出的控制信号改变控制对象的被控量(如改变输出的角位移或直线位移)，通过调节机构改变被控介质的流量或能量，使生产过程符合预定的要求。例如，在温度控制系统中，计算机根据温度的误差计算出相应的控制量，输出给执行机构(调节阀)来控制进入加热炉的煤气(或油)量以实现预期的温度值。常用的执行机构有电动、液动和气动等控制形式，也有的采用马达、步进电动机及可控硅元件等进行控制。

5）被控对象

被控对象一般是指系统中被控制的设备或过程。深入研究和掌握被控对象的特性和数学描述方法是设计高质量控制系统的前提和技术关键。

2. 计算机控制系统的软件

软件是指计算机控制系统的程序系统。软件通常分为两大类：一类是系统软件，另一类是应用软件。

系统软件是指控制和协调计算机及外部设备，支持应用软件开发和运行的系统，是无须用户干预的各种程序的集合。其主要功能是调度、监控和维护计算机系统，负责管理计算机系统中各种独立的硬件，使它们协调工作。系统软件使得计算机使用者将计算机当作一个整体而不需要顾及底层每个硬件是如何工作的。系统软件一般不需要用户设计，只需用户掌握其使用方法或根据需要进行适当的改造即可。系统软件包括操作系统、诊断系统、开发系统、信息处理系统等，具有一定的通用性，通常由计算机制造厂或软件供应商提供。

应用软件是用户根据要解决的实际问题而编写的各种程序。在计算机控制系统中，每个被控对象或控制任务都配有相应的控制程序，通过这些控制程序来实现各个被控对象的不同要求。要编制这些程序，需要对生产工艺、生产设备、控制工具、控制规律进行深入理解，建立符合实际的数学模型，确定控制算法和控制功能。

计算机控制系统随着硬件技术发展的日臻完善，对软件提出了越来越高的要求。只有软件和硬件相互有机配合，才能充分发挥计算机的优势，研制出完善的计算机控制系统。

5.2　计算机控制系统及工控机的特点

1. 计算机控制系统的特点

计算机控制系统与常规的模拟式自动控制系统相比，具有如下特点：

（1）控制规律灵活多样，修改控制方案方便。利用计算机强大的信息处理能力，可以实现模拟控制难以实现的各种先进复杂的控制算法，从而获得更好的控制性能，还可实现对难以控制的复杂被控对象的有效控制。当系统控制方案、控制算法及其参数发生变化时，通过修改软件即可实现，不需要更换或变动硬件。

（2）控制精度高，抑制扰动能力强，能实现分时控制。利用计算机强大的运算能力，通过分时工作可以实现一台计算机同时控制多个回路，还可以同时实现串级数字控制、前馈数字控制、顺序控制等多种控制功能，抵御多种扰动的影响。

（3）能够实现数据统计和工况显示。利用计算机的存储、数字运算和直观的显示功能，可以实现模拟变送器、控制器、指示器、手动操作器以及记录仪等多种模拟仪表的功能，并且便于监视生产过程和实现相应的操作。

（4）控制与管理一体化，进一步提高自动化程度，控制效率高。用网络技术可将所有的现场设备与控制器用电缆连接在一起，构成网络化的控制系统，实现现场状态监测、控制、远程信息传输等功能，使企业信息的采集控制直接延伸到生产现场。利用网络的分布式结构可以构成计算机控制和管理的集成系统，实现工业生产与经营的管理、控制一体化，大大提高了企业的综合自动化水平。

2. 工控机的特点

计算机的运算和逻辑功能，可以有效地满足当代复杂生产过程的控制要求。专门用于生产过程控制的数字计算机，通常称为生产过程控制用计算机系统，也称为工业控制计算机（简称工控机）。工业控制计算机一般有以下特点：

（1）可靠性和可维修性高。工控机的可靠性和可维修性是两项非常重要的指标，它们决定着系统在控制上的可用程度。可靠性的简单含义是设备在规定的时间内运行时不发生故障。用计算机控制的连续性生产过程要求工控机高度可靠，为此需采用可靠性技术来解决。

可维修性对实现高度的可用性是非常重要的。设计时应该考虑系统通过相同电子线路的集装件的替换即可得到快速修理。另外，维修工控机必须有诊断程序，这些程序能在闲余时间通过检验和测试计算机的不同部位来确定故障。

（2）对环境的适应性强。工控机一般应用在生产现场，易受环境条件影响（如强电流、强磁场、腐蚀性气体、灰尘、温度变化等都会影响计算机的可靠性和使用寿命），而工控机应该能够在这样的环境下保证正常工作。

（3）控制具有实时性。所谓实时，是指信号的输入、计算和输出都要在一定的时间范围内完成，即计算机对输入信息以足够快的速度进行处理，并在一定的时间内作出反应或进行控制，超出这个时间范围，就失去了控制的时机，控制也就失去了意义。为此，工控机必须配有实时时钟和完善的中断系统。

（4）具有完善的输入/输出通道。为了对生产装置和生产过程进行控制，计算机经常不断地与被控制的工业对象交换信息。通常，需要配备完善的输入/输出通道，如模拟量输入、开关量输入、模拟量输出、开关量输出、人机通信设备等。

（5）具有丰富的软件。工控机应配备比较完整的操作系统，和适合生产过程控制的应用程序，使机器操作简单，使用合理，控制性能好。

（6）具有适当的计算精度和运算速度。一般工业对象对于精度和运算速度的要求并不苛刻，通常字长为 8～32 位，速度在每秒几万次至 100 万次，内存容量为 4～64 KB 等。但随着自动化程度的发展，对于精度和运算速度的要求也在不断提高，应根据具体的被控对象及使用方式，选取合适的机型。

5.3　计算机控制系统的主要结构类型

目前，计算机控制系统种类繁多，命名方法也各有不同。根据应用特点、控制功能和系统结构不同，计算机控制系统可分为计算机操作指导控制系统（OIS，Operational Information System）、直接数字控制（Direct Digital Control，DDC）系统、监督计算机控制（Supervisory Computer Control，SCC）系统、集散型控制系统（Distributed Control System，DCS）、现场总线控制系统（Fieldbus Control System，FCS）和计算机集成制造系统（Computer Integrated Manufacturing System，CIMS）。下面将分别对它们进行介绍。

1. 计算机操作指导控制系统

计算机操作指导控制系统的结构如图 5-4 所示。

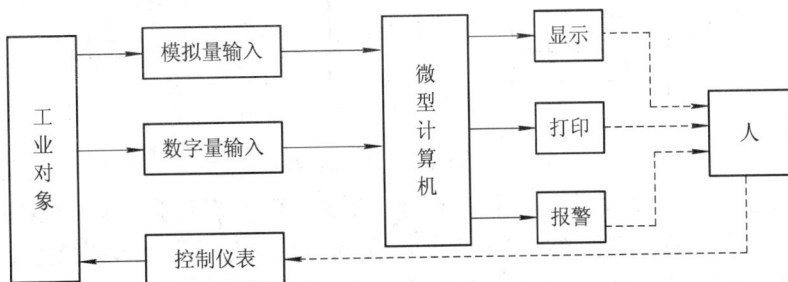

图 5-4　计算机操作指导控制系统的结构

早期的生产过程很少有数字传感器，数字量输入多为开关量，故仅有模拟量输入和数字开关量输入部分。计算机操作指导控制系统属于数据采集与处理系统，生产过程需要收集的参数，经多路模拟量输入、多路数字开关量输入送进微机后进行数据采集和分析处理，采集处理的数据以一定的形式显示或打印出来，可以在存储器中保存。当系统出现异常时发出声光报警。这种系统中的微机不直接参与影响生产的过程控制，仅为操作人员提供指导信息，操作人员根据计算机的指导利用控制仪器对生产过程进行控制。

2. 直接数字控制系统

直接数字控制(Direct Digital Control)系统简称 DDC，一般为在线实时系统，结构如图 5-5 所示。微机通过模拟量输入通道及接口 AI、数字开关量输入通道及接口 DI 进行实时数据采集，然后按已定的控制规律进行实时控制决策，最后通过模拟量输出通道及接口 AO、数字开关量输出通道及接口 DO 输出控制信号，实现对生产过程的直接控制。DDC 属于计算机闭环控制系统，是计算机在工业生产过程中最普遍的一种应用方式。为提高利用率，一台计算机有时要控制几个甚至几十个回路。

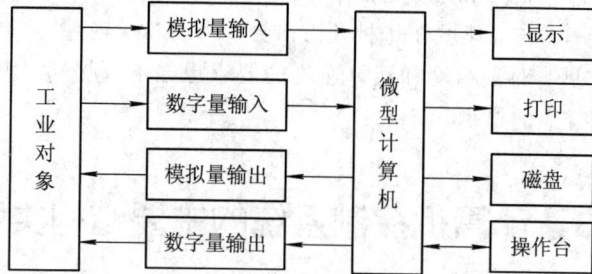

图 5-5　直接数字控制系统结构图

3. 监督计算机控制系统

监督计算机控制(Supervisory Computer Control)系统简称 SCC，系统结构图如图 5-6 所示。

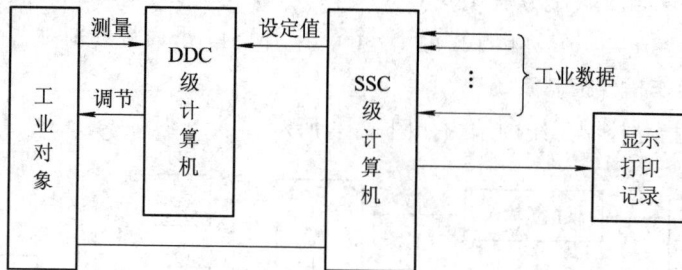

图 5-6　监督计算机控制系统结构图

SCC 系统是一种两级微型计算机控制系统。其中，DDC 级计算机完成生产过程的直接数字控制；SCC 级计算机则根据生产过程的工况和已定的数学模型，进行优化分析计算，生成最优化给定值，送给 DDC 级计算机执行。SCC 级计算机承担高级控制与管理任务，要求数据处理功能强，存储容量大等，一般应选用较高档的计算机。

1) 集散型控制系统

集散型控制系统也叫分布式控制系统(Distributed Control System，DCS)。它是采用积木式结构，以一台主计算机和两台或多台从计算机为基础的一种结构体系，所以也叫主从结构或树形结构。从机绝大部分时间是并行工作的，只有必要时才与主机通信。该系统采用分散控制、集中操作、分级管理、分而自治和综合协调的设计原则，把系统从下到上分为过程控制级、控制管理级、生产管理级等若干级，实现分级分布式控制，其结构如图 5-7 所示。

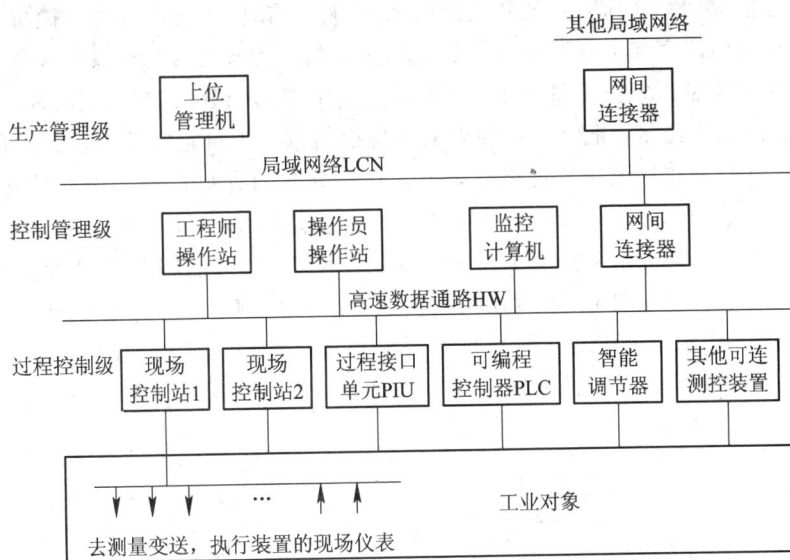

图 5-7　DCS 的组成结构图

三级系统由高速数据通路(HW)和局域网络(LCN)两级通信线路相连。控制管理级与过程控制级为操作站-控制站-现场仪表三层结构模式,由现场控制站、过程接口单元(PIU)、工程师和操作员操作站、高速数据通路、监控计算机五部分组成。在高速数据通路上可以挂接可编程控制器(PLC)、智能调节器或其他可连测控装置。控制管理级的监控计算机通过协调各控制站的工作达到生产过程的动态最优化控制。生产管理级的上位管理机具有制订生产计划和工艺流程以及管理产品、财务、人员等功能,以实现生产管理的优化。生产管理级可具体细分为工段、车间、厂、公司等几层,由上层其他局域网络互相连接,传递信息,进行更高层次的管理、协调工作。

分布式控制系统代替了原来的中小型计算机集中控制系统,它具有如下特点:

(1)可靠性高。分布式控制系统能实现地理上和功能上分散的控制,使每台计算机的任务相应减少,功能更明确,组成也更简单,因此提高了可靠性。

(2)速度快。分布式控制系统各级并行工作,很多采集和控制功能都分散到各个子环节中,仅在必要时才通过高速数据通道与监督计算机进行信息交换,因此减少了数据集中串行处理的时间,也减少了信息传递的次数,所以提高了速度。

(3)通信功能强。系统通过高速数据通道连接所有的工作站,采用局域网通信,实现系统内数据共享。

(4)结构灵活,易于扩展。分布式控制系统采用的是模块化结构,即把任务相同的部分做成一个模块,系统结构灵活,可大可小,便于操作、组装和调度,易于扩展。

(5)设计、开发、维护简便。由于系统采用模块式结构,且具有自诊断和错误检测功能,所以设计、开发及维护都很方便,并能实现高级复杂规律控制。

2)现场总线控制系统

现场总线控制系统(Fieldbus Control System,FCS)是继集散型控制系统后的新一代分布式控制系统。现场总线技术是将专用微处理器置入传统的测量控制仪表,使它们各自都具有数字计算和数字通信的能力,采用可进行简单连接的双绞线等作为总线,把多个测量控制仪表连接成网络系统，并公开规范的通信协议，在位于现场的多个微机化测量控制设备之间以及现场仪表与远程监控计算机之间实现数据传输与信息交换，形成各种适应实际需要的自动化控制系统。简而言之，现场总线技术把单个分散的测量控制设备变成网络节点，以现场总线为纽带，把它们连接成可以交换信息、共同完成控制任务的网络系统和控制系统。它给自动化领域带来的变化，正如众多分散的计算机被网络连接在一起一样，使计算机的功能、作用发生了变化。现场总线使自动控制系统与设备具有通信能力，把它们连接成网络系统，加入信息网络的行列。现场总线控制系统采用"集管理控制功能于一体的工作——现场总线智能仪表"两层结构模式，完成了 DCS 中三层结构模式的功能，其结构图如图 5-8 所示。该系统克服了 DCS 系统成本高和由于各厂商的产品通信标准不统一而造成的不能互联等弱点，降低了成本，提高了可靠性。国际标准统一后，可实现真正的开放式互联体系结构。

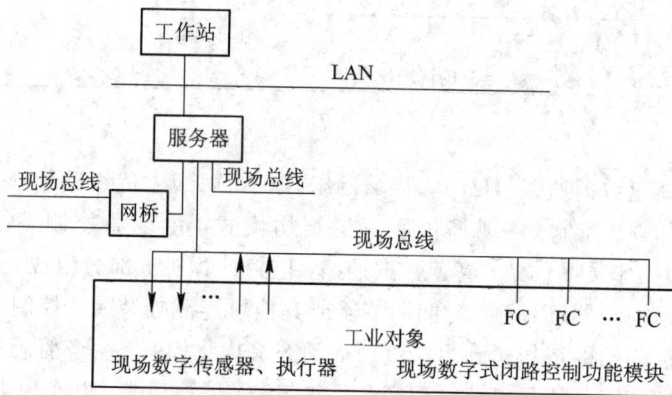

图 5-8　现场总线控制系统结构图

现场总线是连接工业过程现场仪表和控制系统之间的全数字化、双向、多站点的串行通信网络，它实现了生产过程领域的基本控制设备（即现场级设备）之间以及更高层次自动控制领域的自动化控制设备（如车间级设备）之间的联系。现场总线是近年来迅速发展起来的一种工业数据总线，它主要解决工业现场的智能化仪器仪表、控制器、执行机构等设备间的数据通信以及这些现场控制设备和高级控制系统之间的信息传递问题。所以现场总线既是通信网络，又是自控网络。

现场总线是于 20 世纪 80 年代中期提出来的，自 20 世纪 90 年代以来，现场总线技术已经成为工业测控领域的热门技术。由于技术以及商业利益等原因，目前统一标准有一定的困难，故无国际标准可遵守。现场总线一般采用点对点、一点对多点及广播方式收发数据，传输介质为双绞线、同轴电缆、光纤、电源线等。目前，较为流行的现场总线主要有如下五种：CAN(Controller Area Network，控制器局域网络)总线，LONGWORKS(Local Operating Network，局部操作网络)总线，PROFIBUS(Process Fieldbus，过程现场)总线，HART(Highway Addressable Remote Transducer，可寻址远程传感器数据网络)总线和 FF 现场(Foundation Fieldbus，基金会现场)总线。

3）计算机集成制造系统

随着工业生产过程规模的日益复杂化与大型化，现代化工业要求计算机系统不仅要完成直接面向过程的控制和优化任务，而且要在获取尽可能多的生产全部过程信息的基础上，进行整个生产过程的综合管理、指挥调度和经营管理。随着自动化技术、计算机技术、数据通信技术等的迅速发展，满足这些要求已经不再是梦想，能实现这些功能的系统称为计算机集成制造系统（Computer Integrated Manufacturing Systems，CIMS）。当 CIMS 用于流程工业时，简称为流程 CIMS。流程工业计算机集成制造系统按其功能可以自下而上地分为若干层，如直接控制层、过程监控层、生产调度层、企业管理层和经营决策层等，其结构框图如图 5-9 所示。

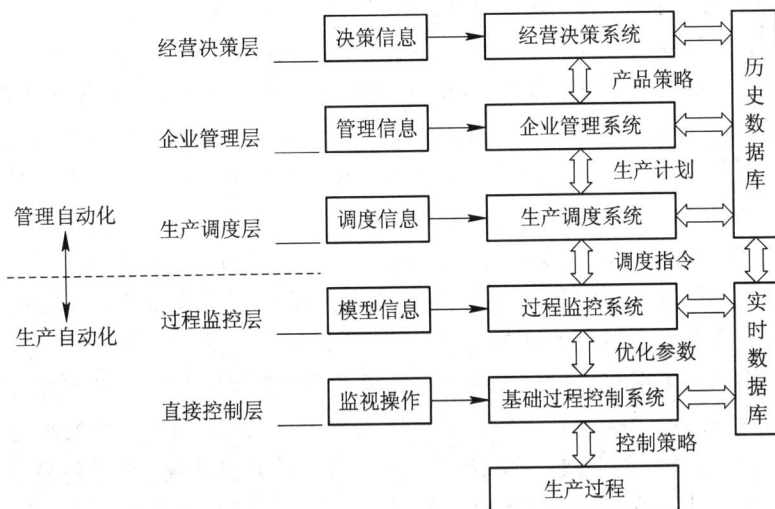

图 5-9　流程工业计算机集成制造系统结构示意图

从图 5-9 中可以看到，这类系统除了常见的过程直接控制、先进控制与过程优化功能之外，还具有生产管理、收集经济信息、计划调度，以及产品订货、销售、运输等非传统控制的诸多功能。因此，计算机集成制造系统所要解决的不再是局部最优问题，而是一个工厂、一个企业乃至一个区域的总目标或总任务的全局多目标最优问题，即企业综合自动化问题。最优化的目标函数包括产量最高、质量最好、原料和能耗最小、成本最低、可靠性最高、对环境污染最小等指标，它反映了技术、经济、环境等多方面的综合性要求，是工业过程自动化及计算机控制系统发展的一个方向。

5.4　计算机控制系统的发展

1. 计算机控制系统的发展过程

自 1946 年世界上第一台电子计算机问世以来，计算机在世界各国得到了极大的重视和迅速的发展。20 世纪 70 年代微型计算机的推广，标志着计算机的发展和应用进入了新的阶段。

计算机控制技术是自动控制理论与计算机技术相结合的产物，计算机控制系统的发展与自动控制理论及计算机技术的发展密不可分的。计算机技术的发展给控制系统开辟了新的途径，现代控制理论以及各种新型控制规律的发展又给计算机控制系统增添了理论依据。经典的和现代的控制理论与计算机相结合，出现了新型的计算机控制系统。

从美国工业控制机的发展和应用来看，用计算机来控制生产过程大体上经历了三个阶段：

1965 年以前是试验阶段。早在 1952 年，就在化工生产中实现了自动测量和数据处理；1954 年开始用计算机构成开环系统；1957 年采用计算机构成的闭环系统开始应用于石油蒸馏过程的调节；1958 年在美国一个炼油厂建成第一台闭环计算机控制装置；1960 年在合成氨和丙烯腈生产过程中实现了计算机监督控制。

1965 年到 1969 年是计算机控制进入开始使用和逐步普及的阶段。由于小型计算机的出现，使可靠性不断提高，成本逐年下降，计算机在生产过程中的应用得到了迅速的发展，但这个阶段仍然主要是集中型计算机控制系统。经验证明，在高度集中控制时，若计算机出现故障，将对整个生产装置和整个生产系统带来严重影响。虽然可以采用多机并用的方案提高集中控制的可靠性，但这样需要增加投资。

1970 年以后为大量推广和分级控制阶段。现代工业的特点是高度连续化、大型化，装置与装置、设备与设备之间的联系日趋密切。因此，想要降低能量消耗、提高产品的质量和数量，仅仅实现局部范围内的孤立的控制，是难以取得显著效果的。为了实现对现代化工业企业的综合管理和最优控制，当前已开始运用系统工程学的方法来实现大规模综合管理系统控制。这种控制系统不是由一台计算机或数台独立的、相互无关的小型计算机来进行控制的，而是由大、中、小型计算机组合起来，形成计算机系统。在这种采用了分级结构的计算机控制系统中，按照计算机各自的特点，在充分发挥各自的潜力下，形成分级控制。近几年来，计算机具有可靠性高、价格便宜、使用方便等优点，为分级计算机控制的发展创造了良好的条件。

2. 计算机控制系统在我国的发展趋势

计算机控制系统的发展是与组成该控制系统的核心部分——微型计算机的发展紧密相连的。

微型计算机和微处理器从 20 世纪 70 年代崛起以来，发展极为迅猛。芯片的集成度越来越高，半导体存储器的容量越来越大；控制和计算性能几乎每两年就提高一个数量级；另外大量新型接口和专用芯片不断涌现、软件日益完善和丰富，大大地提高了微型计算机的功能，这为促进微型计算机控制系统的发展创造了有利的条件。

目前，计算机控制技术正在向智能化、网络化和集成化的方向发展。计算机控制系统的发展趋势如下。

1）以工业 PC 为基础的低成本工业控制自动化将成为主流

从 20 世纪 60 年代开始，西方国家就依靠自动化技术（即新设备、新工艺以及计算机应用）开始对传统工业进行改造，使工业得到飞速发展。然而这种自动化需要投入大量的资金，是一种高投资、高效益、高风险的发展模式，很难为大多数中小企业所采用。在我国，中小型企业以及准大型企业还是走的低成本工业控制自动化的道路。工业控制自动化主要包含三个层次，从下往上依次是基础自动化、过程自动化和管理自动化，其核心是基础自动化和过程自动化。

传统的自动化系统，基础自动化部分基本被 PLC 和 DCS 所垄断，过程自动化和管理自动化部分主要由各种进口的过程计算机或小型计算机组成,其硬件、系统软件和应用软件的价格之高令众多企业望而却步。

20 世纪 90 年代以来,以工业 PC、I/O 装置、监控装置、控制网络组成的 PC-based (简称工业 PC)的自动化系统得到了迅速普及,成为实现低成本工业自动化的重要途径。我国的许多大企业也拆除了原来的 DCS 或单回路数字式调节器,而改用工业 PC 来组成控制系统,并采用模糊控制算法,获得了良好的效果。

由于基于 PC 的控制器被证明可以像 PLC 一样可靠,并且被操作和维护人员接受,所以,一个接一个的制造商在部分生产中正在采用 PC 控制方案。基于 PC 的控制系统易于安装和使用,且有高级的诊断功能,为系统集成商提供了更灵活的选择,从长远角度看,PC 控制系统维护成本低。

近年来,工业 PC 在我国得到了异常迅速的发展。从世界范围来看,工业 PC 主要包含两种类型:IPC 工控机和 Compact PCI 工控机以及它们的变形机(如 AT 96 总线工控机)等。由于基础自动化和过程自动化对工业 PC 的运行稳定性、热插拔和冗余配置要求很高,现有的 IPC 已经不能完全满足要求,将逐渐退出该领域,取而代之的将是 Compact PCI-based 工控机,而 IPC 将占据管理自动化层。

几年前,当"软 PLC"出现时,业界曾认为工业 PC 将会取代 PLC,然而,时至今日工业 PC 并没有代替 PLC,主要有两个原因:一个是系统集成原因;另一个是软件操作系统 Windows NT 的原因。一个成功的 PC-based 控制系统要具备两点:一是所有工作要由一个平台上的软件完成;二是向客户提供所需要的所有东西。可以预见,工业 PC 与 PLC 的竞争将主要在高端应用上,其数据复杂且设备集成度高。由于工业 PC 在价格上竞争不过微型 PLC,因此不可能完全取代 PLC,这也是 PLC 一直存在的原因。从发展趋势看,控制系统的将来很可能存在于工业 PC 和 PLC 之间,这些融合的迹象已经出现。

2) PLC 在向微型化、网络化、PC 化和开放性的方向发展

长期以来,PLC 始终处于工业控制自动化领域的主战场,为各种各样的自动化控制设备提供非常可靠的控制方案,与 DCS 和工业 PC 形成了三足鼎立之势。同时,PLC 也承受着来自其他技术产品的冲击,尤其是工业 PC 所带来的冲击。

目前,全世界 PLC 生产厂家约 200 家,生产 300 多种产品。国内 PLC 市场仍以国外产品为主,如 Siemens、Modicon、A-B、OMRON、三菱、GE 品牌的产品。在 PLC 应用方面,我国是很活跃的,应用的行业也很广。经过多年的发展,国内 PLC 生产厂家约有 30 家,但都没有形成一定规模的生产能力和名牌产品,可以说 PLC 在我国尚未形成制造产业化。

微型化、网络化、PC 化和开放性是 PLC 未来发展的主要方向。在基于 PLC 自动化的早期,PLC 体积大且价格昂贵,但在最近几年,微型 PLC(小于 32 I/O)已经出现,价格只有几百欧元。随着软 PLC(Soft PLC)控制组态软件的进一步完善和发展,安装有软 PLC 组态软件和 PC-based 控制的市场份额将逐步得到增长。

当前,过程控制领域最大的发展趋势之一就是 Ethernet 技术的扩展,PLC 也不例外。现在越来越多的 PLC 供应商开始提供 Ethernet 接口。可以相信,PLC 将继续向开放式控制系统方向转移,尤其是基于工业 PC 的控制系统。

3) DCS 系统向测控管一体化发展

集散控制系统 DCS(Distributed Control System)问世于 1975 年,生产厂家主要集中在美、

日、德等国家。我国从 20 世纪 70 年代中后期起，首先由大型进口设备成套引入国外的 DCS。20 世纪 80 年代初期在引进、消化和吸收的同时，开始了研制国产化 DCS 的技术攻关。

"九五"以来，我国 DCS 系统研发和生产发展很快，崛起了一批优秀企业，研制生产的 DCS 系统不仅品种、数量大幅度增加，而且产品技术水平已经达到或接近国际先进水平。短短几年，国外 DCS 系统在我国一统天下的局面从此不再出现。这些专业化公司不仅占据了一定的市场份额，积累了发展的资本和技术，而且使得国外引进的 DCS 系统价格也大幅度下降，为我国自动化推广事业做出了贡献。与此同时，国产 DCS 系统的出口率也在逐年增长。

虽然国产 DCS 的发展取得了长足进步，但国外 DCS 产品在国内市场中占有率还较高，主要是 Honeywell 和横河公司的产品。小型化、多样化、PC 化和开放性是未来 DCS 发展的主要方向。目前小型 DCS 所占有的市场，已逐步与 PLC、工业 PC、FCS 共享。今后小型 DCS 可能首先与这三种系统融合，而且"软 DCS"技术将首先在小型 DCS 中得到发展。PC – based 控制将更加广泛地应用于中小规模的过程控制，各 DCS 厂商也将纷纷推出基于工业 PC 的小型 DCS 系统。开放性的 DCS 系统将同时向上和向下双向延伸，使来自生产过程的现场数据在整个企业内部自由流动，实现信息技术与控制技术的无缝连接，向测控管一体化方向发展。

4）控制系统正在向现场总线(FCS)的方向发展

随着 3C(Computer，Control，Communication)技术的发展，过程控制系统将由 DCS 发展到 FCS(Fieldbus Control System)。FCS 可以将 PID 控制彻底分散到现场设备中。基于现场总线的 FCS 又是全分散、全数字化、全开放和可互操作的新一代生产过程自动化系统，它将取代现场一对一的 4～20 mA 模拟信号线，给传统的工业自动化控制系统体系结构带来革命性的变化。

根据 IEC61158 的定义，现场总线是安装在制造或过程区域的现场装置与控制室内的自动控制装置之间的数字式、双向传输、多分支结构的通信网络。现场总线使测控设备具备了数字计算和数字通信能力，提升了信号的测量、传输和控制精度，提升了系统与设备的功能、性能。IEC/TC65 的 SC65C/WG6 工作组于 1984 年开始致力于推出世界上单一的现场总线标准工作。

目前在各种现场总线的竞争中，以 Ethernet 为代表的 COTS(Commercial – Off – The – Shelf)通信技术正成为现场总线发展中新的亮点。其关注的焦点主要集中在两个方面：

（1）能否出现全世界统一的现场总线标准；

（2）现场总线系统能否全面取代现时风靡世界的 DCS 系统。

采用现场总线技术构造低成本的现场总线控制系统，促进了现场仪表智能化、控制功能分散化和控制系统开放化，符合工业控制系统的技术发展趋势。国家在"九五"期间为了加快现场总线技术在我国的发展，把重点放在智能化仪表和现场总线技术的开发和工程化上，补充和完善了工艺设备、开发装置和测试装置，建立了智能化仪表和开发自动化系统的生产基地，形成了适度规模经济。

总之，计算机控制系统在经历了基地式气动仪表控制系统、电动单元组合式模拟仪表控制系统、集中式数字控制系统以及集散控制系统（DCS）后，将朝着现场总线控制系统（FCS）的方向发展。虽然以现场总线为基础的 FCS 发展很快，但还有很多工作要做，如统一标准、仪表智能化等。另外，传统控制系统的维护和改造还需要 DCS，因此 FCS 完全取代传统的 DCS 还需要一个较长的过程。可以肯定的是，结合 DCS、工业以太网、先进控制等新技术的 FCS 将具有强大的生命力。工业以太网以及现场总线技术作为一种灵活、方便、可靠的数据传输方式，在工业现场得到了越来越多的应用，并将在控制领域中占有更加重要的地位。

5）仪器仪表技术在向数字化、智能化、网络化、微型化的方向发展

经过五十年的发展，我国仪器仪表工业已有相当的基础，初步形成了门类比较齐全的生产、科研、营销体系。但目前我国仪器仪表行业产品大多属于中低档水平，随着国际上数字化、智能化、网络化、微型化的产品逐渐成为主流，差距还将进一步加大。目前，我国高档、大型仪器设备大多依赖进口。中档产品以及许多关键零部件，国外产品占有我国市场 60% 以上的份额，而国产分析仪器占全球市场不到千分之二的份额。

6）工业控制网络将向有线和无线相结合的方向发展

自从 1977 年第一个民用网系统 ARCnet 投入运行以来，有线局域网以其广泛的适用性和技术价格方面的优势，获得了成功并得到了迅速发展。然而，在工业现场，由于一些工业环境禁止、限制使用电缆或很难使用电缆，有线局域网很难发挥作用，因此无线局域网技术得到了发展和应用。随着微电子技术的不断发展，无线局域网技术将在工业控制网络中发挥越来越大的作用。

无线局域网（Wireless LAN）技术可以非常便捷地以无线方式连接网络设备，人们可随时、随地、随意地访问网络资源，是现代数据通信系统发展的重要方向。无线局域网可以在不采用网络电缆线的情况下，提供以太网互联功能。在推动网络技术发展的同时，无线局域网也在改变着人们的生活方式。无线局域网可以在普通局域网的基础上通过无线 Hub、无线接入站（AP）、无线网桥、无线 Modem 及无线网卡等来实现，无线网卡使用最为普遍。无线局域网未来的研究方向主要集中在安全性、移动漫游、网络管理以及与 5G 等其他移动通信系统之间的关系等问题上。

在工业自动化领域，有成千上万的感应器、检测器、计算机、PLC 和读卡器等设备需要互相连接形成一个控制网络，这些设备提供的通信接口通常是 RS-232 或 RS-485。无线局域网设备使用隔离型信号转换器，将工业设备的 RS-232 串口信号与无线局域网及以太网络信号相互转换，符合无线局域网 IEEE 802.11b 和以太网络 IEEE 802.3 标准，支持标准的 TCP/IP 网络通信协议，有效地扩展了工业设备的联网通信能力。

计算机网络技术、无线技术以及智能传感器技术的结合，产生了"基于无线技术的网络化智能传感器"的全新概念。这种基于无线技术的网络化智能传感器使得工业现场的数据能够通过无线链路直接在网络上传输、发布和共享。无线局域网技术能够在工厂环境下，为各种智能现场设备、移动机器人以及各种自动化设备之间的通信提供高带宽的无线数据链路和灵活的网络拓扑结构，在一些特殊环境下有效地弥补了有线网络的不足，进一步完善了工业控制网络的通信性能。

7）工业控制软件正向先进控制的方向发展

自 20 世纪 80 年代初期诞生至今，工业控制软件已有 40 年的发展历史。工业控制软件作为一种应用软件，是随着 PC 机的兴起而不断发展的。工业控制软件主要包括人机界面软件（HMI），基于 PC 的控制软件以及生产管理软件等。目前，我国已开发出一批具有自主知识产权的实时监控软件平台、先进控制软件、过程优化控制软件等成套应用软件，工

程化、产品化有了一定的突破，打破了国外同类应用软件的垄断格局。通过在化工、石化、造纸等行业的应用，促进企业的技术改造，提高了生产过程控制水平和产品质量，为企业创造了明显的经济效益。

作为工控软件的一个重要组成部分，国内人机界面组态软件研制方面近几年取得了较大的进展，软件和硬件相结合，为企业测、控、管一体化提供了完整的解决方案。在此基础上，工业控制软件将从人机界面和基本策略组态向先进控制方向发展。

在未来，工业控制软件将继续向标准化、网络化、智能化和开放性的方向发展。

小　　结

(1) 计算机控制系统是以计算机为控制核心的自动控制系统或过程控制系统。计算机控制技术是计算机、控制、网络通信等多学科内容的集成。

(2) 计算机控制系统的硬件一般由主机、输入输出通道、外部设备、检测与执行机构和被控对象等组成。

(3) 软件是指计算机控制系统的程序系统。软件通常分为两大类：一类是系统软件，另一类是应用软件。

(4) 计算机控制系统主要结构类型有：

① 集散型控制系统(DCS)；

② 现场总线控制系统(FCS)；

③ 工业过程计算机集成制造系统(CIMS)。

(5) 计算机控制系统在我国的发展趋势：

① 以工业 PC 为基础的低成本工业控制自动化将成为主流；

② PLC 在向微型化、网络化、PC 化和开放性的方向发展；

③ DCS 系统向测控管一体化的方向发展；

④ 控制系统正在向现场总线(FCS)的方向发展；

⑤ 仪器仪表技术在向数字化、智能化、网络化、微型化的方向发展；

⑥ 工业控制网络将向有线和无线相结合的方向发展；

⑦ 工业控制软件正向先进控制的方向发展。

习　　题

5-1　计算机控制系统是由哪几部分组成的？请画出计算机控制系统的组成框图。

5-2　简要描述计算机控制系统相对于典型的模拟控制系统有何区别。

5-3　工业控制计算机有什么特点？它与普通个人计算机有何异同？

5-4　计算机控制系统的典型形式有哪些？各有什么优缺点？

5-5　上网查资料，讨论计算机控制技术的发展趋势。

第 6 章　PID 控制器的数字化设计

【内 容 提 要】

　　本章主要介绍了数字 PID 控制器的组成、优点及作用，叙述了数字 PID 控制器设计中的连续化设计和离散化设计思想，详细介绍了控制系统设计中几种最常用的数字 PID 控制器参数的整定方法。

　　在前面的章节中我们已经讲述过，在工业生产过程中，典型模拟自动控制系统被控对象的被控参数（如温度、压力、流量、成分、液位等）常常要求维持在一定的数值上或按一定的规律变化，以满足生产工艺的要求。通常的做法是由传感器采集到数据后，变换成统一的标准信号输入到控制器，在控制器中与系统给定值进行比较，再把比较后的差值经控制器运算后送到执行机构，改变进给量，以达到自动调节的目的。

　　在连续生产控制过程中，控制器算法常采用比例、积分、微分控制方式，我们称之为 PID 控制方式。模拟 PID 控制算法是一种非常成熟且应用极为广泛的控制方式，在长期的生产实践中已经积累了很多实用的控制方法。随着科学技术的不断发展，计算机的出现给控制领域带来了全新的变革，尤其是在 20 世纪 70 年代后，小型计算机的出现使以计算机为核心的控制系统的可靠性不断提高，成本逐年下降，计算机在生产过程中的应用得到了迅速推广。与此同时，已经在实际生产过程中被证明有效可行的模拟 PID 控制算法也被广泛地应用到计算机控制系统中，形成了数字 PID 控制方式。本章将主要讨论数字 PID 控制器的作用、设计、参数整定等内容。

6.1　数字 PID 控制器

　　随着计算机出现并进入自动控制领域，人们将模拟 PID 控制规律与计算机相结合，对模拟 PID 控制规律进行适当的变换，就可以用软件实现 PID 控制功能，即数字 PID 控制。人们把采用了数字 PID 控制规律的控制器叫作数字 PID 控制器。

　　在数字 PID 控制系统中，通常用计算机数字控制器或专用数字控制器（如 PLC、单片机控制器）来代替模拟控制器。其控制过程是：首先把过程参数进行采样；通过模拟量输入通道将模拟量变成数字量（A/D 转换）；这些数字量通过数字控制器按照某种合适的 PID 控制算法进行运算处理；运算结果经 D/A 转换成模拟量；由模拟量输出通道输出；通过执行机构去控制被控对象，使得被控参数维持在一定的数值上或按一定的规律变化。

　　由于数字控制系统与模拟控制系统的控制方法不同，所以它们使用的数学工具也不同,如表 6 - 1 所示。

表 6 - 1 两类控制系统的数字工具

比较项目	模拟控制系统	数字控制系统
输入量与输出量之间的关系	微分方程	差分方程
数学工具	拉氏变换	Z 变换
常用函数	传递函数	脉冲传递函数
现代控制理论	状态方程	离散时间状态方程

在工业过程控制中,由于系统参数时常发生变化,控制对象精确的数学模型难以建立,所以人们常采用 PID 控制器进行控制,并根据经验进行在线整定。随着微机技术的发展,PID 数字控制算法已经在计算机控制系统中得到了广泛的应用。

1. PID 控制器的优点

PID 控制器主要有以下优点。

(1)技术成熟。

PID 控制是连续控制系统理论中技术最成熟、应用最广泛的一种控制方法。PID 控制器结构灵活,不仅可以采用常规的 PID 控制,而且可以根据系统的要求,采用各种 PID 的变种,如 PI 控制、PD 控制、不完全微分控制、积分分离式 PID 控制等。在 PID 控制系统中,系统参数整定方便,且在大多数工业生产过程中控制效果良好。

(2)易被人们熟悉和掌握。

生产技术人员及操作人员对 PID 控制器都比较熟悉,并在实践中积累了丰富的经验,特别是一些工作时间较长的工程技术人员使用起来更是得心应手。

(3)不需要建立系统的数学模型。

目前,有许多工业控制对象得不到或很难得到精确的数学模型,应用直接数字控制方法比较困难或根本不可能,而 PID 控制算法不需要建立系统的数学模型,所以,只能采用 PID 控制算法。

(4)控制效果好。

虽然计算机控制是断续的,但对于时间常数比较大的系统来说,其近似于是连续变化的。因此,用数字 PID 控制完全可以代替模拟控制器,并得到比较满意的效果。所以,用数字方式实现对连续系统的 PID 控制是目前应用比较广泛的方法之一。

2. PID 控制器的作用

PID 控制是基于反馈理论的控制方式,它通过测量、比较获取偏差信号,并将偏差的比例值、积分值、微分值通过线性组合构成控制量对被控对象进行控制。控制器的作用是由比例控制作用、积分控制作用、微分控制作用组合而成的。下面我们将对由这三种基本控制作用的不同组合所构成的不同类型的控制器做简要介绍。

1)比例控制器

比例控制器的微分方程为

$$y = K_p e(t) \tag{6-1}$$

式中,y 为控制器的输出;K_p 为比例系数;$e(t)$ 为控制器的输入偏差。

由式(6-1)可以看出,比例控制器的输出与输入偏差成正比。因此,只要偏差出现,控制器就能及时地产生与之成比例的控制作用,具有控制及时的特点。比例控制器的特性曲线如图 6-1 所示。

比例控制作用的大小,除了与偏差有关外,还取决于比例系数。比例系数越大,控制作用越强,动态特性也越好;反之,比例系数越小,控制作用越弱。但对于多数惯性环节,当 K_p 太大时,会引起自激振荡。

图 6-1　比例控制器的特性曲线

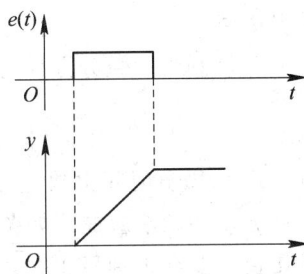

比例控制器的主要缺点是存在静差,因此,对于扰动较大、惯性较大的系统,若采用单纯的比例控制器,就难以兼顾动态和静态特性,此时需要用控制规律比较复杂的控制器。

2) 比例积分控制器

所谓积分作用,是指控制器的输出与输入偏差的积分成比例的作用。积分方程为

$$y = \frac{1}{T_i} \int e(t) \mathrm{d}t \qquad (6-2)$$

式中,T_i 是积分时间常数,它表示积分速度的大小,T_i 越大,积分速度越慢,积分作用越弱。积分作用的响应特性曲线如图 6-2 所示。

图 6-2　积分作用的响应曲线

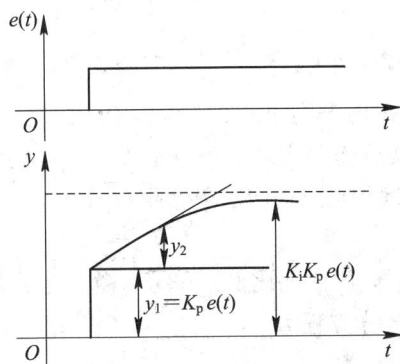

积分作用的特点是控制器的输出与偏差存在的时间有关,只要有偏差存在,输出就会随时间不断增长,直到偏差消除,控制器的输出才不会变化,因此,积分作用能消除静差。但从图 6-2 中可以看出,积分作用的动作缓慢,而且在偏差刚出现时,控制器的作用很弱,不能及时克服扰动的影响,致使被控参数的动态偏差增大,调节过程增长,因此积分作用很少单独使用。

若将比例和积分两种作用结合起来,就构成 PI 控制器,其控制规律为

$$y = K_p \left[e(t) + \frac{1}{T_i} \int e(t) \mathrm{d}t \right] \qquad (6-3)$$

PI 控制器的输出特性曲线如图 6-3 所示。

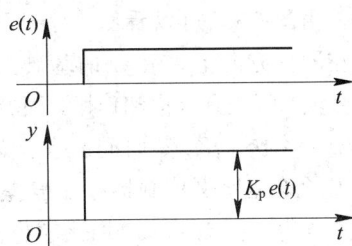

图 6-3　控制器的输出特性曲线

由图 6-3 可以看出，对于 PI 控制器，当有阶跃作用时，开始瞬时有比例输出 y_1，随后在同一方向上，在 y_1 的基础上输出值不断增大，这就是积分作用 y_2。由于积分作用不是无穷大，而是具有饱和作用，因此经过一段时间后，PI 控制器的输出趋于稳定值 $K_i K_p e(t)$。其中，系数 $K_i K_p$ 是时间 t 趋于无穷时的增益，称为静态增益。由此可见，这样的控制器既克服了单纯比例控制器存在静差的缺点，又避免了积分控制器响应慢的缺点，静态和动态特性均得到了改善，应用比较广泛。

3）比例微分控制器

PI 控制器虽然动作快，可以消除静态误差，但当控制对象具有较大的惯性时，用 PI 控制器就无法得到很好的控制品质。若在控制器中加入微分作用，即在偏差刚刚出现、值尚且不大时，根据偏差变化的趋势（速度）提前给出较大的控制作用，则可使偏差尽快消除。由于控制及时，因此可以大大减小系统的动态偏差和减少控制时间，从而使过程的动态品质得到改善。

微分控制器的微分方程为

$$y = T_d \frac{de(t)}{dt} \tag{6-4}$$

式中，T_d 为微分时间常数。

微分作用的响应曲线如图 6-4 所示。从图中可以看出，在 $t = t_0$ 时加入阶跃信号，此时输出值 y 变化的速度很大；当 $t > t_0$ 时，其输出值 y 迅速变为 0。微分作用的特点是：输出只能反映偏差输入变化的速度，而对于一个固定不变的偏差，不管其数值多大，都不会有微分作用输出。因此，微分作用不能消除静差，只能在偏差刚刚出现时产生一个很大的控制作用。微分控制器一般不单独使用，需要与比例控制器配合使用，构成 PD 控制器。PD 控制器的阶跃响应曲线如图 6-5 所示。

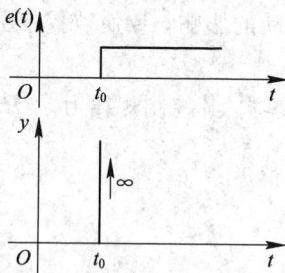

图 6-4 微分作用的响应曲线　　　图 6-5 PD 控制器的阶跃响应曲线

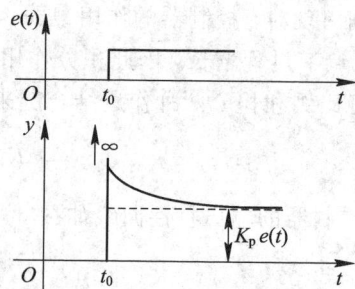

从图 6-5 中可以看出，在偏差刚出现的瞬间，PD 控制器输出一个很大的阶跃信号，然后按指数下降，直至最后微分作用完全消失，变成一个纯比例环节。比例微分控制器中，通过改变微分时间常数 T_d 来调节微分作用的强弱。

4）比例积分微分控制器

为了进一步改善控制品质，往往把比例、积分、微分三种作用组合起来，形成 PID 控制器。理想的 PID 控制器的微分方程为

$$y = K_p \left[e(t) + \frac{1}{T_i} \int e(t) dt + T_d \frac{de(t)}{dt} \right] \tag{6-5}$$

PID 控制器对阶跃信号的响应曲线如图 6-6 所示。

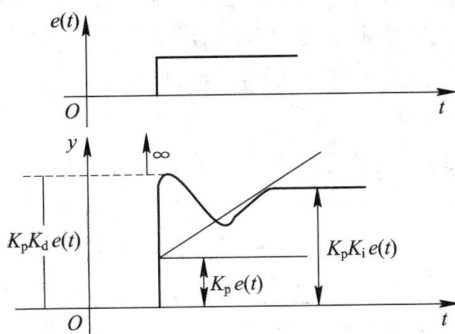

图 6-6　PID 控制器对阶跃信号的响应特性曲线

由图 6-6 可以看出，对于 PID 控制器，在阶跃信号作用下，首先是比例和微分作用，使其调节作用加强，然后再进行积分，直到最后消除静差为止。采用 PID 控制器，无论从静态还是从动态的角度来说，控制品质均得到了改善，因此 PID 控制器是一种应用最为广泛的控制器。

6.2　数字 PID 控制器的设计

计算机控制系统设计中的一个关键点就是数字 PID 控制器的设计，即在给定控制系统性能指标的条件下，设计出控制器的控制规律和相应的数字控制算法。数字 PID 控制器的设计方法一般分为连续化设计方法和离散化设计方法。下面介绍数字 PID 控制器的这两种设计方法及其相关的问题。

1. 数字 PID 控制器的连续化设计

1) 连续化设计思想

数字 PID 控制器的连续化设计方法也称为模拟化设计方法。本方法是将图 6-7 所示的计算机控制系统看作一个如图 6-8 所示的连续控制系统，即忽略控制回路中所有的保持器和采样器，然后采用连续控制系统的设计方法设计出模拟控制器 $D(s)$，在满足一定的条件下作某种近似，从而将模拟控制器离散化成数字控制器 $D(z)$。

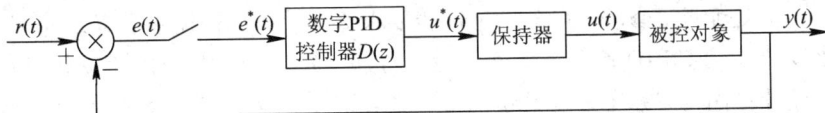

图 6-7　计算机控制系统的典型结构图

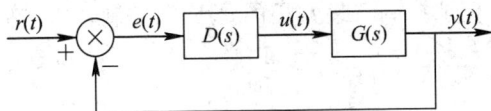

图 6-8　假想的连续控制系统示意图

对于连续控制系统的设计方法，在经典控制理论中已经用时域法、频域法做了系统的阐述，并且在生产实践中工程技术人员对连续控制系统非常熟悉且积累了丰富的经验，因而，数字控制器的连续化设计方法得到了广泛的应用。

2）连续化设计的前提条件

数字 PID 控制器的连续化设计方法是在一定条件下，把计算机控制系统近似地看成连续控制系统，用连续控制系统的理论和方法来进行分析和设计，再将设计结果转变成计算机的控制算法，是数字 PID 控制器的间接设计方法。著名的香农采样定理从采样周期的角度给出了数字控制器进行连续化设计的基本要求，当系统的采样频率足够高时，离散控制系统的特性接近于信号连续变化的连续控制系统，此时可以忽略采样开关和保持器。

3）连续化设计的基本步骤

（1）设计假想的模拟控制器 $D(s)$。

将图 6-7 所示的计算机控制系统假想为如图 6-8 所示的连续控制系统，即将实现数字 PID 控制器的计算机和零阶保持器组合在一起，作为一个模拟环节看待，其等效传递函数为 $D(s)$。按照经典控制理论频域法等连续系统的校正方法，可以设计出校正环节，即得到连续系统控制器的传递函数 $D(s)$。

（2）正确地选择采样周期 T。

采样周期在计算机控制系统中是一个重要参数，必须正确选择。在满足香农采样定理的前提条件下，要结合被控对象的特性、执行机构的类型、计算机的运算工作量及控制精度、控制系统的随动和抗干扰性能等综合考虑选择参数 T。

（3）将 $D(s)$ 离散化为 $D(z)$。

将 $D(s)$ 离散化为 $D(z)$，请参考相关资料，本书不做详细介绍。

（4）求出与 $D(s)$ 对应的差分方程，即控制算法的表达式。

要想用计算机实现数字控制器 $D(s)$，则必须求出相应的差分方程，即控制算法的表达式。$D(s)$ 的差分方程，即控制算法为

$$u(k) = -a_1 u(k-1) - a_2 u(k-2) - \cdots -$$
$$a_n u(k-n) + b_0 e(k) + b_1 e(k-1) + \cdots +$$
$$b_m e(k-m)$$

（5）根据差分方程编制相应程序。

计算机控制系统的控制算法投入使用前，在有条件的情况下要进行数字仿真，若不符合要求，应予以不断调试修改，直至满足性能要求为止，再进行编程实现。

连续化设计是数字 PID 控制器的间接设计方法。数字 PID 控制器的设计还有另一种方法——直接设计方法，该方法根据系统的性能要求，运用离散系统控制理论，直接进行数字控制器的设计。

2. 数字 PID 控制器的离散化设计

在连续控制系统中，模拟控制器最常用的是 PID 控制，其控制规律形式如下

$$u(t) = K_p \left[e(t) + \frac{1}{T_i} \int_0^t e(t) \mathrm{d}t + T_d \frac{\mathrm{d}e(t)}{\mathrm{d}t} \right] \tag{6-6}$$

式中，$e(t)$ 为控制器的输入函数，即给定量与输出量的偏差；$u(t)$ 为控制器的输出函数；K_p 为比例系数；T_i 为积分时间常数；T_d 为微分时间常数。

式(6-6)表示的控制器的输入函数及输出函数均为模拟量,计算机无法对其进行直接运算,为此,必须将连续形式的微分方程转化成离散形式的差分方程。

设 T 为采样周期,k 为采样序号($k=0,1,2,\cdots,i,\cdots,k$),因采样周期 T 相对于信号的变化周期是很小的,故可以用矩形法计算面积,用向后差分代替微分,即

$$\int_0^t e(t)\mathrm{d}t = \sum_{i=0}^k e_i T \tag{6-7}$$

$$\frac{\mathrm{d}e(t)}{\mathrm{d}t} = \frac{e(k)-e(k-1)}{T} \tag{6-8}$$

于是式(6-6)可写成

$$u(k) = K_\mathrm{p}\left[e(k) + \frac{1}{T_\mathrm{i}}\sum_{i=0}^k e_i T + T_\mathrm{d}\frac{e(k)-e(k-1)}{T}\right] \tag{6-9}$$

式中,$u(k)$ 为采样时刻 k 时的输出值;$e(k)$ 为采样时刻 k 时的偏差值;$e(k-1)$ 为采样时刻 $k-1$ 时的偏差值。

式(6-9)中的输出量 $u(k)$ 为全量输出,它对应于被控对象的执行机构(如调节阀)每次采样时应达到的位置,因此,式(6-9)称为 PID 位置控制算式,这就是 PID 控制规律的离散化形式。

需要指出的是,按式(6-9)计算 $u(k)$ 时,输出值与过去的所有状态有关,计算时要占用大量的内存和花费大量的时间,为此,应将式(6-9)化成递推形式。根据式(6-9)写出采样时刻 $k-1$ 的输出值:

$$u(k-1) = K_\mathrm{p}\left[e(k-1) + \frac{1}{T_\mathrm{i}}\sum_{i=0}^{k-1} e_i T + T_\mathrm{d}\frac{e(k-1)-e(k-2)}{T}\right] \tag{6-10}$$

用式(6-9)减去式(6-10),经整理后可得

$$u(k) = u(k-1) + K_\mathrm{p}\left\{e(k)-e(k-1) + \frac{T}{T_\mathrm{i}}e(k) + \frac{T_\mathrm{d}}{T}\left[e(k)-2e(k-1)+e(k-2)\right]\right\} \tag{6-11}$$

按式(6-11)计算采样时刻 k 时的输出量 $u(k)$,只需用到采样时刻 k 时的偏差值 $e(k)$,以及向前递推一次及两次的偏差值 $e(k-1)$、$e(k-2)$ 和向前递推一次的输出值 $u(k-1)$,这大大节约了计算机的内存和计算时间。

应该注意的是,按 PID 的位置控制算式计算输出量 $u(k)$ 时,若计算机出现故障,则输出量的大幅度变化将显著改变被控对象的位置(如调节阀门突然加大或减小),可能会给生产造成损失。为此,常采用增量型控制算法,即输出量是两个采样周期之间控制器的输出增量 $\Delta u(k)$。由式(6-11)可得

$$\Delta u(k) = u(k) - u(k-1)$$

$$= K_\mathrm{p}\left\{e(k)-e(k-1) + \frac{T}{T_\mathrm{i}}e(k) + \frac{T_\mathrm{d}}{T}\left[e(k)-2e(k-1)+e(k-2)\right]\right\} \tag{6-12}$$

式(6-12)称为 PID 增量式控制算式。式(6-11)和式(6-12)在本质上是一样的,但 PID 增量式算式具有如下优点:

(1) 计算机只输出控制增量,即执行机构位置的变化部分,误动作影响小。

(2) 在进行手动-自动切换时,控制量冲击小,控制过程能够较平滑地过渡。

3. 数字 PID 控制器的实现

控制生产过程的计算机要求有很强的实时性。将微型计算机作为数字控制器时，由于其字长和运算速度的限制，必须采用一些方法来加快计算速度。常用的方法有简化算式法、查表法和硬件乘法器法。本书仅介绍简化算式法。

式(6-11)是 PID 位置控制算式，按照这个算式，微型计算机每输出 $u(k)$ 一次，要作四次加法、两次减法、四次乘法和两次除法。若将该式稍加合并整理，则可写成如下形式

$$u(k) = u(k-1) + K_p\left(1 + \frac{T}{T_i} + \frac{T_d}{T}\right)e(k) - K_p\left(1 + \frac{2T_d}{T}\right)e(k-1) + K_p\frac{T_d}{T}e(k-2)$$

$$= u(k-1) + a_0e(k) - a_1e(k-1) + a_2e(k-2) \tag{6-13}$$

式中的系数 a_0、a_1、a_2 可先计算好，然后代入式(6-13)，再进行计算机程序运算，微型计算机每输出 $u(k)$ 一次，只需作三次乘法、两次加法、一次减法，大大减少了微型计算机的运算工作量。

按式(6-13)编制位置式数字控制器的程序框图如图 6-9 所示。

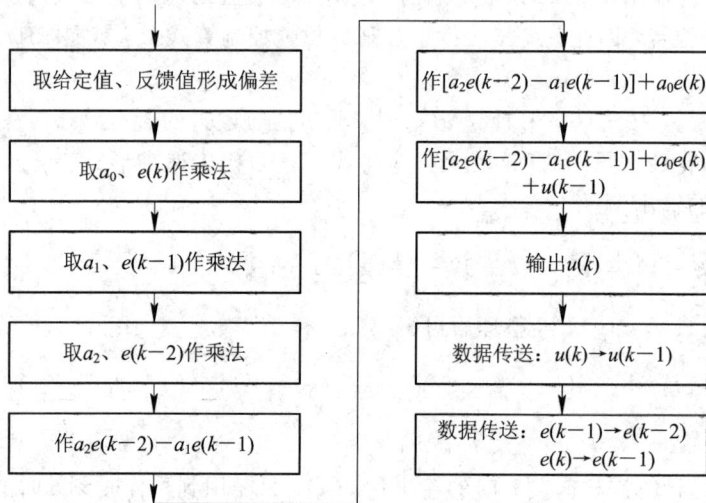

图 6-9　位置式数字控制器的程序框图

在进入程序之前，式(6-13)中的系数 a_0、a_1、a_2 已计算出来，并已存入 CONS0、CONS1 及 CONS2 单元中。给定值和输出反馈值经采样后已放入 GEC1 和 GEC2 中。位置式数字控制器的程序如下：

```
CONS0：  DS 1              ;存放系数 a0
CONS1：  DS 1              ;存放系数 a1
CONS2：  DS 1              ;存放系数 a2
GEC1：   DS 1              ;存放给定值
GEC2：   DS 1              ;存放输出反馈值
SUBE1：  DS 1              ;存放偏差值 e(k)
SUBE2：  DS 1              ;存放偏差值 e(k-1)
MID1：   DS 2              ;存放乘积 a0e(k)
M1D2：   DS 2              ;存放乘积 a1e(k-1)
OUTP1：  DS 2              ;存放 u(k-1)
```

SUBE3：	DS 1	；存放偏差值 $e(k-2)$
	LD A，(GEC2)	；取反馈值
	LD B，A	
	LD A，(GEC1)	；取给定值
	SUB B	；形成偏差 $e(k)$
	LD (SUBE1)，A	；$e(k)$存入 SUBE1 单元
	LD DE，(CONS0)	；a_0 存入 DE 中
	CALL MULT	；作乘法，乘积 $a_0e(k)$在 HL 寄存器对中
	LD (MID1)，HL	；$a_0e(k)$存入 MID1 单元
	LD DE，(CONS1)	；取 a_1
	LD A，(SUBE2)	；取 $e(k-1)$
	CALL MULT	；作乘法，乘积 $a_1e(k-1)$存放在 HL 寄存器对中
	LD (MID2)，HL	；$a_1e(k-1)$存入 MID2 单元
	LD A，(SUBE3)	；取 $e(k-2)$
	LD DE，(CONS2)	；取 a_2
	CALL MULT	；作乘法，乘积 $a_2e(k-2)$存放在 HL 寄存器对中
	XOR A	；清除进位位
	LD BC，(MID2)	；取 $a_1e(k-1)$
	SBC HL，BC	；作 $a_2e(k-2)-a_1e(k-1)$，其差在 HL 寄存器对中
	LD BC，(MID1)	；取 $a_0e(k)$
	ADD HL，BC	；作 $a_0e(k)+[a_2e(k-2)-a_1e(k-1)]$
	LD BC，(OUTP1)	；取 $u(k-1)$
	ADD HL，BC	；作 $u(k-1)+a_0e(k)+[a_2e(k-2)-a_1e(k-1)]$
	LD A，L	
	OUT (PORT)，A	；经 PORT 端口输出 $u(k)$
	LD (OUTP1)，HL	；由 $u(k)$得到 $u(k-1)$
	LD A，(SUBE2)	
	LD (SUBE3)，A	；由 $e(k-1)$得到 $e(k-2)$
	LD A，(SUBE1)	
	LD (SUBE2)，A	；由 $e(k)$得到 $e(k-1)$

子程序 MULT 中，被乘数是无符号数，放在 DE 寄存器对中；乘数为有符号的数，放在 A 累加器中；最后的乘积在 HL 寄存器对中。在子程序中处理被乘数、乘数以及乘积的符号。

6.3　数字 PID 控制器参数的整定

模拟 PID 控制器参数的整定就是按照生产工艺对控制性能的要求，确定控制器的参数 K_p、T_i 和 T_d；而数字 PID 控制器参数的整定，除了需要确定 K_p、T_i、T_d 外，还需要确定系统的采样周期 T。在控制器的结构形式确定之后，系统性能的好坏主要取决于选择的参数是否合理。可见，PID 控制器参数的整定是非常重要的。

1. 采样周期的选择

由香农(Shannon)采样定理可知，只有当采样频率达到系统控制信号最高频率的两倍或两倍以上时，才能使采样信号不失真地复现原来的信号。由于被控对象的物理过程及参数变化比较复杂，因此系统有用信号的最高频率是很难确定的。采样定理仅从理论上给出了采样周期的上限，实际采样周期要受到多方面因素的制约。

（1）从系统控制质量的要求来看，希望采样周期 T 取值小一些，这样更接近于连续控制，控制效果更好。

（2）从控制系统的随动和抗干扰的性能来看，采样周期 T 小一些效果更好。干扰频率越高，则采样频率相应也越高，以便实现快速跟随和快速抑制干扰。

（3）考虑被控对象的特性，对于快速系统，采样周期 T 应取小一些；反之，T 可取大一些。

（4）由于过程控制中通常采用电动调节阀或气动调节阀，因此执行机构的动作惯性大时，它们的响应速度较低。如果采样周期过短，则执行机构来不及响应，仍然达不到控制的目的。所以，采样周期不能过短。

（5）从计算机的运算工作量及每个调节回路的计算成本来看，采样周期 T 应选大些。当 T 较大时，对每一个控制回路的控制工作量相对减小，此时可以增加控制的回路数。

（6）从计算机能否精确执行控制算式来看，采样周期 T 应选大些。因为计算机字长有限，若 T 过小，则偏差值 $e(k)$ 可能很小甚至为 0，调节作用减弱，微分和积分作用不明显。

因此，选择采样周期 T 时，必须综合考虑。一般应考虑如下因素：

（1）采样周期应比对象的时间常数小得多，否则，采样信号无法反映瞬变过程。

（2）采样周期应远小于对象扰动信号的周期，一般使扰动信号周期与采样周期为整数倍关系。

（3）当系统纯滞后占主导地位时，应按纯滞后大小选取采样周期，尽可能使纯滞后时间接近或等于采样周期的整数倍。

（4）如果执行器的响应速度比较慢，那么过小的采样周期将失去意义。

（5）在一个采样周期内，计算机要完成采样、运算和输出三项工作，采样周期的下限应大于或等于完成这三项工作所需要的时间（对单回路而言）。

由上述分析可知，采样周期受各种因素的影响，有些是相互矛盾的，必须视具体情况和主要性能指标的要求作出折中的选择。表 6-2 给出了一些常见控制器参数的经验采样周期，可供大家参考。

表 6-2　常用控制器参数的经验采样周期

被控参数	采样周期/s	备　注
流量	1～5	优先选用 1～2 s
压力	3～10	优先选用 6～8 s
液位	6～8	
温度	15～20	或取纯滞后时间
成分	15～20	

需要说明的是，表中给出的是采样周期 T 的上限。随着计算机技术的发展和成本的下降，一般可以选取更短一点的采样周期，采样周期越短，控制精度越高，数字控制系统更接近连续控制系统。

2. 数字 PID 控制器参数的整定

数字 PID 控制器的参数整定方法可以分为两大类，即理论设计法和实验确定法。其中用理论设计法确定 PID 控制器参数的前提是被控对象要有准确的数学模型，这在一般工业过程中是很难做到的，因此，主要采用的还是实验确定法。而实验确定法根据实施的具体方式不同又可分为不同的种类，下面介绍几种在工程上使用较多的数字 PID 控制器的参数整定方法。

1) 试凑法

试凑法是通过仿真或实际运行观察系统对典型输入的响应，根据各控制器参数对系统性能的影响反复调节试凑，直到满意为止，从而确定 PID 参数。

采用试凑法重点是要熟悉各控制器参数对系统响应的影响。

(1) 增大比例系数 K_p，一般将加快系统的响应速度，如果是有差系统，则有利于减小静差。但比例系数过大，会加大系统超调，甚至产生振荡，使系统不稳定。

(2) 增大积分时间 T_i，有利于减小超调，提高系统的稳定性，但系统静差的消除将随之减慢。

(3) 增大微分时间常数 T_d，有利于加速系统的响应，减小超调量，提高系统的稳定性，但系统抗干扰能力变差，对扰动过于敏感。

根据上述各参数对系统动态、静态性能的影响，可直接对控制器参数进行整定，并对相关参数进行反复调试，直到系统响应满意为止。具体方法如下：

(1) 先只考虑比例部分，整定比例系数。置 $T_i = \infty$、$T_d = 0$，投入纯比例控制器，比例系数 K_p 由小到大逐渐增加，观察相应的响应，使系统的过渡过程达到 4:1 的衰减振荡和较小的静差。如果系统静差已小到允许的范围内且响应曲线已经满意，则只需用比例控制器即可，最优比例系数可由此确定，参数整定完毕。

(2) 加入积分，整定积分时间。如果只用比例控制时，系统的静差不能满足设计要求，则需加入积分环节。整定时，先将比例系数 K_p 减小 $10\% \sim 20\%$，以补偿因加入积分作用而引起的系统稳定性下降。然后由大到小调节 T_I，在保持系统响应良好的情况下，使静差得到消除。在此过程中，可根据响应曲线的好坏反复改变比例系数与积分常数，以期得到满意的控制过程与整定参数。

(3) 加入微分，整定微分时间。经过以上两步调整后，如果系统动态过程仍不能令人满意，可加入微分环节，构成 PID 控制器。整定时 T_d 由 0 开始逐渐增大，同时反复调节 K_p 及 T_i，逐步试凑，直到获得较为满意的控制效果为止。

需要指出，PID 控制器的参数对控制质量的影响并不十分敏感，因而同一系统的参数并不是唯一的。在实际应用中，只要被控对象的主要指标达到设计要求，就可选定相应的控制器参数作为有效的控制器参数。表 6 - 3 给出了常见控制器参数的选择范围。

采用上述试凑法确定 PID 控制器参数，需要较多的现场试验，有时很不方便，所以，人们利用整定模拟 PID 控制器参数时已取得的经验，根据一些基本的实验所得数据，由经验公式导出 PID 控制器参数，从而减少了试凑的次数。常用的方法有扩充临界比例度法和扩充响应曲线法。

表 6 - 3　常见控制器参数的选择范围

被控参数	描　述	K_p	T_i/min	T_d/min
流量	对象时间常数小，并有噪声，故 K_p 较小，T_i 较小，不用微分	1～2.5	0.1～1	
温度	对象为多容量系统，有较大滞后，常加微分	1.6～5	3～10	0.5～3
压力	对象为容量系统，滞后不大，不加微分	1.4～3.5	0.4～3	
液位	在允许有静差时，不必用积分和微分	1.25～5		

2）扩充临界比例度法

扩充临界比例度法是以模拟 PID 控制器中使用的临界比例度法为基础的一种数字 PID 控制器参数的整定方法。扩充临界比例度法是临界比例度法的扩充。为了掌握扩充临界比例度法，有必要先了解一下临界比例度法。

临界比例度法用于自平衡系统模拟 PID 控制器参数的整定。其方法是：投入比例控制器形成闭环，逐渐增大比例系数使系统对阶跃输入的响应达到临界振荡状态，如图 6 - 10 所示，记下此时的比例系数 K_p（临界比例系数）和振荡周期 T_r（临界振荡周期）。然后利用经验公式，求取 PID 控制器参数。其整定计算公式如表 6 - 4 所示。

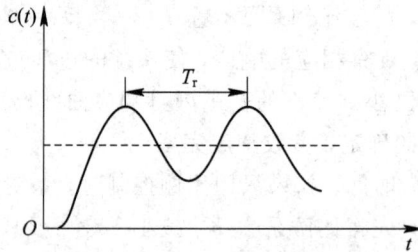

图 6 - 10　系统的临界振荡状态

表 6 - 4　临界比例度法参数整定表

调节规律	K_p	T_i	T_d
P	$0.5K_p$		
PI	$0.45K_p$	$0.85T_r$	
PID	$0.6K_p$	$0.5T_r$	$0.12T_r$

为了将上述临界比例度法用于整定数字 PID 控制器的参数，人们提出了一个控制度的概念。控制度定义为数字控制系统偏差平方的积分与对应的模拟控制系统偏差平方的积分之比，即

$$控制度 = \frac{\int_0^\infty e^2(t)dt(digital)}{\int_0^\infty e^2(t)dt(analog)} \tag{6-14}$$

控制度表明了数字控制效果相对模拟控制效果的情况,当控制度为 1.05 时,认为数字控制与模拟控制效果相同;当控制度为 2 时,表明数字控制比模拟控制的质量差一倍。控制器参数随控制度的不同而略有区别。表 6 - 5 给出了扩充临界比例度法参数整定计算公式。

表 6 - 5　扩充临界比例度法参数整定表

控制度	控制规律	T/T_r	K_p/K_r	T_i/T_r	T_d/T_r
1.05	PI	0.03	0.54	0.88	—
	PID	0.014	0.63	0.49	0.14
1.2	PI	0.05	0.49	0.91	—
	PID	0.045	0.47	0.47	0.16
1.5	PI	0.14	0.42	0.99	—
	PID	0.09	0.34	0.43	0.20
2.0	PI	0.22	0.36	1.05	—
	PID	0.16	0.27	0.40	0.22

具体整定步骤如下:

(1) 选择合适的采样周期 T。所谓合适是指采样周期应足够小,若系统存在纯滞后,采样周期应小于纯滞后的 1/10。此时,控制器去掉积分和微分作用,只保留比例控制,用阶跃输入作为给定信号。

(2) 采用第一步选定的采样周期,逐渐增大比例系数 K_p,使控制系统出现临界振荡。由临界振荡过程求得相应的临界振荡周期 T_r,并记下此时的比例系数 K_p,将其记作临界振荡增益 K_r。此时的比例度为临界比例度,记作 $\delta_r = 1/K_r$。

(3) 选择控制度。

(4) 根据控制度,查表 6 - 5,求出采样周期 T、比例系数 K_p、积分时间常数 T_i 和微分时间常数 T_d。

(5) 按求得的参数运行,在运行中观察控制效果,用试凑法适当调整有关控制参数,以便获得满意的控制效果。

3) 扩充响应曲线法

有些系统采用纯比例控制时系统是本质稳定的,还有一些系统(例如锅炉水位控制系统)不允许进行临界振荡实验,对于这两类系统,我们不能用上述扩充临界比例度法来整定 PID 控制器参数。这时,我们可采用另一种整定方法——扩充响应曲线法来整定。

响应曲线法是整定模拟 PID 控制器参数的另一种方法,扩充响应曲线法则是在它的基础上发展而来的。这种方法基于开环系统阶跃响应实验,具体步骤如下:

(1) 断开数字 PID 控制器,使系统在手动状态下工作,将被控参数控制到给定值附近并稳定后,人为地突然改变给定值,即给被控对象一个阶跃输入信号。

(2) 用仪表记录下被控参数在此阶跃输入信号作用下的变化过程,即对象的阶跃响应曲线,如图 6 - 11 所示。

(3) 在响应曲线上的拐点处作一切线,该切线与横轴以及系统响应稳态值的延长线相交于 a、b 两点,过 b 点作横轴的垂线相交于 c 点,则 Oa 为被控对象等效的纯滞后时间 τ,ac 为被控对象等效的时间常数 T_m。

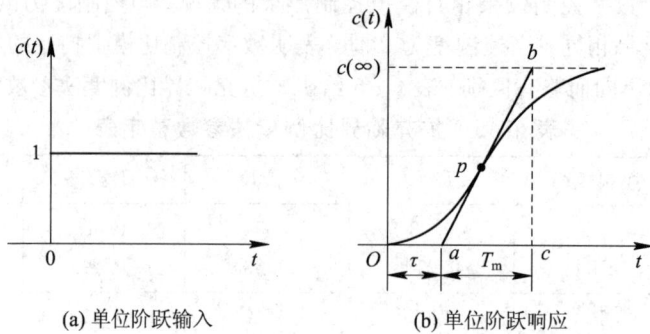

(a) 单位阶跃输入   (b) 单位阶跃响应

图 6-11　被控对象的阶跃响应曲线

（4）选择控制度。

（5）选择表 6-6 中相应的整定公式，根据测得的 τ 和 T_m 求得控制器参数 T、K_p、T_i 和 T_d。

（6）按求得的参数运行，观察控制效果，适当修正参数，直到满意为止。

表 6-6　扩充响应曲线法参数整定计算公式

控制度	控制规律	T	K_p	T_I	T_D
1.05	PI	0.1τ	$0.84T_m/\tau$	3.4τ	
	PID	0.05τ	$1.15T_m/\tau$	2.0τ	0.45τ
1.2	PI	0.2τ	$0.78T_m/\tau$	3.6τ	
	PID	0.16τ	$1.0T_m/\tau$	1.9τ	0.55τ
1.5	PI	0.5τ	$0.68T_m/\tau$	3.9τ	
	PID	0.34τ	$0.85T_m/\tau$	1.62τ	0.65τ
2	PI	0.8τ	$0.57T_m/\tau$	4.2τ	
	PID	0.6τ	$0.6T_m/\tau$	1.5τ	0.82τ

注意：表 6-6 中 K_p 是按被控对象开环放大系数为 1 的情况给出的，当被控对象开环放大系数不为 1 时，应将按表 6-6 算出的 K_p 除以被控对象开环放大系数作为 K_p 的整定值。

以上两种实验确定法适用于能用"一阶惯性加纯滞后"近似的对象，即对象传递函数可近似为 $G(s)=\dfrac{e^{-\tau s}}{1+T_m s}$，很多热工、化工等生产过程属于这类系统。对于不能用"一阶惯性加纯滞后"来近似的对象，采用其他方法整定。

除此之外，还有 PID 归一参数整定法等，工程技术人员在工作实践中还总结了 PID 参数整定口诀，有兴趣的读者可去查阅相关资料。

小　结

（1）模拟 PID 控制规律引入到计算机控制系统，用软件实现 PID 控制功能的控制器称为数字 PID 控制器。

（2）数字 PID 控制器的优点：技术成熟、易被人们熟悉和掌握、不需要建立系统的数学模型、控制效果好。

（3）数字 PID 控制器的分类：比例控制器、比例积分控制器、比例微分控制器、比例积分微分控制器。

（4）数字控制器的连续化设计：把计算机控制系统近似地看成连续控制系统，用连续控制系统的理论和方法来进行分析和设计，再将设计结果转变成计算机的控制算法的设计过程。

（5）数字 PID 控制器的离散化设计：对控制器的输入和输出均为模拟量的控制系统，将控制系统连续形式的微分方程转化成离散形式的差分方程，然后通过计算机软件来实现的设计过程。

（6）数字 PID 控制器参数的整定：数字 PID 控制器参数的整定，除了需要确定比例系数 K_p、积分时间常数 T_i、微分时间常数 T_d 外，还需要确定系统的采样周期 T。

（7）采样周期的选择：根据香农（Shannon）采样定理，当采样频率达到系统控制信号最高频率的两倍或两倍以上时，采样信号可不失真地复现原来的信号。

（8）数字 PID 控制器参数的整定方法：试凑法、扩充临界比例度法、扩充响应曲线法。

习　　题

6-1　为什么 PID 控制在计算机控制中仍然得到广泛的应用？试注意收集各种控制实例。

6-2　PID 控制器有什么特点？比例、积分、微分部分各有何作用？

6-3　说明扩充临界比例度法和扩充响应曲线法的适用范围和特点。

6-4　选择采样周期 T 时应考虑哪些因素？采样周期对控制品质有何影响？

6-5　数字 PID 控制器程序设计时，应主要考虑的问题是什么？

6-6　位置型和增量型 PID 有什么区别？试写出位置式 PID 和增量式 PID 的控制算法，并进行比较。

6-7　试述 PID 控制器中 K_p、T_i、T_d 的作用。它们的取值对系统的控制品质有什么影响？

6-8　如何用试凑法整定 PID 调节参数？

6-9　已知某连续系统控制器的传递函数为

$$G(s) = \frac{1+0.17s}{0.085s}$$

现欲用数字 PID 算法实现，试分别写出位置型 PID 和增量型 PID 算法的输出表达式。采样周期 $T=0.2$ s。

6-10　在数字 PID 控制算法中，常用的数字 PID 参数整定方法有哪些？简述各整定方法的操作步骤。

第7章　自动控制系统的设计、分析与调试

【内 容 提 要】

本章主要叙述自动控制系统的工程设计方法，着重介绍设计思路和设计步骤，包括系统数学模型的简化和近似处理；以转速、电流双闭环直流调速系统为实例来阐述分析自动控制系统的步骤，自动控制系统调试前的准备工作和系统调试的方法，以及维护使用时应注意的问题。

自动控制系统工程设计的主要内容是校正装置的设计。由于要同时满足稳、准、快以及抗干扰等各方面互相矛盾的性能要求，故按经典的动态校正方法来设计校正装置时，需要丰富的理论和实践知识，甚至设计技巧，这在工程中比较困难。

对自动控制系统进行合理的简化处理和校正之后，一般可将其近似为几种典型的低阶系统。如果对这些典型系统做出研究，把它们的开环特性作为预期的特性，将它们的参数与性能指标间的关系用简单的公式或图表表示出来，则在设计一个实际控制系统时，可先对系统固有部分做必要的简化，再将其校正成某种典型系统的形式。这样就可以利用现成的公式或图表来进行参数计算，使设计过程大大简化。

设计自动控制系统的一般方法步骤是：

（1）根据系统的结构和参数，确定系统固有部分的数学模型（系统方框图）。

（2）对系统固有部分的方框图进行近似处理与简化，并在此基础上求得系统固有部分的开环特性。

（3）根据实际系统的使用要求，确定系统的稳态和动态性能指标；再根据性能指标的要求，确定系统的预期特性。

（4）将系统固有部分的开环特性和预期特性进行比较，确定校正装置的结构与参数。

（5）通过实验或现场调试对系统的某些部分的结构和参数进行修正，以满足性能指标的要求。

7.1　系统固有部分的简化处理

在分析和设计自动控制系统之前，必须建立系统固有部分的数学模型，即建立系统的动态结构图（方框图），求出其传递函数。但实际控制系统的数学模型往往比较复杂，给分析和设计带来不便，因此，需要对固有部分的数学模型进行适当的简化处理。常用的近似处理方法有以下几种。

1. 线性化处理

实际上，所有的元件和系统都不同程度地存在着非线性性质，而非线性元件或系统的数学模型的建立和求解都比较困难。因此，在满足一定条件的前提下，常将非线性元件或系统近似看作线性元件或系统，相应地，可用线性数学模型近似代替非线性数学模型。

控制系统都有一个平衡工作状态及相应的工作点，非线性数学模型线性化的一个基本假设是变量对于平衡工作点的偏离很小。若非线性函数连续且其各阶导数都存在，则可在给定工作点附近将非线性函数展开成泰勒级数，略去二阶及以上的各项后，即可用所得的线性函数来代替原有的非线性函数。下面做具体介绍。

设非线性元件的输入为 x，输出为 y，它们之间的关系如图 7-1 所示，相应的非线性方程为

$$y = f(x) \tag{7-1}$$

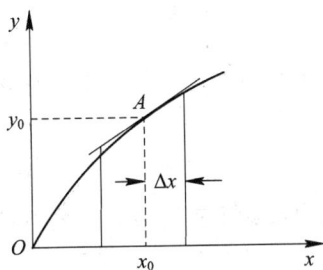

图 7-1　非线性特性的线性化

在给定工作点 (x_0, y_0) 附近，将式(7-1)按泰勒级数展开为

$$y = f(x) = f(x_0) + \frac{\mathrm{d}f}{\mathrm{d}x}\bigg|_{x=x_0} \Delta x + \frac{1}{2!}\frac{\mathrm{d}^2 f}{\mathrm{d}x^2}\bigg|_{x=x_0} (\Delta x)^2 + \cdots \tag{7-2}$$

若在工作点 (x_0, y_0) 附近增量 Δx 很小，则可略去式(7-2)中 $(\Delta x)^2$ 项及其后面的高阶项，式(7-2)可近似写成

$$\Delta y = K \Delta x \tag{7-3}$$

式中，$\Delta y = y - f(x_0)$，$K = \dfrac{\mathrm{d}f}{\mathrm{d}x}\bigg|_{x=x_0}$。

式(7-3)就是式(7-1)的线性化方程。系统中常用的元器件，如晶闸管整流装置、含有死区的二极管、具有饱和特性的放大器等，都可以近似处理成线性环节。

2. 大惯性环节的近似处理

设系统的开环传递函数为

$$G_{\mathrm{K}}(s) = \frac{K}{(T_1 s + 1)(T_2 s + 1)(T_3 s + 1)}$$

其中，$T_1 \gg T_2$，$T_1 \gg T_3$。

可将大惯性环节近似处理成积分环节，即

$$G_{\mathrm{K}}(s) \approx \frac{K}{T_1 s (T_2 s + 1)(T_3 s + 1)} \tag{7-4}$$

从稳态性能看，这样的处理相当于人为地把系统的型别提高了一级，不能真实反映系统的稳态精度。故这样的近似只适合于动态性能的分析与设计，考虑稳态精度时，仍应采用原

来的传递函数。

3. 小惯性环节的近似处理

当小惯性环节比大惯性环节的时间常数小很多时，在一定条件下，可将小惯性环节忽略不计，如

$$G(s) = \frac{K}{(T_1 s + 1)(T_2 s + 1)} \approx \frac{K}{T_2 s + 1} \qquad T_1 \ll T_2 \tag{7-5}$$

4. 小惯性群的近似处理

在自动控制系统中，经常有多个小时间常数的惯性环节相串联（称为小惯性群）的情况，在一定条件下，可将这些小惯性环节合并为一个惯性环节。如

$$G(s) = \frac{1}{(T_1 s + 1)(T_2 s + 1)(T_3 s + 1)\cdots(T_n s + 1)}$$

$$\approx \frac{1}{(T_1 + T_2 + T_3 + \cdots + T_n)s + 1} \tag{7-6}$$

式中，T_1，T_2，T_3，$\cdots$，T_n 均为小时间常数。这样处理的依据是小时间常数间相乘积会更小，可忽略不计。

5. 高阶系统的降阶处理

在高阶系统中，若 s 高阶项的系数比其他项的系数小得多，则可略去高阶项。如

$$G(s) = \frac{K}{a_1 s^3 + a_2 s^2 + a_3 s + a_4} \approx \frac{K}{a_2 s^2 + a_3 s + a_4} \tag{7-7}$$

式中，$a_1 \ll a_2$，$a_1 \ll a_3$，$a_1 \ll a_4$。

这样可以将一个高阶系统近似处理成为一个低阶系统，从而简化了对系统的分析和设计过程。

经过以上近似处理，可把问题简化，但这必然会带来误差。因此，这样计算的结果是近似的。此外，数学模型中往往还忽略了许多电气和机械上的非线性因素和其他因素，这也将带来误差。通常的做法是先进行简化，得到近似的分析结果，然后再估算这些简化给分析结果带来多大的误差。

7.2 自动控制系统的工程设计举例

工程设计方法的基本思路是：根据系统固有部分的数学模型与预期典型数学模型的对照，选择校正装置的结构和部分参数，配合固有部分的数学模型，使系统成为预期的典型系统；然后，再进一步选择校正装置的参数，以满足动态性能指标要求。

下面以转速、电流双闭环直流调速系统为例，叙述系统数学模型的建立和简化，控制器结构的选择和参数的确定等工程设计的思路与方法。

1. 系统数学模型的建立

转速、电流双环调速系统的原理如图 7-2 所示，系统的方框图如图 7-3 所示。

图 7-2 中，ASR 为速度调节器，由 PI 调节器构成；ACR 为电流调节器，也由 PI 调节器构成；TG 为测速发电机，它与 R_{P2} 一起，构成速度测量装置；TA 为电流互感器，它与

R_{P3}、整流器一起，构成电流测量装置。

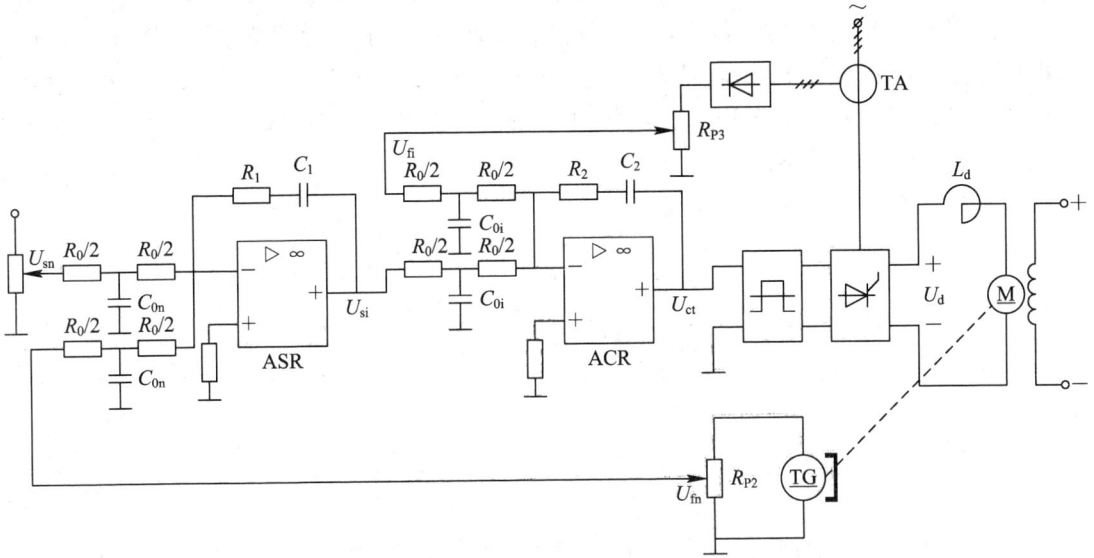

图 7-2　转速、电流双环调速系统的原理图

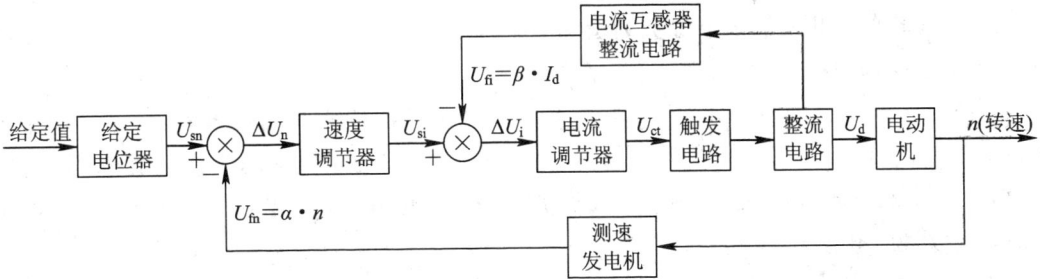

图 7-3　转速、电流双环调速系统的方框图

由图 7-3 可知，该系统有两个反馈回路，故称为双闭环。其中，一个是以电流作为被控变量的电流环，另一个是以速度作为被控变量的速度环。电流环为内环，速度环为外环。若系统设有给定和反馈滤波环节，根据电力拖动控制系统有关知识，双闭环调速系统的动态结构如图 7-4 所示。

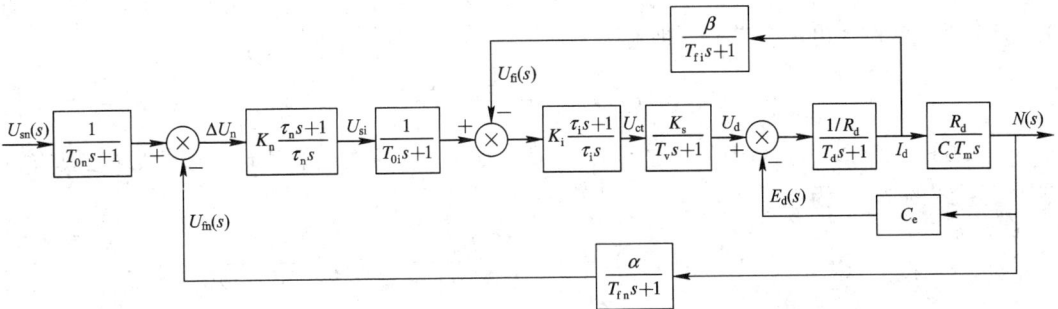

图 7-4　双闭环调速系统的动态结构图

图 7-4 中，T_d、C_e、T_m、R_d、K_s、T_s 为系统的固有参数；电流反馈系数 β、速度反馈系数 α、电流反馈滤波时间常数 T_{fi}、速度反馈滤波时间常数 T_{fn}、给定滤波时间常数 T_{0i}（电流）、T_{0n}（速度）为预选定的参数；电流调节器的参数 K_i、τ_i 和速度调节器的参数 K_n、τ_n 必须根据性能指标要求来设计。将某系统的固有参数和预选定参数代入上图，可得系统动态结构图如图 7-5 所示。由于速度的变化比电流的变化慢得多，转速滤波时间常数取 10 ms，电流滤波时间常数取 2 ms。

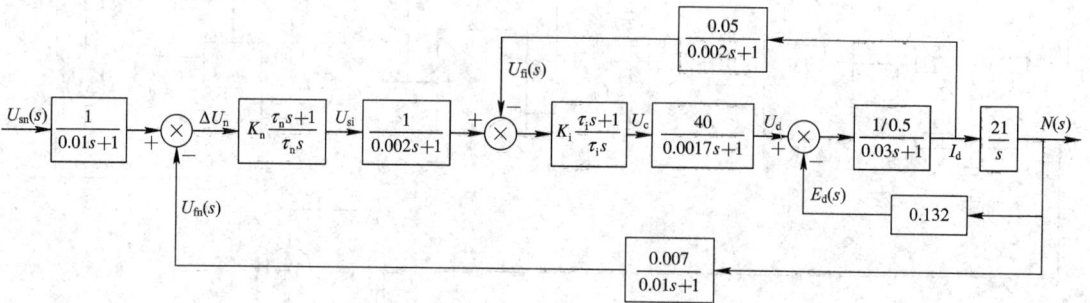

图 7-5　代入参数后双闭环调速系统的动态结构图

双闭环调速系统是多环控制系统，设计多环系统的步骤是先内环后外环，即先设计电流环，再设计速度环。

2. 电流环的简化及调节器参数的设计

1) 电流环的简化

因为转速对给定信号的响应时间比电流对给定信号的响应时间长得多（电信号变化要比机械量变化快得多），因此，在计算电流的动态响应时，可以把转速看作恒值量，即将反电势 E_d 近似地视为不变，而恒值量对动态分量是没有影响的，所以，在分析电流环动态响应时，可以将反电势 E_d 忽略不计。

电流环的动态结构图的简化过程如图 7-6 所示。

2) 电流调节器参数的设计

对电流环，可以校正成典型 I 型系统，也可以校正成典型 II 型系统。前者的超调量较小，但抗干扰恢复时间较长；后者的超调量较大，但抗干扰恢复时间较短。现将电流环校正成典型 I 型系统。由图 7-6(c) 可见，系统固有部分的传递函数为

$$G_o(s) = \frac{4}{(0.03s+1)(0.0037s+1)}$$

采用 PI 调节器作为电流调节器，即有

$$G_c(s) = \frac{K_i(\tau_i s+1)}{\tau_i s}$$

取 $\tau_i = 0.03s$，则可将 $G_o(s)$ 中的大惯性环节对消掉，校正后系统的开环传递函数（已具有典型 I 型系统的形式）为

$$G_K(s) = G_c(s)G_o(s) = \frac{4K_i}{\tau_i s(0.0037s+1)} = \frac{K}{s(Ts+1)}$$

式中，$K = \dfrac{4K_i}{\tau_i} = 133.3K_i$，$T = 0.0037s$。

(a) 原系统

(b) 化成单位负反馈

(c) 合并小惯性环节

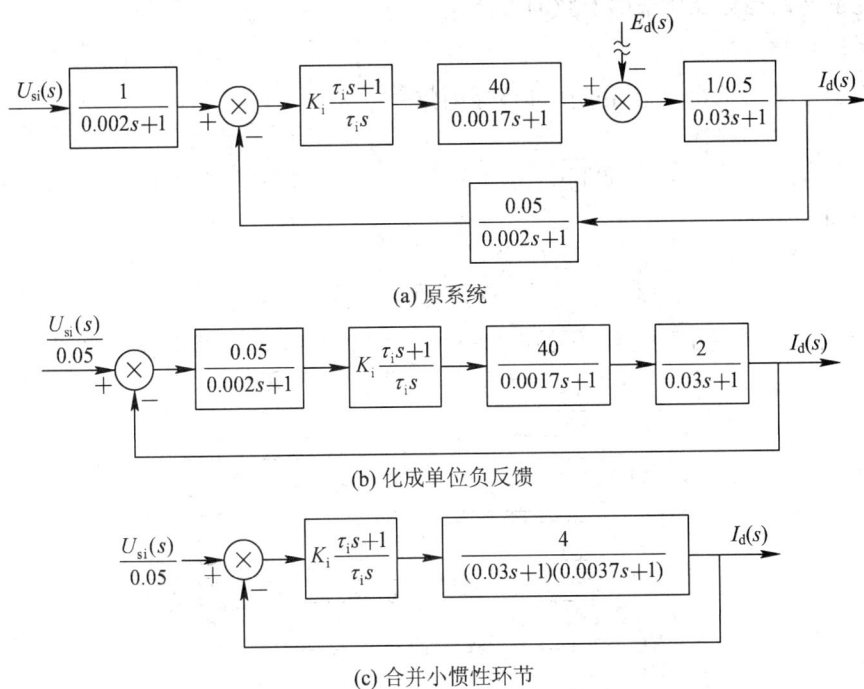

图 7 - 6　电流环的动态结构图的简化过程

由前所述，对典型 I 型系统而言，一般可按二阶最佳取值，即 $K=1/(2T)(\xi=0.707)$，故有

$$\frac{1}{2 \times 0.0037} = 133.3K_i$$

可得

$$K_i = 1.013$$

因此，校正装置的传递函数为

$$G_c(s) = \frac{1.013(0.03s + 1)}{0.03s}$$

电流环的等效开环传递函数为

$$G_K(s) = \frac{135}{s(0.0037s + 1)}$$

电流环的等效结构如图 7 - 7 所示。

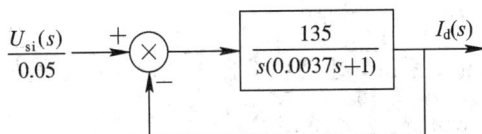

图 7 - 7　电流环的等效结构图

3. 速度环的简化及调节器参数的设计

1）速度环的简化

根据图 7-7 可求得电流环的闭环传递函数为

$$\frac{0.05I_d(s)}{U_{si}(s)} = \frac{135}{0.0037s^2 + s + 135} = \frac{1}{0.000\,027s^2 + 0.0074s + 1}$$

降阶处理后得

$$\frac{I_d(s)}{U_{si}(s)} \approx \frac{1/0.05}{0.0074s + 1} = \frac{20}{0.0074s + 1}$$

这时，双闭环调速系统的动态结构见图 7-8(a)，经简化处理后的系统结构如图 7-8(d) 所示。

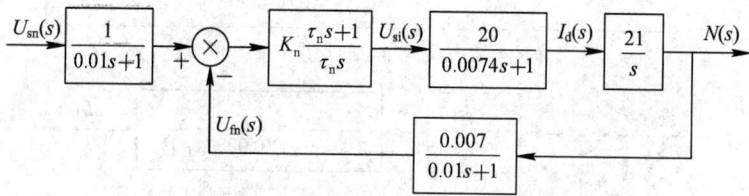

(a) 原系统

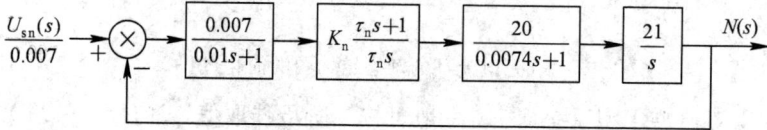

(b) 化成单位负反馈

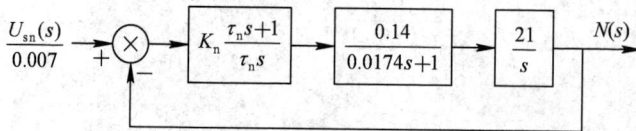

(c) 合并小惯性环节

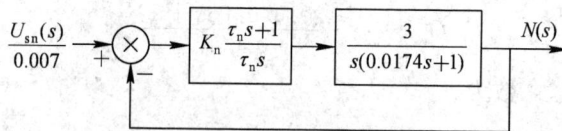

(d) 简化系统结构图

图 7-8 双闭环调速系统动态结构图的简化

2）速度调节器参数的设计

将速度环设计成典型 II 型系统，速度调节器采用比例积分调节器，即有

$$G_c(s) = \frac{K_m(\tau_n s + 1)}{\tau_n s}$$

系统固有部分的传递函数为

$$G_o(s) = \frac{3}{s(0.0174s + 1)}$$

校正后系统的开环传递函数为(具有典型 Ⅱ 型系统的形式)

$$G_K(s) = G_c(s)G_o(s) = \frac{3K_n(\tau_n s + 1)}{\tau_n s^2(0.0174s + 1)}$$

$$= \frac{K(\tau s + 1)}{s^2(Ts + 1)}$$

其中：$K = \dfrac{2K_n}{\tau_n}$，$\tau = \tau_n$，$T = 0.0174s$。

根据 $\gamma = \gamma_{max}$ 准则，将 K 和 τ 的确定转换成参变量 h 的选择。取 $h = 10$，则系统的性能指标为

$$\sigma\% = 23\%$$

$$t_s = 26T$$

$$\gamma = 55°$$

$$\tau = hT = 10T = 0.174s$$

$$K = \frac{1}{h\sqrt{h}\,T^2} = \frac{1}{10\sqrt{10} \times 0.0174^2} = 104.5 \quad (\text{可参考典型 Ⅱ 型系统的相关内容})$$

故有

$$K_n = \frac{K\tau_n}{3} = \frac{K\tau}{3} = \frac{104.5 \times 0.174}{3} = 6.06$$

于是，调节器的传递函数为

$$G_c(s) = \frac{6.06(0.174s + 1)}{0.174s}$$

校正后系统(速度环)的开环传递函数为

$$G_K(s) = \frac{104.5(0.174s + 1)}{s^2(0.0174s + 1)}$$

在上面的计算中，考虑到系统的机械惯性比电枢电路电磁惯性大得多，即电枢电流的变化比机械转速的变化快得多，所以对于电流内环，把电机电动势 E_d 看成恒量，并进而把 E_d 忽略不计。但对抗干扰性能来说，当负载增加、转速下降时，首先是电动势 E_d 下降，促使电流上升，然后才是速度环的调节作用使电枢电压上升，并进一步使电流上升从而使转速回升。因此，在计算抗干扰性能时，若略去首先促使电流变化的因素——电动势 E_d，则会带来很大的误差。若略去电动势 E_d 的影响仅考虑转速负反馈的调节作用，计算得到的速度调节器放大倍数 K_n 的数值将会偏大，按此参数去设计往往会引起振荡。正是基于这样的考虑，本例中选取 $h = 10$(而不是 $4 \sim 5$)。h 选的大一些，K_n 就要小一些，τ_n 则要大一些。

在上面的分析中，假定各电气元件都是线性的，但事实上并非如此，如二极管和三极管都有死区，晶闸管整流装置的输出也不是线性的。

由以上分析可见，前面的理论计算只是给出了一个粗略的结果，系统参数的整定设计，还需要在理论的指导下通过实际调试，才能达到较佳的性能。

7.3 自动控制系统的分析步骤

在工程实践中经常会遇到不熟悉的控制系统。这时，首先要搞清自动控制系统的工作原理(定性分析)，建立系统的数学模型，然后对系统进行定量的估算和分析。关于分析系统的方法在前面各章中都已作了说明，现再补充说明与分析。

系统分析一般包括如下几个方面的内容。

1. 工作对象对系统的要求

1) 系统或工作对象所处的工作环境条件

(1) 电源电压及波动范围(三相交流电 $380 \times (1 \pm 10\%)$ V)[①]；

(2) 供电频率及波动范围(50 Hz ± 1 Hz)；

(3) 环境温度($-20 \sim +40$℃)；

(4) 相对湿度($\leqslant 85\%$)；

(5) 海拔高度($\leqslant 1000$ m)。

2) 系统或工作对象的输出及负载能力

(1) 额定功率(60 kW)及过载能力($+20\%$)。

(2) 额定转矩(100 N·m)及最大转矩(150%额定转矩)。

(3) 速度。对调速系统，为额定转速(1000 r/min)、最高转速(120%额定转速)及最低转速(1%额定转速)；对随动系统，则为最大跟踪速度(线速度 v_{max} 及角速度 ω_{max}，如 1 m/s 及 100 rad/s)、最低平稳跟踪速度(线速度 v_{min} 及角速度 ω_{min}，如 1 cm/s 及 0.01 rad/s)。

(4) 最大位移(线位移 l_{max} 及角位移 θ_{max})。

3) 系统或工作对象的技术性能指标

(1) 稳态指标。对调速系统，主要是静差率($s \leqslant 0.1\%$)和调速范围(100：1)；对随动系统，则主要是阶跃信号和斜坡信号输入时的稳态误差(0.1 mm 或 1 μm 等)。

(2) 动态指标。对调速系统，主要是因负载转矩扰动而产生的最大动态速降 Δn_{max} (10 r/min)和恢复时间 t_f(0.3 ms)；对跟随系统，主要是最大超调量 $\sigma\%$(5%)、调节时间 t_s(1 ms)以及振荡次数 N(3 次)。

4) 系统或设备可能具有的保护环节

系统或设备可能具有的保护环节包括过流保护、过压保护、过载保护、短路保护、停电(或欠压)保护、超速保护、限位保护、欠流失磁保护、失步保护、超温保护和联锁保护等。

5) 系统或设备可能具备的控制功能

系统或设备可能具备的控制功能包括点动、自动循环、半自动循环、各分部自动循环、爬行微调、联锁、集中控制与分散控制、平稳启动、迅速制动停车、紧急停车和联动控

---

① 括号内的数值为说明举例(下同)。

制等。

6）系统或设备可能具有的显示和报警功能

系统或设备可能具有的显示和报警功能包括电源通、断指示，开、停机指示，过载断路指示，缺相指示，风机运行指示，熔丝熔断指示和各种故障的报警指示及警铃等。

7）工作对象的工作过程或工艺过程

在了解上述指标和数据的同时，还应了解这些数据对系统工作质量产生的具体影响。例如，造纸机超调会造成纸张断裂；轧钢机过大的动态速降会造成明显的堆钢和拉钢现象；仿形加工机床驱动系统的灵敏度直接影响到加工精度的等级；传动试验台的调速范围关系到它能适应的工作范围等。

这些指标要求应该是工作对象对系统的最低要求或必需的要求。过高的要求会使系统变得复杂，成本显著增加，而系统的经济性始终是一个必须充分考虑的因素。

在设计系统时，应留有较充分的裕量。因为系统在实际运行时，往往会有许多无法预测的因素。同时还要估计到各种可能出现的意外故障，并采取相应的措施，以保证系统能安全可靠地运行。同样，系统的可靠性也是一个始终必须充分考虑的因素。

2. 系统各单元的工作原理

对一个实际系统进行分析，应该先作定性分析，后作定量分析，即首先把基本的工作原理搞清楚（把电路分成若干个单元，把每一个单元分成若干个环节，这样化整为零，弄清每个环节中每个元件的作用，然后集零为整，抓住每个环节的输入和输出，明确各单元和各环节之间的联系，统观全局，搞清各单元的工作原理）。

下面以双闭环直流调速系统的单元为例进行说明。

（1）主电路：主要对电动机电枢和励磁绕组进行正常供电。对主电路的要求主要是安全可靠。因此，在选择部件容量时，在经济性和体积相差不是太多的情况下应尽可能选得大一些。在保护环节上，对各种故障出现的可能性，都要有足够的估计，并采取相应的保护措施，配备必要的警报、显示、自动跳闸电路，以确保主电路安全可靠的要求。

若主电路采用晶闸管整流，则还应考虑晶闸管整流时的谐波成分对电网的有害影响。因此，通常要在交流进线处串接交流电抗器或通过整流变压器供电。

（2）触发电路：主要考虑的是它的移相特性（即移相范围和线性度）、控制电压的极性与数值以及控制电压与晶闸管输出电压间的关系。此外，同步电压的选择、同步变压器与主变压器相序间的关系，以及触发脉冲的幅值和功率能否满足晶闸管的要求等，这些都涉及触发电路与其他单元的联系，需要进行综合考虑。

（3）控制电路：它是自动控制系统的中枢部分，其功能将直接影响控制系统的技术性能。对调速系统，主要是电流和转速双闭环控制；对恒张力控制系统，除了电流、转速闭环控制外，还要再设置张力闭环控制；对随动系统，除位置闭环控制外，还可设置转速闭环控制。当对系统要求较高时，还可设置微分负反馈或其他自适应反馈环节。

对由运算放大器组成的调节器电路，则还要注意其输入和输出的极性，输入、输出的限幅，零漂的抑制和零速或零位的封锁等。

（4）检测电路：主要是检测装置的选择。因为系统的精度是依靠检测元件提供的反馈信号来保证的，所以选择测量装置时应注意选择适当精度的检测元件。若精度过高，不仅成本增加，而且安装条件苛刻；若精度过低，又无法满足系统要求。此外，检测装置要牢固耐用，工作可靠，安装方便，并且希望输出信号具有一定的功率和幅值。

（5）辅助电路：主要是继电（或电子）保护电路、显示电路和报警电路。继电保护电路没有电子保护电路易受干扰的缺点，是一种有效且可靠的保护电路；但其灵敏度、快速性、自动控制、自动恢复等性能不及电子保护电路。

随着科学技术的不断进步，大规模专用集成芯片和新型电力电子元件不断出现，给设计分析带来了极大方便。本节所介绍的内容只是举例，提供分析思路。

3. 整个系统的工作原理

在明确各单元、各环节的作用和各个元件大致取值的基础上，再集零为整，抓住各单元的输入、输出两头，将各个环节相互联系起来，画出系统的原理方框图，之后就可以明确整个系统在正常运行时的工作原理和出现各种故障时系统的工作情况。

7.4 自动控制系统的调试方法

1. 系统调试前的准备工作

（1）了解工作对象的工作要求（或加工工艺要求），仔细检查机械部件和检测装置的安装情况（是否会阻力过大或卡死）。因为机械部件安装不好，启动后会产生事故，检测装置安装不好（如偏心、有间隙，甚至卡死等）将会严重影响系统的精度，甚至产生事故。

（2）系统调试是在各单元和部件全部合格的前提下进行的，因此，在系统调试前，要对各单元进行测试，检查它们的工作是否正常，并做好记录。

（3）系统调试是在按图纸要求接线无误的前提下进行的，因此，在调试前要检查各接线是否正确、牢靠，特别是接地线和继电保护线路，更要仔细检查（对自制设备或经过长途运输后的设备，更应仔细检查、核对）。未经检查而贸然投入运行，常会造成严重事故。

（4）编写调试大纲，明确调试顺序。系统调试是最容易产生遗漏和出现事故的阶段，因此一定要明确调试步骤，编写调试大纲。还要对参加调试的人员进行分工，对各种可能出现的事故（或故障）事先进行分析，并制订出相应的应急措施。

（5）准备必要的仪器、仪表，例如双踪示波器、高内阻万用表、代用负载电阻箱、慢扫描示波器或存储示波器、兆欧表和其他监控仪表（如电压表、电流表、转速表）等，以及产生调试输入信号的直流稳压电源和印刷线路板等。

选用调试仪器时，要注意选用仪器的功能（型号）、精度、量程是否符合要求，要尽量选用高输入阻抗的仪器（如数字万用表、示波器等），以减小测量时的负载效应。此外，还要特别注意测量仪器的接地（以免高电压通过分布电容进入控制电路），测量时要把弱电的公共端线和强电的零线分开。

（6）准备记录用纸，并画好记录表格。

（7）清理和隔离调试现场，使调试人员处于最方便进行活动的位置。对机械转动部分和电力线应加罩防护，以保证人身安全。调试现场还应配有可切断电力总电源的"急停"开关和有关保护装置，还应配备灭火消防设备，以防万一。

2．制订调试大纲的原则

调试的原则一般如下：

（1）先单元，后系统。

（2）先控制回路，后主电路。

（3）先检验保护环节，后投入运行。

（4）通电调试时，先用电阻负载代替电动机，待电路正常后，再换接电动机负载。

（5）对调速系统和随动系统，调试的关键是使电动机投入运转。投入运行时，一般先加低给定电压开环启动，然后逐渐加大反馈量（和给定量）。

（6）对多环系统，一般为先调内环，后调外环。

（7）对加载试验，一般先轻载后重载，先低速后高速。

（8）系统调试时，应首先使系统正常稳定运行，通常先将 PI 调节器的积分电容短接（改为比例调节器），待稳定后，再恢复 PI 控制器，继续进行调试（将积分电容短接，可降低系统的阶次，有利于系统的稳定运行，但会增加稳态误差）。

（9）先调整稳态精度，后调整动态指标。对系统的动态性能，可采用慢扫描示波器或采用存储（记录性）示波器记录有关参量的波形。

（10）分析系统的动、稳态性能的数据和波形记录，找出系统参数配置中的问题，以作进一步的改进调试。

3．系统调试过程

现以双闭环直流调速系统为例来说明系统的调试过程。

（1）系统控制回路各单元和部件的检查和测试（并记录有关数据）。

（2）系统主电路、继电保护电路的检查和电流环的整定。

（3）系统开环调试及速度环的整定。

（4）系统闭环调试。

总之，进行参数的调整，首先要保证系统的稳定运行，然后才是提高稳态精度和动态指标。系统调试要按照预先拟订好的调试大纲有条不紊地进行，边调试边分析，并记录下完整的调试数据和波形。系统调试是检验整个系统能否正常工作及能否达到所要求的技术性能指标的最重要的一环，也是判断系统的设计、制作是否成功（或移交、接收的系统是否合格）的最关键的一环。因此系统调试务必谨慎、仔细，并作好周密的准备，切不可大意和慌乱，因为调试时的大意很可能造成严重的事故。

7.5　自动控制系统的维护使用

掌握要领、正确使用、维护检查、及时修理是提高生产效率、保证产品质量、充分发挥自动控制装置优越性的根本保证。

电力电子开关元件、晶体管和集成电路等半导体器件的装置，由于无机械磨损部分，因此维修简单。但由于装置中电子部件小巧，因此对尘埃和温湿度要特别注意。

1. 一般维护

定期清扫尘埃时，要断开电源，采用吸尘或吹拭方法；要注意压缩空气的压力不能太大，以防止吹坏零件和断线，吹不掉的尘埃可用布擦；清扫工作一般自柜体上部向下进行，接插件部分可用酒精或香蕉水擦拭。

2. 长期停机再使用

长期停机再使用时要先进行以下检查。

（1）外表检查：要求外表整洁，无明显损伤和凹凸不平。

（2）接线检查：是否有接头松动脱落，尤其是现场临时增加的连线。

（3）接地检查：必须保证装置接地可靠。

（4）器件完整性检查：装置中不得有缺件，对于易损的元件应该逐一核对，已经损坏的或老化失效的元件应及时更换。

（5）绝缘性能检查：由于装置长期停机，因此可能带有灰尘和其他带电的尘埃而影响绝缘性能。

（6）电气性能检查：根据电气原理进行模拟工作检查，并且模拟制造动作事故，查看保护系统是否行之有效。

（7）主机运转前电动机空载试验检查：可以参照系统调试中的电动机空负荷试验方法进行。

（8）主机运转时系统的稳态和动态性能指标的检查：用慢扫描示波器查看主机启动、升速及降速瞬间的电流和速度波形，用双踪或同步示波器查看装置直流侧的电压波形；检查系统性能精度和主要参量的波形是否正常，是否符合要求。

3. 日常维护

应经常查看各类熔丝，特别是快速熔断器。快熔断时一般都有信号指示，但也有可能信号部分失效，因此可以在停电情况下用万用表 $R \times 1$ 挡测量熔丝电阻是否为 0Ω。

对于有些连续生产的设备，可以带电检查，可用万用表交流电压挡测量，若熔丝两端有高电压，则说明熔丝已经熔断。

对大电流部分也要经常注意是否有过热部件，是否有焦味、变色等现象。

4. 定期检修

对于紧固件（电力电子开关元件本身除外），运行约六个月需检查一次，其后2～3年再进行一次紧固。

对保护系统，1～2年需进行测试，检查其工作情况是否正常。可在停机情况下，由控制部分通电进行检查，并根据其原理制造模拟事故，测试其能否有效保护。

对于导线部分，要查看是否有过热、损伤及变形等，有些地方需用 500 V 或 1000 V 兆欧表检查其绝缘电阻。

有条件的地方，需经常用示波器查看直流侧的输出波形，若发现波形缺相不齐，要及时处理，排除故障。

对于大型自动控制系统，在生产商出厂时，都备有使用说明和运行维护手册，用户可对照故障现象，检查故障原因。

小　结

（1）自动控制系统的工程设计的一般步骤是：

① 根据系统的结构和参数，确定系统固有部分的数学模型（系统方框图）。

② 对系统固有部分的方框图进行近似处理与简化，并求得其开环特性。

③ 根据实际系统的使用要求，确定系统的稳态和动态性能指标；根据性能指标的要求，确定系统的预期特性。

④ 将系统固有部分的开环特性和预期特性进行比较，确定校正装置的结构与参数。

⑤ 通过实验或现场调试，确定能满足性能指标要求的调节器参数。

（2）对系统数学模型进行近似处理与简化的方法通常有非线性元件的线性化、合并小惯性环节、略去小惯性环节、降阶处理及略去次要因素等。

（3）对一个实际系统进行分析，应该先作定性分析，后作定量分析，即首先把基本的工作原理搞清楚（把电路分成若干个单元，把每一个单元分成若干个环节，这样化整为零，弄清每个环节中每个元件的作用；然后集零为整，抓住每个环节的输入和输出，搞清各单元和各环节之间的联系，统观全局，搞清各单元的工作原理）。在此基础上，可建立系统的数学模型，画出系统的原理方框图。根据系统方框图，就可以选择那些关系到系统稳定性和动、稳态技术性能的参量，分析这些参量对系统性能的影响，以便在调试实际系统时做到心中有数，有的放矢。

（4）进行系统调试，首先要做好必要的准备工作，主要是接线正确和各单元正常，并且准备好必要的仪器，明确并列出调试顺序和步骤；然后逐步进行调试，并做好调试记录。当系统不稳定或性能达不到要求时，可从各级输出（如主电路的电压、电流，调节器的输出电压、反馈电压等）的波形中找出影响系统性能的主要原因，从而制订出改进系统性能的方案。

（5）出现故障时，首先要仔细观察和记录故障的情况；然后分析产生故障的各种可能的原因；在此基础上逐一进行分析检查，逐渐缩小搜索圈，并最终找出产生故障的真正原因；最后针对原因，采取相应的措施，排除故障，使系统恢复正常。

··········· 习　题 ···········

7－1　什么叫系统固有特性？什么叫系统预期特性？

7－2　通常采用哪些方法对系统进行简化处理？

7－3　一个经整流变压器和三相全控桥式晶闸管整流装置供电的转速、电流双闭环直流调速系统，其基本数据如下：

直流电动机的额定功率 $P_N = 60$ kW，额定电压 $U_N = 220$ V，额定电流 $I_N = 305$ A，额

定转速 $n_N = 1000$ r/min，电动机的电动势为恒量，$K_e\phi = 0.2$ V/(r·s^{-1})，主回路总电阻 $R_\Sigma = 0.18$ Ω，主回路电磁时间常数 $T_d = 0.012$ s，机电时间常数 $T_m = 0.12$ s，整流电路的等效放大倍数 $K_s = 30$，反馈滤波时间常数 $T_{fi} = 0.0025$ s，$T_{fn} = 0.014$ s，额定转速时的给定电压 $U_{sn} = 10$ V，截止电流为 $1.2I_N$。取给定滤波器的时间常数与反馈滤波器的相同，速度调节器的限幅值 $U_{sim} = 10$ V，调节器输入回路电阻为 10 kΩ + 10 kΩ。

（1）画出该系统的系统方框图。

（2）简化电流环，并计算电流调节器的反馈电阻 R_i、反馈电容 C_i 及滤波电容 C_{0i}。

（3）简化速度环，并计算速度调节器的反馈电阻 R_n、反馈电容 C_n 及滤波电容 C_{0n}。

7-4　分析一个实际系统的一般步骤有哪些？

7-5　一般自动控制系统包括哪些主要部分？它们的作用分别是什么？

7-6　系统调试时要先做哪些准备工作？

7-7　系统调试的一般顺序是怎样的？

7-8　对系统或设备定期进行检查和维护有哪些好处？

附录1 实验项目

实验1 一阶系统的阶跃响应

一、实验目的

(1) 掌握运用模拟机构成典型环节的方法;

(2) 观察、分析一阶系统在阶跃输入信号作用下的输出响应;

(3) 加强对控制系统瞬态响应过程的认识;

(4) 进一步理解典型环节参数变化对系统阶跃响应性能指标的影响;

(5) 熟悉与本实验有关的仪器设备的性能及使用方法。

二、实验原理

(1) 利用运算放大器及各种电子元件,模拟一阶系统的典型环节。

(2) 模拟一阶系统中的惯性环节的电路原理图,如附图1所示。

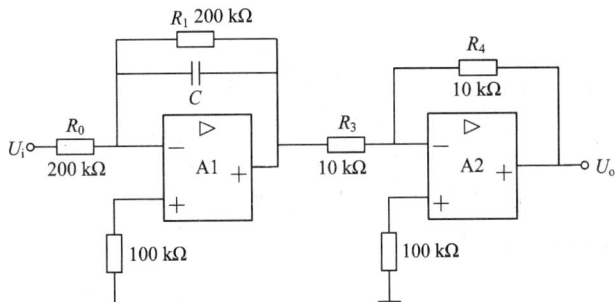

附图1 惯性环节模拟电路原理图

对该电路建立数学模型并进行拉氏变换,可得系统的传递函数为

$$G(s) = \frac{K}{Ts + 1}$$

其中, $T = R_1 C$; $K = R_1 R_4 / (R_0 R_3)$。

三、实验步骤

(1) 利用实验室提供的设备,产生阶跃信号(一般的模拟机上都有信号发生单元);

(2) 根据附图1中的电路原理图,利用运算放大器、电阻、电容设计实际的电路,电阻元件的取值按图中的标出值选取;

(3) 将阶跃信号发生单元的输出端与模拟电路的输入端 U_i 相连;

（4）将模拟电路的输出端 U_o 连接到阶跃响应曲线的观察设备上，如计算机或示波器；

（5）按实验报告记录表上的要求，对电容元件取不同的值，测量在不同的系统参数下系统响应曲线在各时间点的输出值。

四、实验报告

（1）实验记录：把测量结果记录到附表 1 中。

附表 1　一阶系统阶跃响应曲线在各时间点的输出值

实 验 参 数	时间/ms	T	$2T$	$3T$	$4T$	$5T$
$R_1 = 200$ kΩ，$C = 1$ μF	输出/V					
$R_1 = 200$ kΩ，$C = 2$ μF	输出/V					

（2）实验结果分析：对测量结果进行分析，总结出一阶系统在不同的系统参数下阶跃响应曲线的变化规律。

五、思考题

（1）由运算放大器组成的典型环节是在什么条件下得到的？

（2）惯性环节在什么条件下可近似为比例环节？在什么条件下可近似为积分环节？

（3）如何在惯性环节、积分环节的阶跃响应曲线上求取各自的时间常数？

实验 2　一阶系统阶跃响应的数字仿真

一、实验目的

（1）掌握用数字仿真方法求取一阶系统的阶跃响应曲线；

（2）观察、分析一阶典型环节的阶跃响应曲线；

（3）加强对控制系统瞬态响应过程的认识；

（4）了解仿真参数（特别是仿真步长）对仿真结果的影响；

（5）学会使用 MATLAB 软件。

二、实验原理

（1）利用 MATLAB 软件对给定的一阶控制系统进行仿真，作出系统的阶跃响应曲线。

（2）一阶控制系统（惯性环节）的原理框图如附图 2 所示。

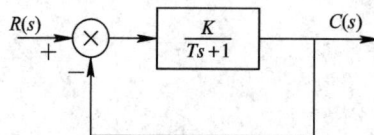

附图 2　一阶控制系统原理框图

由附图 2 可得，一阶控制系统的传递函数为

$$G_B(s) = \frac{K}{Ts + K + 1} = \frac{K/(K+1)}{Ts/(K+1) + 1} = \frac{K'}{T's + 1}$$

三、实验步骤

(1) 利用 MATLAB 软件产生阶跃信号；

(2) 将阶跃信号作为一阶系统的输入信号；

(3) 利用 MATLAB 软件捕获一阶系统的输出值，并作出系统的阶跃响应曲线；

(4) 按实验报告记录表上的要求，对参数 K、T 取不同的值，观测系统的阶跃响应曲线。

四、实验报告

(1) 实验记录：把一阶系统阶跃响应曲线在各时间点的输出值记录到附表 2 中。

附表 2　一阶系统数字仿真阶跃响应曲线在各时间点的输出值

实验参数	时间/ms	T	$2T$	$3T$	$4T$	$5T$
$K=1$，$T=0.5$	输出/V					
$K=1$，$T=1$	输出/V					
$K=2$，$T=1$	输出/V					

(2) 打印不同 K、T 参数下的一阶系统阶跃响应曲线。

(3) 实验结果分析：根据测量结果和阶跃响应曲线，总结 K、T 系统参数对一阶系统性能的影响。

五、思考题

K、T 的物理意义及其对系统响应曲线的影响是什么？

实验 3　二阶系统的阶跃响应

一、实验目的

(1) 掌握用模拟机研究二阶系统的方法；

(2) 研究在输入为阶跃信号时二阶系统的两个主要参数 ζ、ω_n 对系统特性的影响；

(3) 加强对控制系统瞬态响应过程的认识；

(4) 定量分析 ζ、ω_n 与系统最大超调量 σ、调节时间 t_s 间的关系；

(5) 熟悉与本实验有关的仪器设备的性能及使用方法。

二、实验原理

(1) 利用运算放大器及各种电子元件模拟负反馈二阶系统。

(2) 模拟二阶系统的电路原理图，如附图 3 所示。

对该电路建立数学模型并进行拉氏变换，可得系统的闭环传递函数为

$$G_B(s) = \frac{\omega_n^2}{s^2 + 2\zeta\omega_n s + \omega_n^2}$$

其中：

$$\omega_n = \sqrt{\frac{R_3}{R_1 R_4 R_5 C_1 C_2}}, \quad \zeta = \frac{1}{2}\sqrt{\frac{R_1 R_4 R_5 C_1}{R_3 R_6^2 C_2}}$$

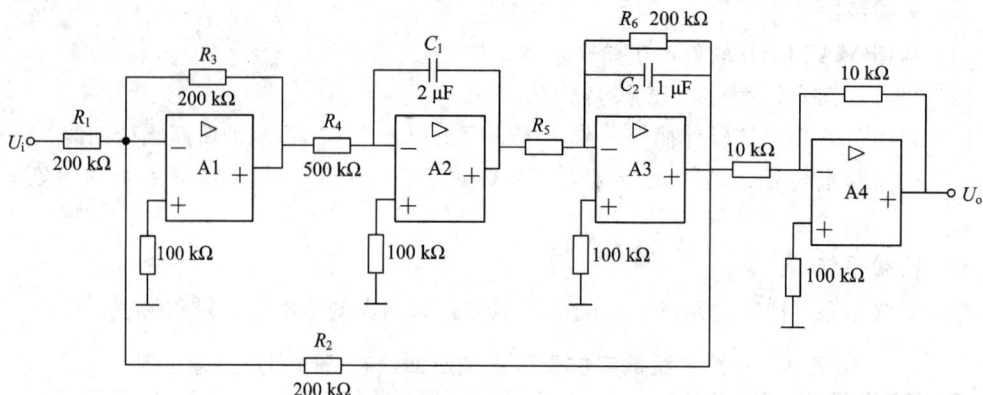

附图 3 二阶系统模拟电路原理图

三、实验步骤

（1）利用实验室提供的设备，产生阶跃信号（一般的模拟机上都有信号发生单元）；

（2）根据附图 3 中的电路原理图，利用运算放大器、电阻、电容设计实际的电路，电阻、电容元件的取值尽量按电路原理图中的标出值选取，若没有与标出值完全相同的元件，可用与标出值相近的元件替代（如可用 $2.2\ \mu F$ 的电容替代 $2\ \mu F$ 的电容）；

（3）将阶跃信号发生单元的输出端与模拟电路的输入端 U_i 相连；

（4）将模拟电路的输出端 U_o 连接到阶跃响应曲线观察设备上，如计算机或示波器；

（5）按实验报告记录表上的要求，对电阻元件 R_5 取不同的值，测量不同的系统参数下二阶系统响应曲线各性能指标的值。

四、实验报告

（1）实验记录：将测量得到的不同系统参数下二阶系统响应曲线各性能指标的值记录到附表 3 中。

附表 3 二阶系统阶跃响应曲线各性能指标值

实 验 参 数	ζ	t_p	σ	t_s 稳态误差<5%
$R_6=200\ k\Omega$，$R_5=1\ k\Omega$				
$R_6=200\ k\Omega$，$R_5=10\ k\Omega$				
$R_6=200\ k\Omega$，$R_5=40\ k\Omega$				
$R_6=200\ k\Omega$，$R_5=100\ k\Omega$				

（2）根据测量得到的各性能指标，作出电阻 R_5 取不同阻值时的阶跃响应曲线。

（3）实验结果分析：对测量结果进行分析，总结出二阶系统在不同系统参数下，阶跃响应曲线的变化规律。

五、思考题

（1）ζ、ω_n 的物理意义是什么？ζ 对系统瞬态响应特性有何影响？

（2）在电路原理图中，若用两个惯性环节或两个积分环节组成二阶系统，其阶跃响应曲线与附图 3 给定的二阶系统的阶跃响应曲线是否可以做到相似?

实验 4　二阶系统阶跃响应的数字仿真

一、实验目的

(1) 掌握用数字仿真方法求取二阶控制系统的阶跃响应曲线;

(2) 观察、分析二阶系统的阶跃响应曲线,并从阶跃响应曲线上求取各项性能指标;

(3) 了解仿真参数(特别是仿真步长)的设置对仿真结果的影响;

(4) 定量分析 ζ、ω_n 与系统最大超调量 $\sigma\%$、调节时间 t_s 间的关系;

(5) 学会使用 MATLAB 软件。

二、实验原理

(1) 利用 MATLAB 软件对给定的二阶典型控制系统进行仿真。通过软件模拟阶跃信号并作为二阶系统的输入,然后在控制系统的输出端获取二阶系统输出值并作出响应曲线。

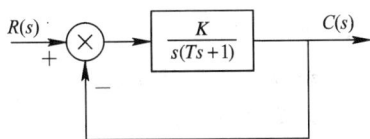

附图 4　二阶控制系统原理框图

(2) 二阶控制系统的原理框图如附图 4 所示。

由附图 4 可得,二阶控制系统的闭环传递函数为

$$G_B(s) = \frac{K}{s(Ts+1)+K}$$

三、实验步骤

(1) 利用 MATLAB 软件产生阶跃信号;

(2) 将阶跃信号作为二阶控制系统的输入信号;

(3) 通过 MATLAB 软件捕获二阶控制系统的输出值,并作出系统的阶跃响应曲线;

(4) 按实验报告记录表上的要求,对参数 K 取不同的值,观测不同系统参数下的二阶系统响应曲线的各性能指标。

四、实验报告

(1) 实验记录:将测量得到的不同系统参数下二阶系统响应曲线的各性能指标记录到附表 4 中。

附表 4　二阶系统数字仿真响应曲线各性能指标值

实验参数	ζ	t_p	σ	t_s 稳态误差<5%
$T=1$ s, $K=10$				
$T=1$ s, $K=5$				
$T=1$ s, $K=0.255$				

(2) 输出二阶控制系统在不同参数值下的阶跃响应曲线。

(3) 实验结果分析:对测量结果进行分析,总结出不同系统参数对二阶系统响应曲线

的影响及各性能指标之间的相互关系。

五、思考题

(1) 仿真步长的设置对实验结果曲线有何影响？

(2) 如何改变系统的动态性能？

实验 5　系统的稳定性

一、实验目的

(1) 掌握用模拟机研究高阶系统的方法；

(2) 在开环增益变化时研究高阶系统的阶跃响应；

(3) 加强对控制系统稳定性概念的认识；

(4) 进一步掌握系统稳定性的分析方法；

(5) 熟悉与本实验有关的仪器设备的性能及使用方法。

二、实验原理

(1) 利用运算放大器及各种电子元件，模拟负反馈三阶系统。在系统参数变化时，研究输出的阶跃响应。

(2) 三阶系统的电路原理如附图 5 所示。

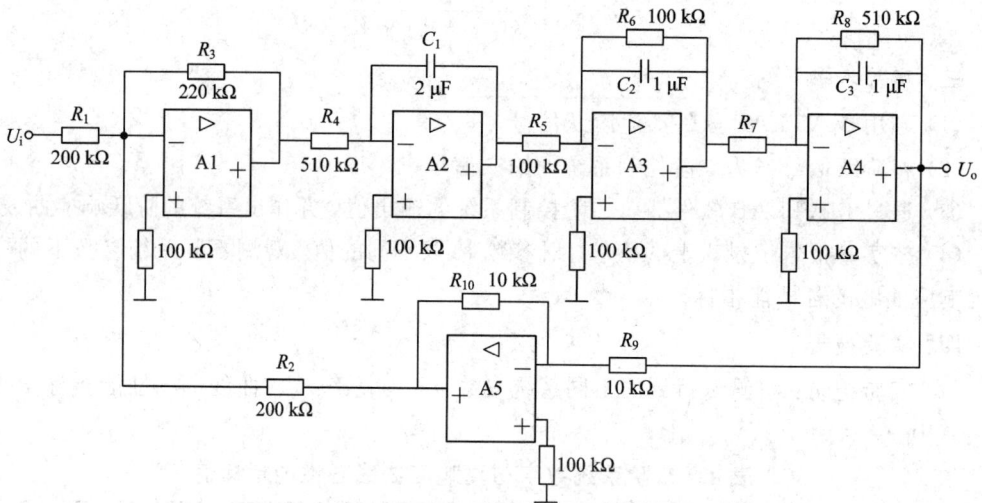

附图 5　三阶系统模拟电路原理图

对该电路建立数学模型并进行拉氏变换，可得系统的开环传递函数为

$$G(s) = \frac{K}{s(T_1 s + 1)(T_2 s + 1)}$$

其中：

$$K = \frac{R_3 R_8 R_6}{R_1 R_5 R_7 R_4 C_1}, \ T_1 = R_6 C_2, \ T_2 = R_8 C_3$$

三、实验步骤

（1）利用实验室提供的设备，产生阶跃信号（一般的模拟机上都有信号发生单元）；

（2）根据附图 5 中的电路原理图，利用运算放大器、电阻、电容设计实际的电路，电阻、电容元件的取值尽量按电路原理图中标出值选取，如没有与电阻、电容标出值完全相同的元件，可用与标出值相近的元件替代（如可用 2.2 μF 的电容替代 2 μF 的电容来实现）；

（3）将阶跃信号发生单元的输出端与模拟电路的输入端 U_i 相连；

（4）将模拟电路的输出端 U_o 连接到阶跃响应曲线观察设备上，如计算机或示波器；

（5）按实验报告记录表上的要求，对电阻元件 R_7 取不同的值，观测不同系统参数下三阶系统阶跃响应曲线的各性能指标和稳定性。

四、实验报告

（1）实验记录：将测量得到的不同系统参数下三阶系统阶跃响应曲线的各性能指标和稳定性记录到附表 5 中。

附表 5　模拟三阶系统阶跃响应曲线各性能指标值及稳定性

实验参数/kΩ	系统稳定状态	t_s 稳态误差<5%	$\sigma\%$	K	γ	K_g
$R_7=30$				18.33	-8.809	-3.71
$R_7=47$				11.70	0.47	0.19
$R_7=100$				5.50	17.42	6.75
$R_7=200$				2.75	34.6	12.77

（2）根据测量得到的各性能指标，作出电阻 R_7 取不同值时的阶跃响应曲线（用坐标纸画）。

（3）实验结果分析：对测量结果进行分析，总结出三阶系统在不同系统参数下，阶跃响应曲线的变化规律及其对系统稳定性的影响。

五、思考题

（1）K 的物理意义是什么？K 对系统稳定性有何影响？

（2）在电路原理图中用三个惯性环节、两个积分环节与一个惯性环节或三个积分环节组成的三阶系统，其阶跃响应曲线与给定的三阶系统的阶跃响应曲线是否可以做到相似？

附录2 自动控制技术常用术语中英文对照

保护环节	protective device
比较元件	comparing element
比较器	comparater
比例(P)控制器	proportional controller
比例-积分(PI)控制器	proportional-integral controller
比例-微分(PD)控制器	proportional-derivative controller
比例-积分-微分(PID)控制器	proportional-integral-derivative controller
闭环	closed loop
闭环控制系统	closed-loop control system
闭环传递函数	closed-loop transfer function
变量	variable
变送器	transmitter
变压器	transformer
并联	parallel
波	wave
伯德图	Bode diagram
补偿(校正)	compensation
补偿前馈	compensating feedforward
补偿反馈	compensating feedback
不稳定的	unstable
布尔代数	Boolean algebra
步进电机	stepping(repeater) motor
步进控制	step-by-step control
参数	parameter
参考(输入)变量	reference-input variable
参考信号	reference signal
测量传感器	measuring transducer
测量值	measured value
测速发电机	tacho-generato
差动放大器	differential amplifier
常闭触点	normally-closed contact

常开触点	normally-open contact
超调量	overshoot
程序	program
程序控制	programmed control
触点	contact
触发器	flip-flop
触发电路	trigger circuit
传递函数	transfer function
传感器	sensor
串级控制	cascade control
带宽	band-width
单位阶跃响应	unit step response
单位脉冲函数	unit impulse function
导纳	impedance
电感（器）	inductance (inductor)
电容（器）	capacitance (capacitor)
电位器	potentiometer
电压放大器	voltage amplifier
电源线路	power circuit
电阻（器）	resistance (resistor)
电抗（器）	reactance (reactor)
电动势	electromotive force
叠加原理	principle of superposition
定义	definition
动态性能分析	dynamic performance analysis
动态指标	dynamic specification
对数衰减率	logarithmic decrement
额定值	rated value (nominal)
二阶系统	second-order system
二极管	diode
反变换	inverse
反相	opposite in phase
反相器	inverter
反转	reverse rotation
反馈	feedback
范围	range
方波	square wave
方法论	methodology
放大器	amplifier

非线性	non-linearity
非线性系统	nonlinear system
分贝	decibel
分辨率	resolution
分压器	potential divider
分流器	shunt
峰值电压	peak voltage
峰值时间	peak time
幅值	amplitude
幅相频率特性	magnitude-phase characteristic
负反馈	negative feedback
负极	negative pole
负载	load
复变量	complex
复合控制	compound control
复平面	complex plane
傅里叶展开(式)	Fourier expansion
给定元件	commond element
给定信号	commond signal
跟随控制系统	follow-up control system
功率放大器	power amplifier
共轭根	conjugate roots
共振频率(谐振频率)	resonant frequency
固有稳定性	inherent stability
惯量(惯性)	inertia
过程控制系统	process control system
过电压	over-voltage
过载	overload
过电流继电器	over-current relay
过阻尼	over-damping
函数发生器	function generator
恒值控制系统	fixed set-point control system
恢复时间	recovery time (correction time)
"或"运算	OR-operation
"或非"元件	NOR-element
积分调节器	integrated regulator
基准变量	reference variable
极点	pole
极大(值)	maximum

小（最小量）	minimum
计算元件	computing element
加速度	acceleration
尖峰信号	spike
渐近线	asymptote
检测元件	detecting element
交流测速发电机	AC tacho-generator
交越频率	cross-over freguency
交接频率	break frequency
角加速度	angular acceleration
角速度	angular velocity
角位置	angular position
校正（补偿）	compensation
阶跃响应	step function response
接触器	contactor
截止频率	cut-off frequency
晶体管	transistor
晶闸管	thyristor
经典控制理论	classical control theory
静态精度	static accuracy
静态工作点	quiescent point
开关	switch
开环	open loop
开环控制系统	open loop control system
开环传递函数	open loop transfer function
可靠性	reliability
可控性	controll ablility
控制范围	control range
控制系统	control system
控制元件	control element
控制对象	control plant
框图	block diagram
拉普拉斯变换	Laplace transform
拉氏反变换	inverse Laplace transform
离散系统	discrete system
理想终值	ideal final value
连续变量	continuous variable
连续控制	continuous control
联锁	inter locking

量程	range
临界增益	critical margin
临界阻尼	critical damping
零状态响应	zero-state response
零漂	zero-drift
灵敏度	sensitivity
流程图	flow diagram (flow chart)
滤波电容	filter capacitor
逻辑控制	logic control
逻辑图	logic diagram
逻辑运算	logic operation
脉冲宽度	pulse width
敏感元件(传感器)	sensing element (sensor)
模拟信号	analogue signal
模拟电路	analogue simulator
模-数转换器	analogue-digtial converter
奈奎斯特图	Nyquist diagram
内环(副环)	inner loop(minor loop)
逆变换(反变换)	inverse transform
偏差	deviation
频率响应法	the frequency response method
频率特性	frequency characteristic
频域	frequency domain
平衡状态	balance state
平均值	average value
前馈(顺馈)	feedforward
欠阻尼	under-damping
强迫振荡	forced oscillation
扰动	disturbance
上升时间	rise time
设定值	set value(set point)
时间常数	time constant
时域分析	time domain analysis
时变系统	time varying system
时不变系统	time invariant system
时滞	time lag
实时控制	real-time control
实轴	real axis
受控对象	controlled member

受控装置	controlled device
输出变量	output variable
输入变量	input variable
数-模转换器	digital-analogue converter
数字信号	digital signal
顺序控制	sequential control
瞬时值	instantaneous value (actual value)
瞬态	transient state
瞬态响应	transient response
伺服机构	servomechanism
伺服系统	servo-system
速度	velocity(speed)
速度反馈	velocity feedback
速度误差	velocity error
特性(曲线)	characteristic curve
特征方程	characteristic equation
条件稳定性	conditional stability
调节器	regulator
调整时间	settling time
通道	channel(path)
通断控制	on-off control
图表	chart
外环(主环)	outer loop (major loop)
微分元件	derivative element
位置反馈	position feedback
位置误差	position error
稳定性	stability
稳定判据	stability criterion
稳定裕量	stability margin
稳态值	steady-state value
稳态误差	steady-state error
无静差控制器	static controller
无源元件	passive element
限流器(节流器)	restrictor(choke)
线性系统	linear system
线性化	linearization
现代控制理论	modern control theory
响应曲线	response curve
响应时间	response time(settling time)

相加点	summing point
相角	phase angle
相位超前	phase lead
相位滞后	phase lag
相位裕量	phase margin
相位交越频率	phase cross-over frequency
相对稳定性	relative stability
斜坡函数	ramp function
斜坡(函数)响应	ramp function response
谐振频率	resonant frequency
性能指标	performance specification
虚轴	imaginary axis
选择开关	selector switch
延迟元件	delay element
一阶系统	first-order system
译码器	decoder
有效值(方均根值)	effective value (roost mean square value)
有源元件	active element
"与"运算	AND-operation
"与非"元件	NAND-element
原理图	schematic diagram
运算放大器	operational amplifier
增益(放大倍数)	gain(amplification)
增益交越频率	gain cross-over frequency
增益裕量	gain margin
增幅振荡	increasing oscillation
振荡	oscillation
振荡次数	order number
整流器	rectifier
正反馈	positive feedback
正极	positive pole
正向通道	forward channel(forward path)
正弦波	sine wave
执行机构	actuator
执行元件	executive element
直流电动机	direct-current motor
指令信号	command signal
终值	final value
周期波	periodic wave

主导零点	dominant zero
主导极点	dominant pole
主反馈	monitoring feedback
主电路	power circuit
转速	speed
转矩	torque
自变量	independent variable
自动控制系统	automatic control system
自动化	automation
自适应控制	self-adaptive control
阻抗	impedance
阻尼振荡	damped oscillation
最小相移系统	minimum phase-shift system
最优控制	optimal control
最大超调量	maximum overshoot
作用信号	actuating signal

参 考 文 献

[1] 孔凡才. 自动控制原理与系统. 北京：机械工业出版社，1999.

[2] 黄坚. 自动控制原理及应用. 北京：高等教育出版社，2001.

[3] 孙荣林. 自动控制原理. 上海：上海交通大学出版社，2001.

[4] 孙虎章. 自动控制原理. 北京：中央广播电视大学出版社，1994.

[5] 王敏，秦肖臻. 自动控制原理. 北京：化学工业出版社，2003.

[6] 吴新平，吴家礼. 控制技术及应用. 北京：电子工业出版社，2000.

[7] 曹克民. 自动控制概论. 北京：中国建材工业出版社，2002.

[8] 董景新，赵长德. 控制工程基础. 北京：清华大学出版社，1992.

[9] 胡寿松. 自动控制原理. 北京：国防工业出版社，1996.

[10] 陈伯时. 电力拖动自动控制系统. 北京：机械工业出版社，1992.

[11] 细江繁幸. 系统与控制. 白玉林，王毓仁，译. 北京：科学出版社，2001.

[12] 俞眉芳. 自动控制原理与系统. 北京：高等教育出版社，2009.

[13] 温希东，路勇. 计算机控制技术. 西安：西安电子科技大学出版社，2005.

[14] 辅小荣，陈益飞. 计算机控制技术. 北京：国防工业出版社，2012.